DIE GOOGLE-WORKSPACE-BIBEL

14-in-1

*Der ultimative All-in-One-Leitfaden für Einsteiger
und Fortgeschrittene | einschließlich Gmail, Drive,
Docs, Sheets und jede andere App von Suite*

Robert G. Pascall

INHALTSÜBERSICHT

EINFÜHRUNG

Google ist ein wichtiger Akteur in der Branche der technischen Dienstleistungen. Sie waren die Ersten, die vor mehr als einem Jahrzehnt die riesigen Informationsmengen im Internet nutzbar machten. Heute haben wir viele Möglichkeiten, aber die Suchfunktion wird immer noch beibehalten. Im Laufe der Zeit erweiterte Google seinen Tätigkeitsbereich und stellte Unternehmen, Schulen, Behörden und anderen Organisationen Informationen zur Verfügung, um mit ihren Mitarbeitern und Kunden in Kontakt zu bleiben.

Dieses Buch enthält einige Cloud-Dienste, die die meisten Unternehmen, Einzelpersonen, Familien und Mitarbeiter benötigen, um ihre Ziele zu erreichen. Fast jeder nutzt die Cloud-Technologie, da sie es ihm ermöglicht, mehr zu erreichen. Die Nutzung des Internets als Plattform für Anwendungen bietet den Nutzern auf ihren Servern Platz, um verschiedene Arten von Daten zu einem bestimmten Preis zu speichern. Viele Verbraucher stellen schnell fest, dass die Nutzung webbasierter Programme und die Online-Speicherung von Daten unkomplizierter und kostengünstiger sind als Desktop-PCs. Das Beste an der Cloud-Technologie ist, dass man mit anderen zusammenarbeiten kann, ohne zur gleichen Zeit am gleichen Ort sein zu müssen, und dass man keine Software und Server benötigt. Google Apps kann Ihnen dabei helfen.

Google Apps ist eine Sammlung von Google-Anwendungen, die unter anderem ein webbasiertes Textverarbeitungs- oder Tabellenkalkulationsprogramm, einen WYSIWYG-Web-Editor, einen Online-Kalender, einen Instant-Messaging-Client mit Sprachfunktionen und ein E-Mail-Programm enthält. Jeder nutzt Google Apps, auch Privatpersonen, Unternehmen und Bildungseinrichtungen. Heutzutage können die meisten Menschen fast alles im Internet erledigen, ohne Google Apps zu benutzen, was die Anforderungen aller im Internet vereinfacht hat. Die gute Nachricht ist, dass Sie Google Apps kostenlos nutzen können, während Premier gegen eine Gebühr erhältlich ist. Google Apps erfordert wenig oder gar keine technischen Kenntnisse, was es kleinen Unternehmen mit wenig Geld ermöglicht, IT-Spezialisten für den Betrieb zu bezahlen, damit sie wachsen können. Google Apps besteht aus mehreren Komponenten wie Kalender, E-Mail, Tabellenkalkulation, Textverarbeitung usw. Diese Komponenten werden von Google-Servern gehostet, sodass die Endnutzer die Software nicht mehr an ihrem Standort installieren und aktualisieren müssen. Administratoren können über ein webbasiertes Bedienfeld in dieser Google-App auf die Nutzerkonten zugreifen und diese verwalten.

Die Leistungen von Google App, insbesondere von Google Docs, sind deutlich besser und benutzerfreundlicher als das, was Microsoft seinen Kunden bietet. Dies ist nur meine eigene Sichtweise; Sie mögen eine andere haben. Sie können die Google App nicht ohne einen Webdomänennamen nutzen und müssen einen solchen haben, bevor Sie darauf zugreifen können. Google hat sich kürzlich mit Registrierstellen wie Go Daddy und eNom zusammengetan, um Domänennamen für nur 10 Dollar pro Jahr zu verkaufen. Die Domain, die Sie direkt von Google erwerben, ist bereits mit Google App vorkonfiguriert, d. h., die Kunden müssen sie nicht selbst konfigurieren.

Google App gibt es in 2 Varianten: Standard, auch bekannt als die kostenlose Version, und Premier, auch bekannt als die kostenpflichtige Version. Abonnenten der Premier-Version erhalten 10 GB E-Mail-Speicher anstatt der 2 GB der kostenlosen Version. Premier-Kunden erhalten außerdem eine 99,9 %ige E-Mail-Verfügbarkeitsgarantie. Premier-Kunden erhalten außerdem Zugang zu telefonischer Unterstützung rund um die Uhr und die Möglichkeit, kontextbezogene Werbung bei Google-Diensten zu deaktivieren. Außerdem bieten sie viele zusätzliche Funktionen, die nur für ihr Unternehmen gelten. Die Premier-Version ist mit einer Jahresgebühr von 50 Dollar pro Benutzerkonto nicht billig, aber die Kosten sind gerechtfertigt, weil sie mehrere Vergünstigungen enthält, die die Leute mögen.

Cloud-Dienste wie Google Apps erfordern keine Softwareinstallation auf jedem Computer oder Gerät. Das bedeutet, dass es keine Betriebsausgaben für Software oder Hardware gibt. Sie müssen sich nicht um den Erwerb von Lizenzen kümmern oder sicherstellen, dass jeder in Ihrem Team über die entsprechende Software verfügt. Google Apps umfasst all diese Funktionen.

Die Kollaborationsfunktionen von Google Apps gehören zu den besten. Google Apps macht die Zusammenarbeit für Einzelpersonen einfach, indem es ihnen ermöglicht, Aktualisierungen von Dokumenten in Echtzeit zu sehen, ohne dass die Änderungen nicht synchronisiert sind. Jeder kann dieselben Dokumente gleichzeitig sehen, und Änderungen werden sofort in den Dokumenten berücksichtigt. Die Möglichkeit, Ihre Dateien oder Dokumente von jedem Gerät überall auf der Welt einzusehen, macht die Google App zu einem interessanten Tool, das sich lohnt. Außerdem ist Google eine vertrauenswürdige Marke mit vielen Funktionen; seine Benutzeroberfläche ist einladend und einfach zu verstehen. Google bietet eine Vielzahl von Hilfestellungen zur Software, wie Diskussionsforen, Foren und Hilfezentren, die ständig aktualisiert werden. Die Kundenbetreuung kann jederzeit per Telefon, E-Mail oder Online-Chat erreicht werden. Die Produktivitätssuite von Google gibt es in verschiedenen Varianten, und die Auswahl hängt von der Art Ihres Unternehmens und den Zielen ab, die Sie erreichen wollen. Der erste Schritt besteht jedoch darin, zu bestimmen, welche Version von Google Apps für Ihr Unternehmen ideal ist.

Google Workspace ist eine Suite von Lösungen für die geschäftliche Kommunikation und Zusammenarbeit. Gmail und Google Meet sowie Tools für die Zusammenarbeit wie Google Docs, Sheets, Slides und Forms sind weltweit beliebt. Da die Anwendungen für die Zusammenarbeit von Anfang an dafür gedacht waren, können viele Personen gleichzeitig ein Dokument, eine Tabelle oder eine Präsentation bearbeiten. Die Menschen wollen sowohl bei der Arbeit als auch zu Hause Spitzenleistungen erbringen. Für viele Menschen bedeutet Vernetzung jedoch, dass sie mit einer Vielzahl von Anwendungen und Tools jonglieren müssen, von denen keines zentralisiert ist, was es unmöglich macht, den Überblick zu behalten und Fortschritte zu erzielen. Google Workspace verbindet jetzt Gmail, Kalender, Drive, Docs, Sheets, Slides, Meet, Chat und mehr.

Kurz gesagt, Google Apps ist ein Produktpaket, das von Unternehmen, Nichtregierungsorganisationen, Regierungsbehörden und anderen Organisationen genutzt werden kann. Daher werden wir in diesem Buch die berühmten Google Apps und ihre Nutzung vorstellen.

WAS IST GOOGLE WORKSPACE?

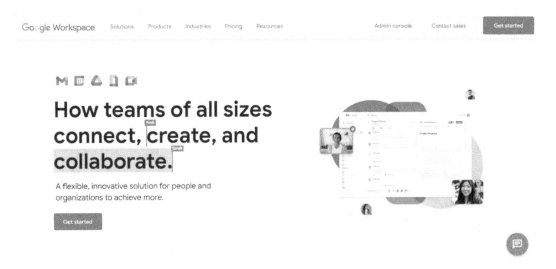

Google Workspace ist eine Sammlung von Online-Anwendungen und -Diensten, die auf der Client-Computing-Plattform von Google basieren. Gmail, Google Drive, Docs, Sheets, Slides, Keep, die Forms-Apps zum Erstellen, Verteilen und Sammeln von Antworten auf Formulare sowie verschiedene Kommunikations-Apps wie Google Meet und Google Chat sind alle Teil von Google Workspace.

Google führte 2006 den Dienst Google Apps for Your Domain ein, benannte ihn 2016 in G Suite um und hat ihn im Herbst 2020 in Google Workspace umbenannt. Im Gegensatz zu den kostenlosen Gmail- oder Google-Konten, die jeder erstellen kann, werden Google-Workspace-Konten von einem Team von Administratoren erstellt und verwaltet. Die Standardeinstellungen von Google Workspace, der Zugriff auf Apps und die Sicherheitseinstellungen liegen in der Zuständigkeit des Administrators. Workspace ermöglicht es Nutzern, unterschiedliche Konfigurationen auf verschiedene Personengruppen oder, in Workspace ausgedrückt, verschiedene Organisationseinheiten anzuwenden. Google Workspace kann auch so konzipiert werden, dass es Unternehmen unterstützt, die mit äußerst sensiblen Daten umgehen. Ein Administrator kann z. B. verhindern, dass Workspace-Daten wie E-Mails, Kalendereinträge und Drive-Dateien offline gespeichert werden.

Google ist dafür bekannt, dass es seinen Nutzern im Gegenzug für einige ihrer persönlichen Daten kostenlose Dienste zur Verfügung stellt. Kunden können die Google-Suchmaschine, den E-Mail-Dienst Gmail und die Messaging- und Videokonferenzdienste von Google Hangouts nutzen, ohne etwas dafür zu bezahlen.

Google Workspace ist jedoch ein auf Unternehmen ausgerichteter Dienst mit einer monatlichen Gebühr pro Nutzer. Viele der in Google Workspace enthaltenen Tools und Dienste sind bereits verfügbar und werden häufig von Einzelkunden genutzt. Google Workspace kombiniert sie jedoch zu einem umfassenden Paket mit zusätzlichen Funktionen und erweiterten Möglichkeiten. So bietet Google Workspace beispielsweise Verwaltungstools zum Einrichten und Verwalten von Nutzerkonten, erlaubt einem Unternehmen die Verwendung seiner Domain für E-Mail-Adressen und bietet mehr Speicherplatz auf Google Drive.

Ein Google-Konto ist ein einziger Berechtigungsnachweis - eine Kombination aus Nutzername und Passwort -, mit dem Sie auf Google-Anwendungen und -Dienste zugreifen können. Das Google-Konto ist ein Login sowohl für Verbraucher- als auch für Google-Workspace-Konten. Der Hauptunterschied besteht darin, dass ein Verbraucher sein eigenes Google-Konto erstellt, während ein Administrator ein Google-Konto für jeden Nutzer in einer Google-Workspace-Organisation erstellt.

In einer Google-Workspace-Organisation behält der Administrator die zentrale Kontrolle über die Google-Konten und kann verschiedene Parameter festlegen, um die Möglichkeiten der einzelnen Personen zu beschränken. So kann der Administrator beispielsweise einschränken, ob die Profilfotos und persönlichen Informationen der Nutzer geändert werden können oder nicht.

Die Google-Workspace-Anwendungen sind wie andere Google-Anwendungen webbasiert und werden nicht auf den Desktops der Nutzer installiert. Webbasierte Anwendungen erfordern eine Internetverbindung, bieten aber erhebliche Vorteile in Bezug auf Verwaltung, Standardisierung und Aktualisierung. Jedes Mal, wenn ein Nutzer eine webbasierte App verwendet, erhält er die neueste Version des Programms, ohne sich um eine Aktualisierung kümmern zu müssen. Da jeder Nutzer dieselbe Version der App erhält, sind die Funktionen und Möglichkeiten der App - ebenso wie eventuelle Fehler - für alle Nutzer einheitlich.

Google bietet mobile Versionen zahlreicher Apps für Android-Telefone und -Tablets sowie für iOS-Geräte wie das iPad, das iPhone und den iPod touch an. Diese mobilen Apps müssen installiert werden, aber Android und iOS können Aktualisierungen entweder automatisch installieren oder die Nutzer dazu auffordern, dies zu tun. Die mobilen Apps auf dem neuesten Stand zu halten, ist normalerweise kein Problem.

Google Arbeitsbereich-Apps

Google Workspace verfügt über eine verwirrende Vielzahl von Anwendungen, von denen viele für alle Inhaber eines Google-Kontos zugänglich sind, während andere ausschließlich für Nutzer von Google Workspace zugänglich sind.

In diesem Abschnitt werden Ihnen die wichtigsten Programme vorgestellt, z. B. Gmail für E-Mails, Google Drive für die Speicherung, Google Docs, Google Sheets und Google Slides für mehr Produktivität, Google Chat und Meet für die Kommunikation, Google Keep für Notizen und Google Forms für die Erstellung und Analyse von Umfragen. Hier sind einige weitere bekannte Google-Programme:

- **Kalender:** Ein Werkzeug für die Planung.
- **Sites:** Ein Tool zur Erstellung von Wikis und Webseiten.
- **Aktuelle Themen:** Soziale Netzwerke und Engagement am Arbeitsplatz.

Je nach der von Ihnen verwendeten Google-Workspace-Edition werden die folgenden Apps möglicherweise nicht an prominenter Stelle als wichtige Workspace-Apps angezeigt, aber sie sind häufig zugänglich. Diese können unter Umständen weitere Käufe erforderlich machen. Diese sind:

- **Cloud-Suche:** Durchsuchen Sie Ihren gesamten Google-Arbeitsbereich mithilfe von Groups und Groups for Business.
- **Jamboard / Jamboard-Hardware:** Für eine Zusammenarbeit an einem virtuellen Whiteboard.
- **Tresorraum:** Datenspeicherung und eDiscovery (jam.new).
- **Sprache und Sprach-Hardware:** Virtuelle Telefonanlage.
- **Apps Script:** Automatisierung von Geschäftsprozessen.
- **AppSheet:** Codefreie App-Entwicklung.
- **Domains:** Domainregistrierung mit integrierter Google-Workspace-Anmeldung und Einstellungen.
- **Classroom:** Strukturierte Lernbereiche für Lehrkräfte und Schüler.

Installieren von Apps aus dem Marketplace auf Ihrer Domain

Wenn Sie kein Administrator sind und Anwendungen zu Ihrem Google-Konto hinzufügen möchten, verwenden Sie andere Anwendungen mit Gmail oder Google Drive-Anwendungen.

Sie können den Zugriff auf eine Google Workspace Marketplace-App für Nutzer in Ihrer Domäne erstellen und einschränken.

Es ist wichtig zu beachten, dass Garantien und Support für Marketplace-Apps von Drittanbietern in der Verantwortung der App-Entwickler und nicht des Google-Workspace-Supports liegen.

Hier erfahren Sie, wie Sie eine Marketplace-Anwendung auf Ihrer Domain installieren:

- Bevor Sie eine Marketplace-Anwendung installieren, müssen Sie den Besitz Ihrer Domain bestätigen.
- Überprüfen Sie immer die Sicherheit einer App.
- Um eine Anwendung nur ausgewählten Benutzern zur Verfügung zu stellen, ordnen Sie deren Benutzerkonten zunächst einer Organisationseinheit oder einer Zugriffsgruppe zu. Die Software kann dann auf bestimmte Abteilungen und Organisationen innerhalb Ihres Unternehmens beschränkt werden.

ANMELDUNG FÜR GOOGLE WORKSPACE

Sie können sich für Google Workspace anmelden, sobald Sie sich für die Nutzung entschieden haben und die für Ihr Unternehmen am besten geeignete Google-Workspace-Edition gefunden haben. Sie können sich online anmelden, was in der Regel einfacher ist und eine 14-tägige kostenlose Testversion für bis zu 10 Nutzer bietet, oder Sie wenden sich an die Vertriebsmitarbeiter von Google, die Sie persönlich betreuen.

Das Online-Anmeldeformular ist umfangreich, aber relativ einfach. Dieser Teil führt Sie durch den Anmeldeprozess, bis Sie die gewünschte Domain ausgewählt haben, und erklärt Ihnen, wie Sie sich bei Bedarf an die Vertriebsmitarbeiter von Google wenden können.

Zur Website von Google Workspace gehen

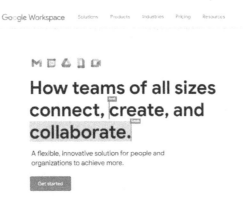

Starten Sie einen Browser und navigieren Sie zu https://workspace.google.com. Auf dieser Seite wird die Registerkarte "Übersicht" geöffnet; Sie können jedoch durch Anklicken weiterer Registerkarten weitere Informationen abrufen oder überprüfen:

- **Lösungen:** Klicken Sie auf diese Schaltfläche, um die Start Workspace-Optionen für Einzelpersonen, Firmen und Unternehmen zu entdecken.
- **Produkte:** Auf dieser Registerkarte wird eine Liste der in Google Workspace verfügbaren Anwendungen angezeigt.
- **Branchen:** Klicken Sie auf diese Registerkarte, um eine Liste mit der Nutzung von Arbeitsplätzen in verschiedenen Branchen (Gesundheitswesen und Biowissenschaften, Einzelhandel, Behörden und öffentlicher Sektor usw.) und Abteilungen (Vertrieb, Marketing und Personalwesen) anzuzeigen.
- **Preise:** Klicken Sie auf diese Registerkarte, um die aktuellen Preise für die verschiedenen Google-Workspace-Tarife einzusehen.
- **Ressourcen:** Klicken Sie auf diese Schaltfläche, um auf die Informationsressourcen von Google Workspace zuzugreifen, wie z. B. FAQs, Kundengeschichten und Informationen über das Arbeiten aus der Ferne.

Wenn Sie bereit sind, klicken Sie auf "Jetzt starten", um den Bildschirm "Einfach starten" aufzurufen.

Wichtige Informationen und Kontaktinformationen eingeben

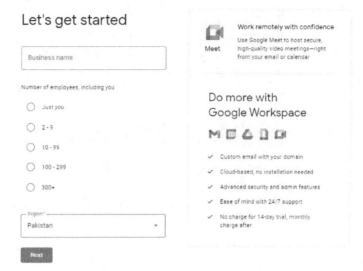

Klicken Sie auf der Seite auf Name des Unternehmens und geben Sie den Namen Ihrer Organisation ein. Gehen Sie dann zu der Anzahl der Mitarbeiter, einschließlich Sie selbst:

- Nur ich
- 2-9
- 10-99
- 100-299
- 300 und mehr

What's your contact info?

You'll be the Google Workspace account admin since you're creating the account. ⑦

First name

Last name

Current email address

Next

Klicken Sie in den Abschnitt Region* und wählen Sie dann Ihr Land aus, oder Google wählt Ihr Land anhand Ihrer IP-Adresse aus.

Klicken Sie dann auf Weiter, um den Bildschirm **Kontaktdaten angeben** zu erhalten. Geben Sie auf diesem Bildschirm Ihren Vor- und Nachnamen sowie Ihre aktuelle E-Mail-Adresse ein und klicken Sie dann auf Weiter, um den Bildschirm **Hat Ihr Unternehmen eine Domain?** anzuzeigen.

Einen bestehenden Domänennamen bereitstellen oder nach einem geeigneten Domänennamen suchen

Wenn Ihr Unternehmen einen Domainnamen hat, den Sie für Ihre Google-Workspace-Bereitstellung verwenden möchten, klicken Sie auf:

- Ja, ich habe eine Domain, die ich verwenden kann

Auf der Seite **Hat Ihr Unternehmen eine Domain?** wird die Frage **Wie lautet der Domainname Ihres Unternehmens?** auf dem Bildschirm angezeigt. Geben Sie dort den Domainnamen ein.

Wenn Ihr Unternehmen noch keinen Domainnamen für seine Google-Workspace-Bereitstellung hat, klicken Sie Sie auf:

- Nein, ich brauche eine Domain

Daraufhin wird der Bildschirm **Einen Domainnamen für Ihr Unternehmen finden** angezeigt. Klicken Sie auf **Nach Domainnamen suchen**, geben Sie den gewünschten Domainnamen ein und drücken Sie dann auf Suchen.

Nachdem Sie einen Domainnamen ausgewählt haben, folgen Sie den Schritten zur Erstellung Ihres Google-Workspace-Nutzerkontos und schließen Sie den Anmeldevorgang ab.

Kontaktieren Sie das Google-Vertriebsteam für persönliche Betreuung

Viele Administratoren können sich schnell und einfach online für Google Workspace anmelden, aber wenn Ihr Unternehmen groß ist oder Ihre Anforderungen komplex sind, ist es vielleicht am besten, wenn Sie zuerst mit dem Vertriebsteam von Google sprechen.

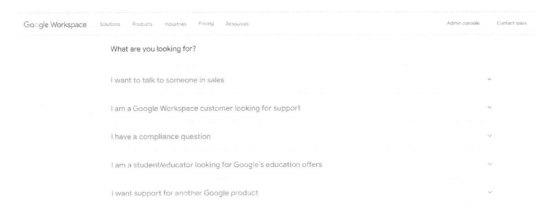

1. Um Kontakt mit dem Google-Vertriebsteam aufzunehmen,
2. Gehen Sie zu https://workspace.google.com/
3. Klicken Sie in der oberen rechten Ecke auf Vertriebsteam kontaktieren.
4. Klicken Sie dann auf den Link **Ich möchte mit jemandem aus dem Vertrieb sprechen**.
5. Klicken Sie auf Anzahl der Mitarbeiter (   ), um das Pop-up-Menü zu öffnen, und klicken Sie dann auf die entsprechende Zahl.

SCHRITTE FÜR DEN EINSTIEG MIT GOOGLE WORKSPACE

Hier finden Sie einige Punkte, die Sie beachten sollten, um einen guten Start zu gewährleisten. Ein Google-Workspace-Administrator führt mehrere Vorgänge hinter den Kulissen durch, bevor ein neues Mitglied seine Arbeit aufnimmt. Hunderte von Konfigurationsoptionen bestimmen, wie die Google-Workspace-Anwendungen funktionieren. Jeder neue Mitarbeiter muss auch ein Konto haben.

Am ersten Tag, an dem jemand der Organisation beitritt, gibt es jedoch eine zusätzliche Aufgabe: die Unterstützung bei der Einrichtung, der Anmeldung und der Vorbereitung auf den Start. Es ist zu einfach, jemanden in einer einzigen Sitzung mit Informationen zu überfordern, besonders am ersten Tag.

Dies sind die Anweisungen für die Installation von Google Workspace auf einem Windows- oder Mac-Computer. (Für die Installation von Google Workspace auf mobilen Geräten mit Chrome OS sind andere Prozesse erforderlich, auf die ich später noch näher eingehen werde.)

1. Chrome installieren und anmelden

Installieren Sie zunächst Chrome. Die meisten modernen Desktop-Browser, einschließlich Safari, Microsoft Edge und Firefox, sind mit der Google-Workspace-App kompatibel. Andere Funktionen wie der Offline-Zugriff auf Gmail und Google Kalender sind jedoch nur in Chrome verfügbar.

1. Installieren Sie zunächst.
2. Nach der Installation von Chrome melden Sie sich bei Ihrem Google-Workspace-Konto an. Erlauben Sie Chrome, Ihre Einstellungen zu synchronisieren. Sie können Ihre Lesezeichen, den Verlauf und andere Kontoinformationen über mehrere Geräte hinweg synchronisieren. Angenommen, Sie melden sich einmal auf einem anderen Computer bei Chrome an. In diesem Fall stellt die Synchronisierung sicher, dass Sie auf verschiedenen Geräten (z. B. einem Desktop und einem Laptop) und Betriebssystemen (Windows, macOS usw.) ein einheitliches Erlebnis haben.

2. Anmeldung bei Google Drive für Desktop

Installieren Sie Google Drive auf Ihrem PC. Sie können Dateien in Google Drive genauso durchsuchen, öffnen und speichern, wie Sie es auf Ihrem PC tun würden. Dank Drive for Desktop können Sie Google Drive nicht nur über Google-Workspace-Apps nutzen, sondern auch mit lokal installierten Programmen. Sie können z. B. ein neues Dokument in Microsoft Word erstellen und es dann in Google Drive speichern. Natürlich bietet Drive for Desktop auch Zugriff auf Google Docs, Sheets und Slides.

3. Gehen Sie in Gmail zu Chat und Treffen

Mit ein paar Änderungen an 2 Einstellungen kann Gmail als wichtiger Kommunikationsknotenpunkt für E-Mail, Chat und Web-Meetings genutzt werden.

1. Gehen Sie in Gmail zu Einstellungen | Alle Einstellungen aufrufen | Chat und Meet (Registerkarte) und vergewissern Sie sich, dass Chat auf Google Chat (nicht auf Aus) und Meet auf Bereich „Meet" im Hauptmenü anzeigen eingestellt ist. Klicken Sie auf die Schaltfläche Änderungen speichern, um sowohl Chat als auch Meet in Gmail zu aktivieren.
2. Wählen Sie im Einstellungsmenü von Gmail die Optionen Google-Chat und Meet-Abschnitt im Hauptmenü anzeigen. (Denken Sie daran, dass sich Chat, Spaces und Meet alle in der unteren linken Ecke befinden.)

Wenn Sie mit Gmail beginnen, sollten Sie die folgenden 4 Punkte beachten:

- Die Schaltfläche **Schreiben** wird zum Erstellen neuer E-Mails verwendet.
- Verwenden Sie das Suchfeld und die Schaltfläche **In E-Mails suchen** für die E-Mail-Suche.
- Über das seitliche Bedienfeld können Sie auf den Kalender, den Speicher und die Aufgaben von Gmail zugreifen.
- Über den App Launcher können Sie auf Workspace und andere Apps zugreifen.

4. Im Kalender die Zeitzone und die Arbeitszeiten festlegen

Wenn Sie Ihre Zeitzone und Ihre Arbeitszeiten in Google Kalender genau festlegen, verringern Sie die Wahrscheinlichkeit, dass Sie zu ungünstigen Zeiten zu Besprechungen eingeladen werden.

1. Wählen Sie im Kalender die Schaltfläche Einstellungen | Einstellungen und blättern Sie dann nach unten zur Einstellung Zeitzone. Nehmen Sie alle erforderlichen Änderungen vor, um Ihren aktuellen Standort anzuzeigen. Sie können sogar eine zweite Zeitzone anzeigen, falls gewünscht. Scrollen Sie nach unten zu Arbeitszeiten & Standort, um Arbeitszeiten zu aktivieren (falls zutreffend).
2. Legen Sie die Stunden eines jeden Tages in etwa so fest, wie Sie es gewohnt sind.
3. Bevor Sie Ihre Arbeitszeiten aktivieren und festlegen, überprüfen Sie Ihre Zeitzone (links) in Google Kalender (rechts).
   - Mit dem Ansichtsumschalter können Sie den angezeigten Zeitraum ändern.
   - Durch Hinzufügen anderer Kalender können Sie den Kalender eines Kollegen suchen und anzeigen.

WAS SIE ZUR VERWENDUNG VON GOOGLE WORKSPACE BENÖTIGEN

Einen aktuellen Webbrowser

Die Google-Workspace-Anwendungen sind über einen modernen Webbrowser auf Desktop-Plattformen wie Windows und macOS verfügbar. Die meisten Workspace-Nutzer werden auch den Google-Chrome-Browser verwenden wollen. Wenn Sie sich mit Chrome bei Ihrem Workspace-Konto anmelden, erhalten Sie Zugriff auf Workspace-Anwendungen und einige Funktionen, die nur in Chrome verfügbar sind. Wenn ein Administrator dies aktiviert, können Nutzer Gmail, Docs, Sheets und Slides für die Offline-Arbeit lokal synchronisieren. Wenn Sie online sind, sind die meisten Funktionen der Google-Workspace-App auch in vielen anderen aktuellen Browsern verfügbar, darunter Microsoft Edge, Firefox Browser und Safari.

Google Drive für Desktop

Google Drive für Desktop (früher bekannt als Google Drive File Stream) ist eine lokal installierte Software für Windows und macOS, mit der Nutzer Google-Drive-Dateien und -Ordner durchsuchen und erkunden können. Das Durchlaufen von Objekten in Drive fühlt sich jetzt ähnlich an wie das Navigieren in einem lokalen Dateisystem.

Apps für Android, iOS und iPad

Verschiedene Google-Workspace-Anwendungen stehen zum Download für Android, iOS und iPadOS zur Verfügung. Gmail, Kalender, Drive, Docs, Sheets, Slides, Meet, Chat, Keep und Currents können z. B. über Google Play (Android) oder den AppStore (iOS) (Apple) heruntergeladen und installiert werden.

Obwohl weder Google Sites noch Google Forms derzeit über mobile Anwendungen verfügen, funktionieren die mit beiden Tools erstellten Websites und Formulare gut auf mobilen Geräten.

ERSTMALIGE VERWENDUNG VON GOOGLE WORKSPACE

In diesem Buch erfahren Sie, wie Sie sich anmelden, nachdem Sie sich für ein Google-Workspace-Konto (früher G Suite) registriert haben. Melden Sie sich bei Google an, um auf Ihr Google-Workspace-E-Mail-Konto, das Admin-Panel, Google Drive und andere Funktionen zuzugreifen. Ihre Squarespace-Website hat keinen Zugriff auf Ihr Google-Workspace-Konto. Google schlägt je nach Ihren Berechtigungen die besten Methoden zur Anmeldung vor. Dies ist besonders hilfreich, wenn Sie ein neuer Mitarbeiter sind.

Nachdem Sie sich bei Google Workspace angemeldet haben, erhalten Sie vom Unternehmen ein temporäres Passwort, mit dem Sie sich zum ersten Mal anmelden können. Melden Sie sich in Ihrem Admin-Bereich an, um die Konfiguration abzuschließen:

1. Klicken Sie in Ihrer Bestätigungs-E-Mail auf den Link Log Into Email.
2. Geben Sie Ihre neue E-Mail-Adresse und Ihr vorläufiges Passwort ein, um sich anzumelden. Wählen Sie Konto hinzufügen und melden Sie sich an, wenn Sie bereits ein Google-Workspace- oder Gmail-Konto haben, z. B. Ihr Konto.
3. Akzeptieren Sie die Nutzungsbedingungen von Google Workspace und legen Sie Ihr eigenes Passwort gemäß den Anweisungen von Google fest.
4. Sie werden zu Ihrem neuen Google Workspace Admin Panel weitergeleitet, um Ihre Domain zu verifizieren.
5. Wenn Sie eine Benachrichtigung erhalten, in der Sie aufgefordert werden, Ihre Domain zu authentifizieren, oder Google Ihnen mitteilt, dass Sie keinen E-Mail-Zugang haben, versuchen Sie die Domainüberprüfung erneut.

Tipp: Nachdem Sie sich angemeldet haben, können Sie zunächst die empfohlenen Anweisungen von Google befolgen. Akzeptieren Sie die Nutzungsbedingungen von Google Workspace. Sie müssen die Nutzungsbedingungen von Google Workspace akzeptieren, wenn Sie sich zum ersten Mal in Ihrem neuen Konto anmelden.

Hier sind ein paar Dinge, die Sie immer im Auge behalten sollten:

- Wenn Sie eine Jahresmitgliedschaft abgeschlossen haben und sich weigern, die Nutzungsbedingungen für Google Workspace zu akzeptieren, wird Ihr Konto nach Ihrem ersten Zahlungszyklus von Squarespace gelöscht und an Google übertragen.
- Squarespace kann Ihr Google Workspace-Konto nicht reaktivieren, wenn es bereits an Google übertragen wurde. Sie können eine direkte Rechnungsstellung mit Google einrichten, um Ihr Konto auf dem neuesten Stand zu halten.
- Nachdem Sie den Google-Workspace-Nutzungsbedingungen zugestimmt haben, wird Ihre Mitgliedschaft automatisch erneuert. Melden Sie sich nach Abschluss der Installation an.

VERWENDUNG VON GOOGLE WORKSPACE AUF MOBILEN GERÄTEN

In vielen Berufen ist es erforderlich, mit mobilen Geräten wie Smartphones und Tablets zu arbeiten, und Google Workspace bietet Ihnen die Werkzeuge, um dies zu tun, wo immer Sie sind. Dank der Android- und iOS-Versionen von Google Docs, Google Sheets und Google Slides können Sie auf Android-Smartphones und -Tablets, iPhones, iPads und iPod touches Material erstellen, bearbeiten und teilen. Google bietet auch Android- und iOS-Versionen von Gmail, Google Drive und anderen Apps an.

Google-Workspace-App auf Android

Um eine Google-Workspace-App auf Android zu installieren, folgen Sie den folgenden Anweisungen:

1. Gehen Sie auf dem Startbildschirm oder im App Drawer auf Play Store, um die Play-Store-App zu öffnen.
2. Tippen Sie auf Suchen und geben Sie Ihren Suchbegriff ein.
3. Tippen Sie auf das entsprechende Suchergebnis, um die Liste der passenden Apps anzuzeigen.
4. Wählen Sie die entsprechende Anwendung aus und tippen Sie dann auf Installieren.
5. Nachdem die Installation abgeschlossen ist, können Sie die Anwendung starten, indem Sie in der Play-Store-App auf Öffnen klicken oder das Symbol im App Drawer auswählen.
6. Folgen Sie bei geöffneter App den Aufforderungen, sich anzumelden und zu authentifizieren.

Wenn Sie eine Google Docs APP installiert haben:

- Navigieren Sie dann zu dem Dokument, das Sie öffnen möchten, indem Sie es antippen. Alternativ können Sie auch Neu wählen, um ein neues Dokument in der App zu erstellen.
- Die App öffnet das Dokument, und Sie können es anzeigen und bearbeiten. Tippen Sie in Google Docs auf Bearbeiten, um von der Anzeige zum Bearbeiten eines Dokuments zu wechseln. Daraufhin wird die Tastatur angezeigt, über die Sie Text eingeben können. Tippen Sie auf Fertig in der oberen linken Ecke des Bildschirms, wenn Sie zurück zur Anzeige des Dokuments wechseln möchten.

Google-Workspace-App auf iOS

Gehen Sie folgendermaßen vor, um eine Google-Workspace-App auf iOS zu installieren:

1. Gehen Sie zum Startbildschirm oder zur App-Bibliothek und tippen Sie auf App Store, um die App-Store-App zu öffnen.
2. Tippen Sie auf Suchleiste, um die Registerkarte Suche anzuzeigen, und geben Sie dann Ihren Suchbegriff ein.
3. Sehen Sie sich die angezeigten Suchergebnisse an, suchen Sie die Google-Workspace-App und tippen Sie dann auf Abrufen.
4. Nach erfolgreicher Installation können Sie die App starten, indem Sie in ihrem Eintrag im App Store die Option Öffnen wählen oder ihr Symbol auf dem Startbildschirm auswählen.
5. Wenn Sie die App zum ersten Mal öffnen, folgen Sie den Aufforderungen, sich anzumelden und zu authentifizieren.
6. Danach können Sie auf das entsprechende Symbol in der Navigationsleiste am unteren Rand des Bildschirms tippen, um die gewünschte Kategorie anzuzeigen

WIE MAN SEIN GOOGLE-PROFILBILD ÄNDERT

Das Bild Ihres Google-Kontos wird in allen Ihren Google-Diensten angezeigt, z. B. in Gmail, Google Chrome usw.; in einigen Fällen ist es auch für andere sichtbar. Sie können Ihr Profilbild jederzeit ändern, aber es dauert bis zu 48 Stunden, bis es in einigen Google-Diensten angezeigt wird. Um dies zu tun:

- Geben Sie in Ihrem Browser myaccount.google.com ein, um zu Ihrem Google-Konto zu gelangen.
- Klicken Sie auf Ihr aktuelles Google-Profilbild, und wählen Sie dann das angezeigte Profilfenster aus.
- Klicken Sie entweder auf "Profilbild hinzufügen" oder auf "Ihre Fotos", um die verfügbaren Fotos zu sehen und Ihre bevorzugte Auswahl zu treffen.
- Passen Sie das Foto an (zuschneiden oder drehen).
- Nachdem Sie alle erforderlichen Einstellungen vorgenommen haben, klicken Sie auf Als Profilfoto speichern.

Hinweis: Es kann bis zu 48 Stunden dauern, bis es in Ihren anderen Google-Diensten angezeigt wird.

Persönliche Daten im Google-Konto ändern

- Melden Sie sich bei Ihrem Google-Konto an.
- Klicken Sie oben links auf Ihr Konto oder klicken Sie auf den Google App Launcher und wählen Sie Konto.
- Klicken Sie anschließend auf Google-Konto verwalten.
- Wählen Sie in der linken Seitenleiste der Startseite Persönliche Daten.
- Dann können Sie Ihre persönlichen Daten wie Name, Geburtsdatum, Telefonnummer usw. ändern.
- Wenn Sie mit den Änderungen fertig sind, klicken Sie auf Speichern, und Ihre Daten werden automatisch aktualisiert.

Hinweis: Sie können kontrollieren, wer Ihre persönlichen Informationen sehen kann, indem Sie auf das Schloss-Symbol auf der Seite klicken. Wenn die Seite gesperrt ist, kann sie niemand sehen.

GOOGLE-DATENSCHUTZ- UND SICHERHEITSEINSTELLUNGEN VERWALTEN

Google hat seine Datenschutzrichtlinien und Sicherheitseinstellungen immer wieder aktualisiert, sodass Sie wissen müssen, wie Sie Ihre Einstellungen verwalten können. So kontrollieren Sie Ihre Google-Datenschutzeinstellungen:

- Gehen Sie zunächst auf privacy.google.com und verschaffen Sie sich einen kleinen Überblick über den Datenschutz bei Google.
- Wenn Sie auf Ihr Konto klicken, klicken Sie auf Konto verwalten, und Sie gelangen zur Startseite.
- Unter der Registerkarte Übersicht finden Sie diese Schnittstelle mit 3 Hauptkategorien:
  - Datenschutz & Personalisierung
  - Es gibt Sicherheitsempfehlungen
  - Datenschutz-Tipps verfügbar
- Zu Datenschutz & Personalisierung: Wenn Sie auf "Daten und Datenschutz verwalten" klicken, gelangen Sie zur Registerkarte "Daten und Datenschutz", die wir später besprechen werden.
- Wenn Sie auf "Konto schützen" klicken, wird ein Sicherheitscheck Ihres Google-Kontos durchgeführt, und es werden Möglichkeiten zum Schutz des Kontos vorgeschlagen.
- Wenn Sie schließlich auf "Vorschläge prüfen" klicken, können Sie Ihre wichtigsten Datenschutzeinstellungen überprüfen.
- Unter Persönliche Daten können Sie persönliche Informationen, Kontaktinformationen usw. ändern.
- Auf der Registerkarte "Daten und Datenschutz" finden Sie Daten- und Datenschutzoptionen sowie wichtige Datenschutzoptionen, mit denen Sie festlegen können, welche Daten in Ihrem Konto gespeichert werden, welche Anzeigen Sie sehen, welche Informationen Sie weitergeben usw.

Wenn Sie auf dieser Seite nach unten scrollen, haben Sie folgende Möglichkeiten:

- Sie haben die Einstellungen für den Verlauf, für die Personalisierte Werbung usw.
- Unter Sicherheit finden Sie Sicherheitsempfehlungen, die Ihnen helfen, Ihr Konto zu schützen.
- Unter Personen und Freigabe können Sie Informationen für Personen freigeben, mit denen Sie interagieren, z. B. Ihre Familie. Erstellen Sie eine Familiengruppe, damit Sie diese Informationen leichter teilen können.
- Zahlung und Abonnement enthält Ihre Zahlungsinformationen, Transaktionen, Reservierungen usw.

BUCH 1

—

GMAIL

EINFÜHRUNG

Jeder nutzt E-Mail. Auf diese Weise kommunizieren wir beruflich und privat mit Freunden und Familie. Die durchschnittliche Person hat mindestens ein E-Mail-Konto, in manchen Fällen sogar zwei oder mehr. Auf diese Weise kommunizieren wir miteinander.

Früher haben Sie sich vielleicht für ein E-Mail-Konto bei Ihrem Arbeitsplatz oder Ihrem Internetdienstanbieter angemeldet und E-Mails mit einer speziellen Software wie Microsoft Outlook gelesen und versendet.

Das hat sich mit der Einführung der webbasierten E-Mail geändert, mit der Sie von jedem Computer, Tablet oder Smartphone aus auf Ihre E-Mails zugreifen können. Sie brauchen eine Internetverbindung und einen Browser (oder eine mobile App), um von fast überall auf Ihre E-Mails zuzugreifen. Das ist eine erhebliche Verbesserung gegenüber der früheren Technik.

Google Gmail ist der beliebteste und, wie manche behaupten, der beste webbasierte E-Mail-Dienst. Gmail wird von mehr Menschen genutzt als jeder andere E-Mail-Dienst; es ist einfach und anpassungsfähig.

Wahrscheinlich gibt es in Gmail viel mehr, als Sie denken. Wussten Sie z. B., dass Sie Ihre E-Mail-Nachrichten mit Labeln ordnen können? Oder eine Kontaktliste verwenden können, um eine einzige E-Mail an eine Gruppe von Empfängern zu senden? Oder verwenden Sie Gmail lieber zum Senden und Empfangen von Fotos und anderen Dateien? Oder verwenden Sie Gmail, um Ihre täglichen Aufgabenlisten zu verwalten und sogar an Text- und Videochats teilzunehmen? All diese Funktionen und noch viel mehr werden in dem Buch, das Sie in Händen halten, erklärt.

WAS GENAU IST GMAIL?

Google, der Branchenführer bei der Internetsuche, bietet einen kostenlosen webbasierten E-Mail-Dienst namens Gmail an. Gmail ist einer der zahlreichen Online-Dienste von Google, die mit diesen Diensten verbunden sind; Sie können mit einem einzigen Google-Konto auf alle Google-Dienste, einschließlich Gmail, zugreifen.

Mit Gmail können Sie wie mit jedem anderen E-Mail-Dienst elektronische Post (E-Mail) über das Internet empfangen und versenden. Der Zugriff auf Gmail ist mit jedem Webbrowser oder Computer mit Internetanschluss möglich. Der Zugriff auf Gmail ist auch über mobile Geräte wie iPhones, iPads und Android-Smartphones möglich.

Gmail ist heute mit über 1,5 Milliarden Nutzern einer der beliebtesten webbasierten E-Mail-Dienste (mit 500 Millionen Nutzern steht Hotmail/Outlook.com an zweiter Stelle). Wie alle webbasierten Dienste von Google ist Gmail kostenlos; Sie müssen ein Konto erstellen. Wenn Sie bereits ein Konto für einen anderen Google-Dienst haben, können Sie es für den Zugriff auf Gmail verwenden. Gmail ist auch eng mit anderen Google-Diensten wie Google+ und Picasa verknüpft.

Es muss keine Software heruntergeladen werden, da Gmail ein webbasierter Dienst ist. Sie müssen mit dem Internet verbunden sein, um E-Mails zu senden und zu empfangen.

VERGLEICH MIT ANDEREN E-MAIL-DIENSTEN

Gmail wurde im April 2004 als einladungsgebundene Beta-Version gestartet. Im Februar 2007 wurde es für die gesamte Öffentlichkeit zugänglich gemacht. Obwohl Gmail heute der beliebteste webbasierte E-Mail-Dienst ist, war er nicht der erste. Hotmail (jetzt Outlook.com von Microsoft) und Yahoo! Mail sind bereits seit über einem Jahrzehnt in Betrieb, als Gmail veröffentlicht wurde. Andererseits ging Gmail die Dinge ein wenig anders an, was viele Nutzer ansprach.

Keine Ordner

Der erste Unterschied bestand darin, dass Gmail seine Nachrichten nicht in Ordnern anordnete (und immer noch nicht anordnet), wie es praktisch alle anderen E-Mail-Anwendungen und -Dienste taten (und weiterhin tun). Stattdessen fördert Gmail die Suche als die beste Methode, um die gesuchten Nachrichten zu finden, was angesichts der suchzentrierten Tradition und Umsatzstrategie von Google nicht überrascht.

Man muss sich erst daran gewöhnen, dass alle Nachrichten in einem einzigen großen Posteingang landen, was vielleicht der Grund dafür ist, dass Gmail später Labels hinzugefügt hat. Sie können jede Nachricht mit einem oder mehreren Labels "kennzeichnen" und dann Ihre Nachrichten filtern, um nur die mit diesem Label zu sehen. Auf diese Weise entstehen virtuelle Ordner, die die Nutzung von Gmail erleichtern.

Konversationen

Ein weiterer interessanter Aspekt von Gmail ist die Art und Weise, wie es Antworten auf frühere Nachrichten behandelt. Bei den meisten anderen E-Mail-Systemen wurde damals jede Antwort als eigene Nachricht behandelt, sodass Sie Ihren Posteingang nach vielen für die ursprüngliche Frage relevanten Nachrichten durchsuchen mussten.

Das ist bei Gmail nicht der Fall. Google hat sich dafür entschieden, alle relevanten E-Mail-Nachrichten in einer einzigen Diskussion zusammenzufassen. Eine Konversation kann aus einer ersten Nachricht und allen Antworten (und Antworten auf Antworten) auf diese Nachricht bestehen; eine Konversation kann auch aus allen täglichen E-Mails aus einer einzigen Quelle mit einem gemeinsamen Thema bestehen, z. B. aus Nachrichten von abonnierten Mailinglisten.

Die Organisation von Nachrichten in Konversationen macht es einfacher, den Verlauf eines bestimmten Themas zu verfolgen. Alles, was Sie wissen müssen, befindet sich an einem Ort, und es ist einfach zu sehen, wer wann geantwortet hat. So funktionieren heutzutage Online-Konversationsforen und soziale Netzwerke, und Gmail hat dies für E-Mails möglich gemacht.

Speicherplatz

Die letzte Besonderheit von Gmail war die Menge an Online-Speicherplatz, die es bot. Die Konkurrenten von Gmail boten zu Beginn nur 2-4 MB Speicherplatz für E-Mail-Nachrichten und Anhänge. Google setzte noch einen drauf und bot damals 1 GB (das sind 1.000 MB!) an Speicherplatz an. Die Nutzer konnten mehr alte Nachrichten in ihrem Posteingang speichern und Gmail sogar zur Speicherung von Fotos und Dateien verwenden.

Gmail ist nach wie vor dafür bekannt, seinen Kunden eine große Menge an kostenlosem Speicherplatz zu bieten. Nutzer erhalten jetzt 15 GB kostenlosen Speicherplatz für alle Google-Dienste (zusätzlicher Speicherplatz ist gegen eine Gebühr erhältlich).

Gmail heute

Gmail hat sich über einfache E-Mail-Dienste hinaus entwickelt. Google hat die Möglichkeiten seines Gmail-Dienstes erheblich erweitert und ihn mit seinen anderen Online-Geschäften verknüpft.

Der Basisdienst von Gmail wurde um die Organisation mit Labeln erweitert, die ähnlich wie herkömmliche Ordner funktionieren. Gmail versucht auch, eingehende Nachrichten auf der Grundlage eines Themas in verschiedenen Registerkarten anzuordnen; standardmäßig zeigt Google neben der grundlegenden Registerkarte "Allgemein" auch Registerkarten für "Soziale Netzwerke" und "Werbung" an.

Google ermöglicht es Ihnen, Listen mit Ihren Lieblingskontakten direkt aus Gmail oder über Ihre Google+ Kreise zu erstellen. Kontakte können auch aus anderen E-Mail-Systemen und Apps importiert werden.

Gmail bietet zusätzlich zu den E-Mail-Funktionen eine hilfreiche Aufgabenliste. Das Tool "Tasks" verwaltet verschiedene To-do-Listen und markiert Aufgaben, wenn sie erledigt sind.

Wenn Sie ein Foto per E-Mail versenden möchten, können Sie schnell eines aus Ihren Picasa-, Google-Drive- oder Google+-Bildern auswählen. Alle Fotos, die Sie per E-Mail erhalten, können auch in einem beliebigen Google-Dienst gespeichert werden.

Das persönliche Gmail-Profil ist dasselbe wie das, das Sie für Google+ und andere Google-Dienste verwenden. Andere Nutzer können Ihr Profil lesen, indem sie in einer E-Mail-Nachricht auf Ihren Namen klicken.

Sie können jetzt mit jedem Ihrer Gmail-Kontakte vom Gmail-Posteingang aus einen Online-Chat führen. Sie können an Textchats oder Video-Hangouts teilnehmen, ähnlich wie bei Skype-Sitzungen, aber mit mehreren Teilnehmern.

Gmail ist jetzt über einen Webbrowser von jedem Desktop- oder Laptop-Computer aus verfügbar. Google bietet auch mobile Apps für das iPhone, iPad, Android-Smartphones und andere Plattformen an. All diese Verbesserungen machen Gmail noch hilfreicher für Ihre täglichen Anforderungen. Und die Nutzung ist nach wie vor für alle kostenlos.

KAPITEL 1

ERSTELLEN UND EINRICHTEN EINES GMAIL-KONTOS

ERSTELLEN EINES GMAIL-KONTOS

Wenn Sie ein Google-Konto haben (für Google+, Google Drive oder einen anderen Google-Dienst), dient dieses Konto als Ihr Google-Mail-Konto. Wenn Sie noch kein Google-Konto haben, können Sie auf der Gmail-Seite ein neues Konto erstellen.

Führen Sie die folgenden Schritte aus, um ein neues Gmail-Konto zu erstellen:

1. Gehen Sie in Ihrem Webbrowser zu accounts.google.com.
2. Klicken Sie auf den Link Konto erstellen.
3. Wenn die Seite zum Erstellen Ihres Google-Kontos angezeigt wird, geben Sie Ihren Vor- und Nachnamen in die Felder Vorname und Nachname ein.
4. Geben Sie den gewünschten Nutzernamen in das Feld Nutzername ein.
5. Wenn der von Ihnen gewählte Nutzername verfügbar ist, bewegt sich der Cursor auf das Feld Passwort erstellen, und Sie können zum nächsten Schritt übergehen. Wenn Google Ihnen mitteilt, dass bereits jemand diesen Nutzernamen hat, schlägt Google einige alternative Namen vor, die verfügbar sind. Sie können einen dieser Vorschläge auswählen oder einen anderen Nutzernamen in das Feld Nutzername eintippen und dann auf Weiter drücken.
6. Geben Sie das gewünschte Kennwort in das Feld Passwort ein und geben Sie es erneut in das Feld Bestätigen ein.

   Hinweis: Das Passwort muss mindestens acht Zeichen lang sein. Um ein stärkeres Passwort zu erstellen, erstellen Sie ein längeres Passwort. Sie können Ihr Passwort auch verstärken, indem Sie Buchstaben, Zahlen und Sonderzeichen einfügen (Google zeigt Ihnen bei der Eingabe an, wie stark Ihr Passwort ist).

7. Verwenden Sie die Steuerelemente für den Geburtstag, um Ihr Geburtsdatum einzugeben.
8. Klicken Sie auf das Steuerelement Geschlecht und wählen Sie Weiblich, Männlich oder Andere.
9. Wenn Sie ein vergessenes Kennwort per Textnachricht abrufen möchten, geben Sie Ihre Mobiltelefonnummer in das Feld Mobiltelefon ein (dies ist optional.)
10. Geben Sie außerdem Ihre aktuelle E-Mail-Adresse für die Wiederherstellung des Passworts in das Feld Ihre aktuelle E-Mail-Adresse ein, falls Sie eine haben.
11. Geben Sie im Abschnitt Beweisen Sie, dass Sie kein Roboter sind den angezeigten Text oder die Zahlen in das Feld Geben Sie den Text ein (dies hilft zu verhindern, dass automatische Software gefälschte E-Mail-Konten anmeldet, die in der Regel zu Spam-Zwecken verwendet werden).
12. Klicken Sie auf das Steuerelement Standort und wählen Sie Ihr Land aus.
13. Wenn Sie möchten, klicken Sie auf das entsprechende Symbol, um die Nutzungsbedingungen und Datenschutzbestimmungen von Google zu lesen, und markieren Sie dann die Option "Ich stimme den Google-Nutzungsbedingungen und Datenschutzbestimmungen zu".
14. Klicken Sie auf die Schaltfläche Nächster Schritt.
15. Wenn die Seite "Wie Sie erscheinen" erscheint, klicken Sie auf die Schaltfläche Nächster Schritt (Sie können später ein Profilbild hinzufügen).

Google erstellt nun Ihr Konto und weist Ihnen die gewünschte E-Mail-Adresse in Form von username@gmail.com zu. Diese wird auf der Willkommensseite angezeigt. Klicken Sie auf die Schaltfläche Weiter zu Gmail, um Ihren Posteingang zu sehen.

ANMELDUNG BEI GMAIL

Sie melden sich bei Ihrem Gmail-Konto mit Ihrem Benutzernamen und Passwort über einen beliebigen Webbrowser auf einem beliebigen Computer oder Mobilgerät an. Folgen Sie diesen Schritten:

1. Gehen Sie zu mail.google.com. Wenn Sie sich bereits bei Gmail angemeldet haben, sehen Sie Ihren Gmail-Posteingang. Wenn Sie noch nicht angemeldet sind, sehen Sie den Anmeldebildschirm, der Ihren Gmail-Benutzernamen (E-Mail-Adresse) anzeigt. Fahren Sie mit dem nächsten Schritt fort.
2. Geben Sie Ihr Passwort in das Feld Passwort eingeben ein.
3. Klicken Sie auf die Schaltfläche Anmelden.

Falls Sie sich als ein anderer Benutzer anmelden möchten:

- Wenn die auf der Anmeldeseite angezeigte Gmail-Adresse nicht das Konto ist, das Sie verwenden möchten, klicken Sie auf Mit anderem Konto anmelden.
- Wählen Sie das zu verwendende Konto aus oder geben Sie manuell ein anderes Konto ein, wenn Ihres nicht angezeigt wird.
- Sie sehen jetzt Ihren Gmail-Posteingang. Sie können nun mit dem Lesen und Senden von E-Mail-Nachrichten beginnen.

E-MAIL-VERSAND UND ERWEITERTE FUNKTIONEN

VERSENDEN VON E-MAILS

Das Senden einer neuen E-Mail-Nachricht von Gmail aus ist so einfach: Klicken auf eine Schaltfläche, das Angeben, an wen Sie die Nachricht senden möchten, das Eingeben des Nachrichtentextes und das anschließende Klicken auf eine weitere Schaltfläche. Befolgen Sie diese Schritte:

1. Klicken Sie auf einer beliebigen Gmail-Seite auf die Schaltfläche Schreiben in der Navigationsleiste.
2. Daraufhin wird das Fenster Neue Nachricht angezeigt.
3. Geben Sie in das Feld An die E-Mail-Adresse des Empfängers ein.

4. Während Sie tippen, zeigt Gmail Namen aus Ihrer Kontaktliste an, die mit den eingegebenen Buchstaben übereinstimmen. Andernfalls schließen Sie die Eingabe der E-Mail-Adresse des Empfängers ab und drücken dann die Eingabetaste.
5. Um die E-Mail an mehrere Empfänger zu senden, wiederholen Sie die Schritte 3 und 4.
6. Geben Sie in das Feld Betreff den Betreff der Nachricht ein.
7. Geben Sie Ihren Nachrichtentext in das große Textfeld unter dem Feld Betreff ein.
8. Klicken Sie auf die Schaltfläche Entwurf verwerfen (Mülleimer), um eine in Bearbeitung befindliche Nachricht zu löschen.
9. Wenn Sie mit dem Verfassen Ihrer Nachricht fertig sind, klicken Sie auf die Schaltfläche Senden.

Auswählen von Empfängern aus dem Telefonbuch

Es gibt noch eine andere Möglichkeit, Empfänger zu einer E-Mail-Nachricht hinzuzufügen. Sie können einfach einen Empfänger aus Ihrer Gmail-Kontaktliste auswählen. Folgen Sie diesen Schritten:

1. Klicken Sie auf die Schaltfläche Schreiben, um eine neue E-Mail-Nachricht zu erstellen.
2. Klicken Sie auf den Link An im Feld An. Dadurch wird der Bereich Kontakte auswählen angezeigt.
3. Kreuzen Sie jeden gewünschten Empfänger an.
4. Klicken Sie auf die Schaltfläche Auswählen, und die ausgewählten Empfänger werden dem Feld An hinzugefügt.
5. Verfassen Sie die E-Mail wie gewohnt und klicken Sie dann auf die Schaltfläche Senden.

KOPIE (CC) ODER BLINDKOPIE (BCC)

Sie können eine Kopie (Cc) oder eine Blindkopie (Bcc) an andere interessierte Personen senden. Ein Cc zeigt die Empfängeradressen an und lässt die Personen wissen, dass andere die Nachricht lesen. Ein Bcc sendet die Nachricht an die vorgesehenen Empfänger, verbirgt aber deren Adressen vor den Hauptempfängern; dies ist nützlich, wenn Sie E-Mails an Personen senden, die sich nicht unbedingt kennen oder die die anderen Empfänger nicht kennen müssen.

Gehen Sie folgendermaßen vor, um Empfänger über Cc oder Bcc hinzuzufügen:

1. Klicken Sie auf die Schaltfläche Schreiben, um eine neue E-Mail-Nachricht zu erstellen, und geben Sie die üblichen Empfänger in das Feld An ein.
2. Um weitere Empfänger mit Cc zu versehen, klicken Sie auf Cc. Daraufhin wird ein Cc-Feld angezeigt. Geben Sie die E-Mail-Adressen der Empfänger in dieses Feld ein.
3. Um weitere Empfänger mit Bcc zu versehen, klicken Sie auf Bcc. Daraufhin wird ein Bcc-Feld angezeigt. Geben Sie die E-Mail-Adressen der Empfänger in dieses Feld ein.
4. Verfassen Sie die E-Mail wie gewohnt und klicken Sie dann auf die Schaltfläche Senden.

ARCHIV

Sie können E-Mails archivieren, um Ihren Posteingang zu leeren, ohne sie zu löschen. Ihre E-Mails werden in das Label "Alle E-Mails" übertragen.

Wenn Sie eine Nachricht archivieren, wird sie wieder in Ihrem Posteingang erscheinen, wenn jemand darauf antwortet.

- Navigieren Sie zu Gmail auf Ihrem PC.
- Wählen Sie die Nachricht aus.
- Klicken Sie mit der rechten Mouse auf Archivieren.

Tipp: Wenn Tastaturkurzbefehle aktiviert sind, können Sie eine E-Mail archivieren, indem Sie e drücken.

E-MAIL-PLANUNG

Mit Gmail können Sie E-Mails planen; die Nutzung dieser Funktion könnte nicht einfacher sein.

Um eine E-Mail für einen späteren Versand zu planen, klicken Sie einfach auf Schreiben, um die E-Mail zu verfassen, oder fügen Sie Dokumente an, die Sie erst nach einem bestimmten Zeitraum weitergeben möchten. Wenn Ihre E-Mail fertig ist, klicken Sie auf die Pfeil-nach-unten-Schaltfläche neben der Option "Senden". Der Pfeil zeigt dann auf die Option "Senden planen". Mit dieser Option können Sie den Tag und die Uhrzeit für den Versand der E-Mail festlegen. Diese Funktion ist auch in der Gmail-App für Android- und iOS-Geräte verfügbar. Tippen Sie in der oberen rechten Ecke auf die drei Punkte des Erstellungsbildschirms und wählen Sie "Senden planen" aus dem Dropdown-Menü, um E-Mails in der App auf Ihrem Telefon zu planen.

VERTRAULICH-MODUS

Sie können den Vertraulich-Modus von Gmail verwenden, um E-Mails mit Einschränkungen zu versenden, die verhindern, dass die Empfänger den Inhalt herunterladen, weiterleiten, kopieren oder drucken können. Sie können Verfallsdaten für kritische E-Mails festlegen und den Zugriff auf die Nachricht jederzeit widerrufen.

So aktivieren Sie den Vertraulich-Modus in Gmail

Für Administratoren:

Administratoren können den Modus für die gesamte Domäne ein- und ausschalten.

So aktivieren Sie es:

- Melden Sie sich bei der Google-Verwaltungskonsole an.
- Navigieren Sie zu Anwendungen -> Google-Arbeitsbereich -> Gmail -> Benutzereinstellungen.
- Blättern Sie nach unten, bis Sie den Vertraulich-Modus sehen.
- Aktivieren oder deaktivieren Sie das Kästchen.
- Speichern Sie die Datei.
- Führen Sie die gleichen Prozesse für eine Organisationseinheit durch, aber wählen Sie zunächst "Organisationseinheit" aus dem Menü "Benutzereinstellungen".

Für das persönliche E-Mail-Konto:

- Öffnen Sie Ihr E-Mail-Konto.
- Klicken Sie auf die Schaltfläche "Schreiben".
- Klicken Sie auf das Symbol für den Vertraulich-Modus in der unteren rechten Ecke, um den Vertraulich-Modus zu aktivieren.
- Konfigurieren Sie das Ablaufdatum und den Sicherheitscode.
- Erstellen Sie eine E-Mail und versenden Sie sie.
- Der SMS-Sicherheitscode wird dem Empfänger per Textnachricht zugestellt. Geben Sie deren Telefonnummer ein, nicht Ihre.

Kein SMS-Sicherheitscode bedeutet, dass Nicht-Gmail-Nutzer eine E-Mail mit dem Kennwort erhalten. Sie werden ihren Webbrowser verwenden, um eine sensible E-Mail zu öffnen.

KAPITEL 3
GOOGLE-KONTAKTE

Google-Kontakte ist eine der beliebtesten Kontaktverwaltungslösungen. Es ist eine wichtige Komponente der Google-Suite von Online-Diensten, die Kontaktinformationen für den privaten und geschäftlichen Gebrauch speichert und verwaltet.

Jeder Kontaktdatensatz enthält grundlegende Informationen wie Vor- und Nachname, Berufsbezeichnung, E-Mail-Adresse, Telefonnummer und Unternehmen. Sie können auch Notizen zum Kontakt schreiben und Labels erstellen, um Ihre Kontakte zu kategorisieren.

Bezeichnungen wie "Neuer Kontakt", "Interessent" und "Kunde" sind sehr nützlich, um Kontakte in Gruppen zu unterteilen, die für Ihr Unternehmen sinnvoll sind. Wenn Sie sowohl private als auch geschäftliche Kontakte im selben Google-Konto haben, können Sie diese als solche kennzeichnen, um Verwechslungen zu vermeiden.

ORGANISIEREN IHRER KONTAKTE

Wir haben die Labels besprochen, die jedem Kontakt in Google-Kontakte zugewiesen werden können. Diese Bezeichnungen werden auf der linken Seitenleiste Ihrer Google-Kontakte-Startseite angezeigt, sodass Sie leicht erkennen können, welche Kontakte in welchen Gruppen sind und wie viele Kontakte sich in jeder Gruppe befinden.

Neben den Beschriftungen erhalten Sie eine Übersicht über alle Kontakte, häufig kontaktierte Kontakte, andere Kontakte und Kontakte, die zusammengeführt oder korrigiert werden können.

Zusammenführung von Kontakten

Es ist üblich, doppelte Kontakte in Google-Kontakte oder Gmail zu sehen. Google Kontakte verfügt über ein nützliches Tool zum Zusammenführen und Korrigieren von Kontakten. Es findet automatisch doppelte Kontakteinträge und zeigt sie im Abschnitt "Zusammenführen und korrigieren" des linken Menüs an. Sie können diese Kontakteinträge überprüfen und entscheiden, ob sie zusammengeführt oder korrigiert werden sollen.

Änderungen rückgängig machen

Damit können Sie Ihre Kontakte zu einem beliebigen Zeitpunkt in den letzten 30 Tagen wiederherstellen. Wählen Sie "Änderungen rückgängig machen" aus dem Einstellungsmenü in der oberen rechten Ecke des Bildschirms. Das System fordert Sie dann auf, einen Zeitpunkt für die Wiederherstellung auszuwählen.

Verzeichnis der Kontakte

Nehmen wir an, Ihr Unternehmen nutzt Google Suite, Gmail und Google Kontakte. In diesem Fall sehen Sie möglicherweise eine Verzeichnisoption in der linken Seitenleiste, die in Ihrem persönlichen Google-Kontakte-Konto nicht vorhanden ist.

Das Verzeichnis enthält Mitglieder und E-Mail-Adressen innerhalb der Domäne Ihres Unternehmens. Auf diese Weise kann Google die E-Mail-Adressen Ihrer Kollegen automatisch vervollständigen und Besprechungen mit allen Mitgliedern Ihres Unternehmens planen, auch wenn Sie sie noch nie kontaktiert haben.

Der Systemadministrator steuert, welche E-Mail-Adressen im Verzeichnis angezeigt werden, und kann Kontakte aus dem Verzeichnis löschen.

VERBINDEN VON GOOGLE-KONTAKTEN MIT ANDEREN ANWENDUNGEN

Die Integration von Google Kontakte in andere Anwendungen ist sowohl möglich als auch erwünscht. Google Kontakte funktioniert bereits mit anderen Produkten wie Google Kalender und Google Maps.

Abgesehen vom Google-Ökosystem ist es recht einfach, Google Kontakte in andere Tools zum Speichern von Kontaktinformationen zu integrieren. Hier erfahren Sie, wie diese Integrationen funktionieren.

Synchronisierung von Google-Kontakten mit anderen Google-Anwendungen

Google ermöglicht es Ihnen, "ein Konto für alle" zu haben. Das bedeutet, dass Sie alle Google-Anwendungen über ein einziges Konto nutzen können, und Ihre Daten werden sofort mit allen Anwendungen synchronisiert. Wenn Sie auf Ihr Gmail-Konto (oder die Startseite Ihres Google-Kontos) zugreifen, sehen Sie in der oberen rechten Ecke ein Symbol mit neun Punkten. Wenn Sie darauf klicken, können Sie sofort alle Google-Anwendungen sehen, auf die Sie Zugriff haben.

Google Maps

Die Integration von Google Kontakte und Google Maps macht es extrem einfach, die Adresse einer Person direkt in Google Maps zu finden. Wenn Sie auf dem Weg zu einem Freund sind, aber nicht wissen, wo er wohnt, können Sie seinen Standort sofort ermitteln, indem Sie seinen Namen in das Google-Maps-Suchfeld eingeben, und die Adresse wird sofort angezeigt.

Google Kalender

Wenn Sie eine Besprechung in Google Kalender erstellen, können Sie ganz einfach eine Einladung an Kontakte senden, die Sie bereits in Google Kontakte haben. Gehen Sie einfach zu Ihrem Google Kalender und planen Sie eine Besprechung. Gehen Sie dann zum Feld "Gäste hinzufügen" und geben Sie deren Namen ein. Ihre Kontakte werden als Empfehlungen angezeigt.

IMPORTIEREN UND EXPORTIEREN ÜBER CSV-DATEIEN

Google Kontakte kann Kontakte standardmäßig als CSV-Dateien importieren und exportieren. In der linken Seitenleiste Ihrer Google-Kontakte-Seite finden Sie Optionen zum Importieren und Exportieren von CSV-Dateien. Damit können Sie die Kontakte in Ihrem Google-Kontakte-Konto exportieren und eine Kontaktliste aus einer anderen Anwendung importieren.

Google Kontakte unterstützt drei verschiedene CSV-Dateiformate:

- Google CSV-Dateien
- Outlook CSV-Dateien
- vCard-Dateien

Sie müssen nicht Ihre gesamten Kontaktinformationen in Google Kontakte importieren/exportieren. Sie können z. B. auch nur Dateien mit der Bezeichnung "Arbeit" importieren oder exportieren und die anderen Gruppen auslassen.

Wenn Sie jedoch regelmäßig Kontakte zwischen vielen Programmen übertragen müssen, können CSV-Dateien mehr schaden als nutzen.

Adressen können beispielsweise in verschiedene Informationsfelder aufgeteilt werden, wenn ein Kontakt über eine CSV-Datei übertragen wird, da bestimmte CSV-Dateien durch Kommas getrennt werden. Daten wie Telefonnummern können auch in verschiedenen Formen vorliegen, was zu falschen oder doppelten Daten in Ihren Anwendungen führt.

Das Hauptproblem bei CSV ist, dass sich Ihre Kontaktdaten ständig ändern und CSV-Dateien eine Momentaufnahme Ihrer Datenbank darstellen. Diese Momentaufnahme kann schnell veraltet sein und hält Ihre Kontakte nicht in Echtzeit auf dem neuesten Stand. Infolgedessen müssen Sie höchstwahrscheinlich häufig importieren und exportieren, was schnell unübersichtlich werden kann - ganz zu schweigen davon, dass es viel zu viel Zeit in Anspruch nehmen würde, dies mehrmals pro Monat manuell zu tun. Das liegt daran, dass CSV nicht für einen kontinuierlichen Kontaktaustausch in Echtzeit ausgelegt ist und die Kontakte nicht synchronisiert.

KAPITEL 4

VERWALTUNG VON SPAM-MAILS

Wie jeder verantwortungsbewusste E-Mail-Anbieter bietet auch Google verschiedene Funktionen an, um die Anzahl unerwünschter Spam-Nachrichten in Ihrem Posteingang und das Risiko einer Infektion mit Computerviren zu verringern. Diese Funktionen werden automatisch angewendet, aber es ist gut zu wissen, wie sie funktionieren.

Was die Junk-E-Mails betrifft, die wir als Spam bezeichnen, so wendet Google verschiedene interne Filter an, um Spam zu erkennen, sobald er in das Gmail-System gelangt, und verhindert so, dass er in den Posteingängen der Nutzer erscheint. In den meisten Fällen sehen Sie den Spam nie; Google blockiert ihn, bevor er bei Ihnen ankommt.

Manchmal passiert Spam den Hauptfilter von Google, wird aber auf der Empfängerseite abgefangen - in Ihrem persönlichen Gmail-Konto. In diesem Fall wird die Spam-Nachricht im Spam-Bereich Ihres Posteingangs angezeigt. Sie können vermeintliche Spam-Nachrichten anzeigen, indem Sie auf den Link Spam klicken (möglicherweise müssen Sie zuerst auf den Link Mehr klicken, um den Spam-Link zu sehen).

EINE NACHRICHT ALS SPAM MELDEN

Indem Sie Spam-Nachrichten melden, die Sie unbeabsichtigt in Ihrem Gmail-Posteingang erhalten, können Sie Google bei der Verbesserung seiner Spam-Filter helfen. Folgen Sie diesen Schritten:

1. Überprüfen Sie im Posteingang von Gmail die mutmaßliche Spam-Nachricht.
2. Klicken Sie auf die Schaltfläche Spam melden, wie in der Abbildung gezeigt.

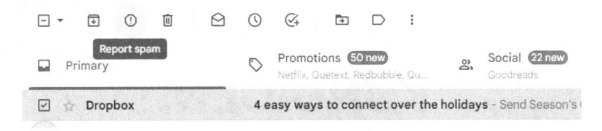

Auf diese Weise verschieben Sie die Spam-Nachricht von Ihrem Posteingang in die Spam-Liste und machen Google auf die Nachricht aufmerksam.

ENTFERNEN EINER LEGITIMEN NACHRICHT AUS IHRER SPAM-LISTE

Was tun Sie, wenn Google zufällig eine legitime Nachricht an Ihre Spam-Liste weiterleitet? Es ist ganz einfach, diese Nachricht zurück in Ihren regulären Gmail-Posteingang zu verschieben. Folgen Sie diesen Schritten:

1. Klicken Sie im Navigationsbereich von Gmail auf Spam. Dadurch werden alle gespeicherten Spam-Nachrichten angezeigt.
2. Markieren Sie diese Option, um die Nicht-Spam-Nachricht auszuwählen.
3. Klicken Sie auf die Schaltfläche Kein Spam.

Dadurch wird die ausgewählte Nachricht aus der Spam-Liste in den allgemeinen Posteingang verschoben.

Hinweis: Manchmal landen auch echte Nachrichten im Spam-Ordner. Die Spam-Filter von Gmail können zu aggressiv sein und legitime Nachrichten als unerwünschten Spam identifizieren. Aus diesem Grund ist es ratsam, den Inhalt des Spam-Ordners von Zeit zu Zeit zu überprüfen, um fälschlicherweise erkannte Nachrichten zu erkennen. Sie können auch einen Filter erstellen, der Nachrichten von einem bestimmten Empfänger nie an Spam sendet.

DAUERHAFTES LÖSCHEN VON NACHRICHTEN AUS DER SPAM-LISTE

Nachrichten in Ihrem Spam-Ordner werden nach 30 Tagen automatisch gelöscht. Sie können jedoch jederzeit einzelne oder alle Spam-Nachrichten dauerhaft löschen. Gehen Sie wie folgt vor:

1. Klicken Sie im Navigationsbereich von Gmail auf Spam. Dadurch werden alle gespeicherten Spam-Nachrichten angezeigt.
2. Um eine einzelne Nachricht dauerhaft aus der Spamliste zu löschen, markieren Sie die Nachricht und klicken Sie dann auf die Schaltfläche Endgültig löschen.
3. Um alle Nachrichten in der Spam-Liste dauerhaft zu löschen, klicken Sie auf den Link Alle Spam-Nachrichten jetzt löschen oberhalb der Spam-Liste.

KAPITEL 5

EIN E-MAIL-ABONNEMENT KÜNDIGEN

Wenn Sie unerwünschte E-Mails in Ihrem Gmail-Posteingang erhalten, können Sie den Absender blockieren oder sich abmelden, oder Sie können die Nachricht an Gmail melden.

VOM DESKTOP AUS

Wenn Sie sich bei einer Website angemeldet haben, die viele E-Mails versendet, z. B. Werbeaktionen oder Newsletter, können Sie den Empfang dieser E-Mails durch Klicken auf den Abmeldelink beenden. Gmail empfiehlt Ihnen möglicherweise, sich von einer Liste abzumelden, wenn Sie viele E-Mails von einem Absender erhalten haben, die Sie nicht geöffnet haben.

1. Navigieren Sie zu Gmail auf Ihrem PC.
2. Öffnen Sie eine E-Mail von dem Absender, von dem Sie sich abmelden möchten.
3. Klicken Sie neben dem Namen des Absenders auf Abbestellen oder Einstellungen ändern. Wenn Sie diese Optionen nicht sehen, versuchen Sie, den Absender zu blockieren oder die E-Mail als Spam zu markieren, wie oben beschrieben.

Nachdem Sie sich abgemeldet haben, kann es ein paar Tage dauern, bis die E-Mails nicht mehr ankommen.

ÜBER DIE MOBILE APP

1. Öffnen Sie die Gmail-App auf Ihrem Android-Telefon oder -Tablet.
2. Öffnen Sie eine E-Mail von dem Absender, von dem Sie sich abmelden möchten.
3. Tippen Sie unten in der Nachricht auf Abbestellen oder Einstellungen ändern. Wenn Sie diese Alternativen nicht sehen, hat der Absender die erforderlichen Informationen für die Abmeldung nicht bereitgestellt. Stattdessen können Sie den Absender sperren oder die E-Mail als Spam kennzeichnen, indem Sie die oben genannten Methoden anwenden.

Nachdem Sie sich von der Mailingliste abgemeldet haben, kann es ein paar Tage dauern, bis Sie keine Nachrichten mehr erhalten.

Führen Sie die folgenden Schritte aus, um keine Abmeldevorschläge zu erhalten:

- Tippen Sie auf Menü, Einstellungen und den Kontonamen, den Sie ändern möchten, in der oberen linken Ecke.
- Tippen Sie im Menü "Posteingangstipps" auf Einstellungen für Posteingangstipps.
- Deaktivieren Sie das Kontrollkästchen "Tipps abbestellen".

TIPPS ZUR NAVIGATION

1. Sie können eine bereits gesendete Nachricht in Gmail rückgängig machen. Gehen Sie dazu auf das Zahnrad für die Einstellungen in der oberen rechten Ecke und klicken Sie auf Alle Einstellungen aufrufen. Oben auf der Registerkarte "Allgemein" finden Sie die Option "E-Mail zurückrufen". Standardmäßig ist diese Option auf 5 Sekunden eingestellt. Das bedeutet, dass Sie nach dem Versenden einer Nachricht 5 Sekunden Zeit haben, um den Versand der Nachricht zu stoppen und Änderungen vorzunehmen. Sie können bis zu 30 Sekunden einstellen, sodass Sie einen kleinen Zeitpuffer haben, bevor die Nachricht gesendet wird.
2. In Gmail können Sie Ihre Nachricht verfassen und mithilfe einer Planungsfunktion festlegen, wann sie versendet werden soll. Klicken Sie dazu auf den Dropdown-Pfeil auf der Schaltfläche Senden und wählen Sie Senden planen.
   - Wenn Sie auf Senden planen klicken, öffnet sich eine Eingabeaufforderung mit einigen der beliebtesten Optionen.
   - Sie können ihn morgen früh abschicken oder ein Datum wählen.
3. Sie können Vorlagen einrichten, um die Beantwortung von E-Mails noch einfacher zu gestalten. Um Vorlagen zu verwenden, gehen Sie zum Einstellungszahnrad in der oberen rechten Ecke und klicken Sie auf Alle Einstellungen aufrufen anzeigen.
   - Klicken Sie auf die Registerkarte Erweitert.
   - Wählen Sie die Vorlage aus, aktivieren Sie sie und klicken Sie dann auf "Änderungen speichern".
   - Geben Sie Ihre Nachricht ein; in der unteren rechten Ecke sehen Sie eine Ellipse mit weiteren Optionen. Wenn Sie darauf klicken, erhalten Sie eine Option namens Vorlagen. In der Vorlagen-Nachricht können Sie diese Nachricht oder diesen Entwurf als Vorlage speichern.
   - Geben Sie dann einen Namen für diese Vorlage ein und klicken Sie auf Speichern.

4. Sie können das dunkle Design in Gmail aktivieren, um Ihren Augen eine Pause zu gönnen. Für ein dunkles Design gehen Sie in die obere rechte Ecke und klicken Sie auf das Einstellungszahnrad; dies öffnet das Menü mit den Schnelleinstellungen, und genau hier sehen Sie eine Option namens Design.

    - Sie können eines dieser Bilder auswählen oder auf "Alle anzeigen" klicken, um alle verschiedenen Optionen zu sehen.
    - Wenn Sie Ihr Design ausgewählt haben, können Sie ein Foto auswählen, den Texthintergrund anpassen, ihn hell oder dunkel machen, den Hintergrund unscharf machen usw. Wenn Sie mit Ihrer Einstellung fertig sind, klicken Sie auf Speichern.

5. Sie können einen Lesebereich zu Gmail hinzufügen, um den Überblick über alle E-Mails zu behalten. Wenn Sie auf eine Ihrer Nachrichten klicken, nimmt die Nachricht den gesamten Bildschirm ein, und Sie sehen Ihren Posteingang nicht mehr. Um einen Lesebereich hinzuzufügen, können Sie in der oberen rechten Ecke den Modus "Geteiltes Fenster" einschalten.

    - Wenn Sie auf den Modus "Geteilter Bereich" klicken, werden Ihre Seiten geteilt, sodass Sie ein paar andere Dinge gleichzeitig haben. Auch hier können Sie in der oberen rechten Ecke auf diesen Dropdown-Pfeil klicken, und Sie können die Position der Teilung anpassen.

6. Sie können Ihre Gmail-Nachrichten lesen, während Sie offline sind. Angenommen, Sie haben keinen Internetzugang, können Sie trotzdem auf alle Ihre E-Mail-Nachrichten zugreifen. Gehen Sie dazu auf das Zahnrad Einstellungen und klicken Sie auf Alle Einstellungen aufrufen, woraufhin sich das Menü Schnelleinstellungen öffnet. Klicken Sie auf Offline.

    - Klicken Sie auf Aktivieren, um zu sehen, wie viel Speicherplatz auf Ihrem Computer benötigt wird, wie viele E-Mails Sie speichern möchten und andere Optionen.

7. So aktivieren Sie Tastenkombinationen bei der Bearbeitung Ihrer Mails:

    - Drücken Sie die Umschalttaste und das Fragezeichen, um die verschiedenen Tastenkombinationen anzuzeigen.
    - Oben sehen Sie alle Tasten, die standardmäßig aktiviert sind, und unten sehen Sie weitere Tastenkombinationen, die Sie aktivieren können; klicken Sie einfach auf "Aktivieren", um sie zu nutzen.

KAPITEL 6
GMAIL AUF DESKTOP UND HANDY

MOBILE APP

Gmail kann von jedem Gerät mit einem Webbrowser und einer Internetverbindung aufgerufen werden. Dies bedeutet, dass Sie Gmail nicht nur auf Ihrem Desktop-PC oder Laptop, sondern auch auf Ihrem Smartphone oder Tablet nutzen können.

Sie können zwar über den Webbrowser Ihres Mobilgerätes eine Verbindung zur Gmail-Website herstellen, aber die Verwendung der für Ihr Mobilgerät entwickelten Gmail-App bietet ein besseres Erlebnis. Gmail bietet jetzt mobile Anwendungen für die folgenden Geräte und Plattformen:

- Android
- Blackberry
- iOS (iPhone und iPad)
- Microsoft Windows Phone

Alle diese mobilen Anwendungen sind kostenlos und können aus dem App-Store auf Ihr Gerät heruntergeladen werden. Suchen Sie einfach im App-Store nach Gmail und klicken Sie auf das Download-Symbol, um loszulegen.

Jede dieser Apps funktioniert ähnlich, ist aber auf ihr eigenes Gerät zugeschnitten.

AKTIVIEREN VON GMAIL-TASTATURKURZBEFEHLEN

1. Starten Sie einen Webbrowser und navigieren Sie zu Gmail.
2. Wählen Sie das Symbol Einstellungen (in Form eines Zahnrads) oben auf der Seite und klicken Sie dann auf "Alle Einstellungen aufrufen".
3. Blättern Sie auf der Registerkarte "Allgemein" nach unten zu "Tastaturkurzbefehle" und wählen Sie "Tastaturkurzbefehle aktivieren".
4. Scrollen Sie nach unten und klicken Sie auf "Änderungen speichern".

GMAIL-NAVIGATION

- Suchen: Um schnell eine Suche einzugeben, drücken Sie "/", um den Zeiger auf das Suchfeld oben auf der Gmail-Seite zu bewegen.
- Tastaturkurzbefehle anzeigen: Drücken Sie "Umschalttaste + ?", um eine Einblendung anzuzeigen, das alle wichtigen Tastaturkurzbefehle in Gmail auflistet.
- Rückgängig machen: Drücken Sie "z", um Ihre letzte Aktion in Gmail rückgängig zu machen.
- Zur nächsten oder vorherigen E-Mail in Ihrem Posteingang gehen: Wenn Sie den Posteingang durchsuchen, drücken Sie "j", um zur nächsten E-Mail in der Liste zu gelangen, oder "k", um zurückzugehen. Die Nachricht wurde hervorgehoben, aber nicht ausgewählt.
- Wählen Sie die aktuelle Nachricht: Verwenden Sie die "x"-Taste, um die aktuell markierte E-Mail-Diskussion auszuwählen. Um schnell durch die E-Mails in Ihrem Posteingang zu navigieren und sie auszuwählen, verwenden Sie die Tasten "j/k" und "x".
- Aktuelle Nachricht ausschalten: Um den angegebenen E-Mail-Chat stumm zu schalten, verwenden Sie die Taste "m". Dadurch wird die Nachricht aus dem Posteingang in das Archiv verschoben.
- Wählen Sie eine Abfolge von Nachrichten: Klicken Sie auf das erste E-Mail-Auswahlfeld, um eine fortlaufende Sammlung von Nachrichten im Posteingang auszuwählen. Wählen Sie dann bei gedrückter Umschalttaste die letzte Nachricht aus der Liste aus, indem Sie auf das Auswahlfeld klicken.
- Wählen Sie eine nicht sequentielle Gruppe von Nachrichten: Klicken Sie auf das Auswahlfeld, um eine Gruppe von Nachrichten aus dem Posteingang auszuwählen. Halten Sie die Taste "Strg / Befehlstaste" gedrückt und wählen Sie jede weitere Nachricht aus, indem Sie auf das Auswahlfeld klicken.
- Markieren Sie die von Ihnen ausgewählten Nachrichten als wichtig: Wählen Sie die E-Mails aus, die Sie als wichtig einstufen möchten, und drücken Sie dann auf "=".
- Markieren Sie die letzte Nachricht: Drücken Sie "s", um die aktuelle Nachricht mit einem Stern zu versehen.
- Löschen Sie die von Ihnen ausgewählten Nachrichten: Drücken Sie "e", um die ausgewählten E-Mails in das Archiv zu verschieben.
- Wählen Sie Alle ungelesenen Nachrichten: Drücken Sie "Umschalttaste + 8 + u", um schnell alle ungelesenen Nachrichten auszuwählen.
- Markieren Sie die von Ihnen ausgewählten Nachrichten als ungelesen: Um den Status einer Nachricht auf ungelesen zurückzusetzen, drücken Sie "Umschalttaste + u".
- Markieren Sie die von Ihnen ausgewählten Nachrichten als gelesen: Um den Status einer Mitteilung in gelesen zu ändern, verwenden Sie "Umschalttaste + i".

TEXTFORMATIERUNG

- Fett: Um Text fett zu machen, markieren Sie ihn und drücken Sie die Tastenkombination "Strg / Befehlstaste + b".
- Kursivschrift: Um Text kursiv zu machen, markieren Sie ihn und drücken Sie "Strg / Befehlstaste + I".
- Unterstreichen: Um Text zu unterstreichen, markieren Sie ihn und drücken Sie "Strg / Befehlstaste + u".
- Beginnen Sie eine nummerierte Liste: Drücken Sie "Strg / Befehlstaste + Umschalttaste + 7", um eine nummerierte Liste (auch geordnete Liste genannt) zu erstellen. Ihre E-Mail-Nachricht sollte die Nummer 1 enthalten.
- Beginnen Sie eine Aufzählungsliste: Drücken Sie "Strg / Befehlstaste + Umschalttaste + 8", um eine Aufzählung (oder ungeordnete Liste) zu erstellen. Der erste Aufzählungspunkt der Liste sollte in die E-Mail-Nachricht aufgenommen werden.
- Mehr einrücken: Um Text einzurücken, positionieren Sie den Cursor und drücken Sie " Strg / Befehlstaste +]".
- Weniger einrücken: Bewegen Sie den Cursor und drücken Sie " Strg / Befehlstaste + [.", um den Einzug zu verkleinern.

ARBEITEN IN EINER E-MAIL-NACHRICHT

- Eine E-Mail-Nachricht in den Schlummermodus versetzen: Drücken Sie die Taste "b", um die ausgewählte E-Mail in den Schlummermodus zu versetzen. Es erscheint ein Pop-up-Fenster, in dem Sie gefragt werden, wie lange Sie die Schlummerfunktion nutzen möchten, und die Nachricht wird für die von Ihnen angegebene Dauer aus Ihrem Posteingang entfernt.
- Durch eine E-Mail-Konversation navigieren: Wenn Sie eine E-Mail-Diskussion mit mehreren Antworten lesen, können Sie durch Drücken der Tasten "p" und "n" vorwärts und rückwärts durch die Nachricht navigieren.
- Eine neue Nachricht erstellen: Um eine neue Nachricht zu erstellen, drücken Sie "c", um ein neues E-Mail-Pop-up-Fenster zu öffnen. Wenn Sie "d" drücken, wird das neue E-Mail-Fenster in einer neuen Browser-Registerkarte angezeigt.
- Einfügen eines Cc-Empfängers in eine E-Mail: Drücken Sie "Strg / Befehlstaste + Umschalttaste + c", um einen neuen Cc-Empfänger zu einer E-Mail-Nachricht hinzuzufügen. Es wird eine Cc-Zeile eingeblendet, in die Sie die Informationen des Empfängers eingeben können.
- Einfügen eines Bcc-Empfängers in eine E-Mail: Drücken Sie "Strg / Befehlstaste + Umschalttaste + b", um einen neuen Bcc-Empfänger zu einer E-Mail-Nachricht hinzuzufügen. Es wird eine Bcc-Zeile eingeblendet, in die Sie die Empfängerdaten eingeben können.
- Umschalten zwischen An-Zeile, Betreff und Text: Mit der Tabulatortaste können Sie schnell von den Empfängerzeilen zum Inhalt der E-Mail navigieren. Um in umgekehrter Richtung wieder nach oben zu gelangen, verwenden Sie "Umschalttaste + Tabulatortaste".
- Geben Sie in einer E-Mail einen Link an: Drücken Sie "Strg / Befehlstaste + k", um den Text im E-Mail-Text auszuwählen. Das Feld Link bearbeiten wird angezeigt, in das Sie die URL eingeben können, die Sie verlinken möchten. Sie können diese Tastenkombination auch verwenden, ohne den Text vorher zu markieren, aber dann müssen Sie den Text eingeben, von dem aus Sie verlinken möchten.
- Eine E-Mail senden: Um eine fertige E-Mail-Nachricht zu senden, drücken Sie "Strg / Befehlstaste + Enter". Achten Sie darauf, dass Sie diese Tastenkombination nicht versehentlich drücken - das Senden einer unvollständigen E-Mail mit dieser Tastenkombination ist einfach.

BUCH 2

—

GOOGLE MEET

EINFÜHRUNG

Nach einem Debüt nur für geladene Gäste und der heimlichen Veröffentlichung einer iOS-App im Februar 2017 hat Google Meet im März 2017 öffentlich veröffentlicht. Der Dienst wurde als Videokonferenz-Tool für bis zu 30 Personen eingeführt und als unternehmensfreundliche Version von Google Hangouts angepriesen. Es war über PC-, Android- und iOS-Apps zugänglich. Google Meet ist eine Plattform für Videokonferenzen. Besprechungen können erstellt oder geplant werden, und Personen aus Unternehmens- oder Schulorganisationen sowie andere Gmail-Verbindungen können eingeladen werden. Es ist über die mobile App für Android- und iOS-Geräte und online über einen Webbrowser verfügbar. Nutzer von Google Meet können ihren Bildschirm freigeben, einzelne Teilnehmer stummschalten oder anheften und Sitzungen zur späteren Verwendung aufzeichnen.

Während Google Meet die oben genannten Funktionen mitbrachte, um das ursprüngliche Hangouts-Programm zu verbessern, wurden mehrere grundlegende Hangouts-Funktionen eingestellt, z. B. die Anzeige von Teilnehmern und das gleichzeitige Chatten. Die Anzahl der gleichzeitig verfügbaren Kamerastreams wurde ebenfalls auf 8 begrenzt, wobei die Gäste, die ihr Mikrofon gerade benutzt hatten, Vorrang hatten. Außerdem wurden Elemente wie das Chat-Feld so verändert, dass es die Videostreams überlagert, anstatt diese zu skalieren. Hangouts wurde offiziell umgewandelt und im November 2022 nicht mehr angeboten. Google hat die 60-Minuten-Beschränkung für säumige Konten aufgehoben.

Im August 2020 wurde behauptet, Google würde Google Duo in das geschäftsorientierte Google Meet integrieren. Dieses Ziel wurde im Dezember 2021 aufgegeben; Duo blieb jedoch zugänglich und wurde aktualisiert. Im Juni 2022 änderte Google seine Richtung und kündigte an, dass Duo in Meet integriert werden würde. Die Duo-Mobil-App wurde im August im Rahmen der Fusion in Meet umbenannt. Die Google-Duo-Online-App führt nun zur Google-Meet-Web-App.

Google Meet ersetzt die Videogesprächsfunktion von Google Hangouts, die bis 2021 auslaufen wird. Die Chat-Funktion von Google Hangouts wurde durch Google Chat ersetzt, das über eine Schnittstelle mit Google Meet verbunden ist und es Google-Chat-Gruppen ermöglicht, Videokonferenzen zu organisieren.

Der Google-Meet-Dienst ist für die persönliche Nutzung kostenlos, aber wer für Google Workspace bezahlt, erhält Premium-Funktionen, einschließlich längerer Meetings und einer größeren Kapazität für zusätzliche Personen.

WIE VIEL KOSTET GOOGLE MEET?

Für das Veranstalten einer Google-Meet-Sitzung ist ein kostenpflichtiges G-Suite-Konto erforderlich, der "Basis"-Tarif, der 6 US-Dollar pro Monat kostet. Google-Meet-Sitzungen sind jedoch für jeden mit einem einfachen Google-Konto zugänglich.

G Suite bietet viele Abonnementkategorien, und je mehr Sie bezahlen, desto mehr Teilnehmer können an einem einzigen Google-Meet-Anruf teilnehmen. Die Kategorien sind unten aufgeführt:

- G Suite Basic kostet, wie bereits erwähnt, 6 US-Dollar pro Nutzer und Monat. Damit können Sie mit bis zu 25 Personen gleichzeitig konferieren.
- G Suite Business kostet 12 US-Dollar pro Benutzer und Monat. Damit können Sie mit bis zu 50 Personen gleichzeitig konferieren.
- G Suite Enterprise kostet 25 US-Dollar pro Benutzer und Monat. Damit können Sie mit bis zu 100 Personen gleichzeitig konferieren.

Jede G-Suite-Stufe bietet mehr Speicherkapazität für Google Drive und bessere Datenschutzfunktionen. Andere Versionen sind für Schulen und Pädagogen gedacht, die Google für ausgewählte Organisationen kostenlos zur Verfügung stellt.

MERKMALE

Google Meet bietet eine Fülle kostenloser Dienste, die Sie zur Verbesserung Ihrer Meetings nutzen können. Zunächst einmal können Sie so viele Meetings abhalten, wie Sie wollen und so oft Sie wollen. Um teilzunehmen, müssen sich die Teilnehmer nur mit ihrem Google-Konto verbinden. Weitere Merkmale sind:

- **Layouts und Bildschirmeinstellungen ändern:** Das Standardlayout von Google Meet zeigt den aktivsten Meeting-Teilnehmer an, aber Sie können es nach Ihren Wünschen ändern. Um diese Funktion zu nutzen, klicken Sie auf die drei Punkte auf dem Meet-Bildschirm.
- **Geräteunabhängigkeit:** Einfach ausgedrückt: Google Meet ist mit allen Geräten kompatibel, einschließlich Desktops, Laptops, Tablets und Smartphones. Es ist sowohl mit Android als auch mit iPhone kompatibel. Google Nest Hub Max kann auch für die Teilnahme an einer Besprechung verwendet werden. Wenn Sie einen Konferenzraum haben, ist auch Google-Meet-Hardware verfügbar.
- **Vollständige Integration:** Google Meet interagiert mit Microsoft-365-Produkten wie Outlook und ermöglicht es Ihnen, direkt aus Ihrem Kalender auf Meetings zuzugreifen, auch wenn es sich nicht um den Google-Kalender handelt.
- **Gastgeberkontrollen:** Der Gastgeber des Meetings kann Teilnehmer stummschalten, entfernen oder anheften. Aus Datenschutzgründen kann jedoch nur eine Person die Stummschaltung selbst aufheben.
- **Live-Untertitelung:** Diese automatischen Untertitel ermöglichen es jedem, in Echtzeit mitzuhören. Klicken Sie auf die drei Punkte auf dem Google-Meet-Bildschirm, um auf diese Option zuzugreifen.
- **Nachricht:** Sie können während der Besprechung eine Sofortnachricht an ein beliebiges Mitglied der Besprechung senden. Auf diese Weise können die Teilnehmer Links, Dateien und andere Ressourcen beisteuern.
- **Vorschaubildschirm:** Bevor Sie an einer Konferenz teilnehmen, können Sie den Vorschaubildschirm nutzen, um Ihre Kamera und Ihr Mikrofon zu konfigurieren. Sie können auch überprüfen, wer sich bereits für die Konferenz angemeldet hat.
- **Bildschirmfreigabe:** Sie können Ihren gesamten Bildschirm, eine einzelne Chrome-Registerkarte oder ein einzelnes Programmfenster für die Teilnehmer der Besprechung freigeben. So können Sie ganz einfach gemeinsam nutzen und zusammenarbeiten.

Die Menschen möchten sich bei der Nutzung von Google Meet als Gastgeber oder Teilnehmer wohl fühlen. Aus diesem Grund bietet Google Meet umfassenden Datenschutz, Sicherheit und die Einhaltung gesetzlicher Vorschriften. Alle Google-Cloud-Unternehmensdienste bieten umfassende Datensicherheit und ein Datenschutzversprechen für Nutzer. Google Meet bietet außerdem Folgendes:

- **In-Transit-Verschlüsselung:** Die Verschlüsselung während der Übertragung, die den IETF-Sicherheitsanforderungen entspricht, ist in allen Videokonferenzen enthalten.

- **Funktionen zum Schutz vor Missbrauch:** Die Sicherheit von Meetings wird durch Maßnahmen zum Schutz vor Hijacking gewährleistet. Die Teilnehmer müssen eine PIN eingeben, um an der Besprechung teilzunehmen, und die Besprechungsdetails können jederzeit geändert werden. Niemand kann an einer Besprechung teilnehmen, wenn er nicht eingeladen wurde oder dies beantragt hat.
- **Einhaltung gesetzlicher Vorschriften:** Google Meet wird wie andere Google-Produkte regelmäßig von unabhängiger Seite geprüft, um den Datenschutz, die Sicherheit und die Einhaltung von Vorschriften zu gewährleisten.

KAPITEL 1

WIE MAN AN EINER BESPRECHUNG TEILNIMMT

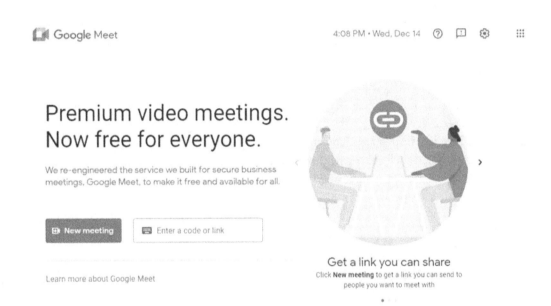

Videokonferenzen sind ein hervorragender Ersatz, wenn man sich nicht persönlich treffen kann. Google Meet ist ein Tool für Videogespräche in Echtzeit, mit dem Sie mit anderen Menschen kommunizieren können. Die Teilnahme an einem Google-Meet-Anruf ist einfach: Sie brauchen nur einen Link oder einen Code.

BEITRITT PER E-MAIL-EINLADUNG

1. Melden Sie sich zunächst bei Ihrem Google-Konto an.
2. Rufen Sie anschließend Ihr Postfach auf und prüfen Sie die Google-Meet-Einladung.
3. Klicken Sie in der E-Mail-Einladung auf den Hyperlink zu Google Meet.

4. Möglicherweise werden einige Pop-ups angezeigt, wenn Sie Google Meet noch nie verwendet haben. Erlauben Sie die Verwendung von Kamera, Mikrofon und Benachrichtigungen, indem Sie auf Zulassen klicken.

5. Sie können die Ton- und Videoeinstellungen wählen, bevor Sie an der Konferenz teilnehmen. Sie können an der Konferenz teilnehmen, indem Sie auf die entsprechenden Symbole klicken, während Ihr Mikrofon und Ihre Kamera ein- oder ausgeschaltet sind. Sie können diese Einstellungen auch während der Videokonferenz ändern.

6. In Chrome können Sie auch auf das Menü für visuelle Effekte zugreifen, indem Sie auf die Schaltfläche für visuelle Effekte in der unteren rechten Ecke klicken. So können Sie Ihren Hintergrund verdecken, einen einzigartigen Hintergrund auswählen oder einen stilistischen Effekt anwenden.

7. Nachdem Sie Ihre Auswahl getroffen haben, klicken Sie auf Jetzt anmelden.

Wenn Sie keine E-Mail-Einladung, sondern eine Google-Kalender-Einladung erhalten haben, klicken Sie auf das Ereignis, um mehr zu erfahren. Klicken Sie dann auf das Symbol "Google Meet Join".

GRUNDLAGEN VON VIDEOANRUFEN

Wenn Sie dem Anruf beitreten, werden auf Ihrem Desktop-Bildschirm Ihre Videokachel und die Kacheln der Personen angezeigt, mit denen Sie sich unterhalten.

- Bewegen Sie die Maus über das Google-Meet-Fenster, um die untere Symbolleiste einzublenden. Sie können Ihr Mikrofon und Ihre Kamera ein- und ausschalten, indem Sie auf die entsprechenden Symbole klicken.
- Klicken Sie auf das Symbol mit den drei Punkten in der unteren Symbolleiste. Es erscheint ein Pop-up-Menü mit weiteren Funktionen.

Nachrichteneingabe im Chat

1. Navigieren Sie zur rechten unteren Ecke der Symbolleiste. Wenn Sie auf die Chat-Schaltfläche klicken, können Sie getippte Nachrichten anzeigen.

2. Füllen Sie die Lücken mit Ihrer Nachricht aus. Senden Sie sie dann mit der Pfeiltaste an alle Teilnehmer der Videokonferenz. Sie können auch die Nachrichten der anderen Teilnehmer lesen und auf sie reagieren.

3. Um den Chatbereich zu verlassen, klicken Sie auf das X.

Anpassen der Einstellungen

1. Klicken Sie auf das Symbol mit den drei Punkten in der unteren Symbolleiste und dann auf Einstellungen.

2. Vergewissern Sie sich, dass Sie die erforderliche Audio- und Videoausrüstung in den Einstellungen ausgewählt haben.

3. Sie können Ihre Lautsprecher in Audio testen, um sicherzustellen, dass sie richtig funktionieren. Überprüfen Sie Ihre Einstellungen, wenn Sie Ihren Gesprächspartner nicht hören können oder wenn er sagt, dass er Sie nicht hören oder sehen kann.

4. Um die Einstellungen zu verlassen, klicken Sie auf das X.

Beenden des Videoanrufs

- Bewegen Sie den Mauszeiger über das Google-Meet-Fenster, um die Symbolleiste am unteren Rand einzublenden. Wenn Sie mit dem Videoanruf fertig sind, klicken Sie auf die rote Schaltfläche Anruf verlassen.

WIE MAN EIN MEETING VERANSTALTET

Mit Google Meet können Sie einen Videoanruf planen, indem Sie einen Link per E-Mail an Ihre Teilnehmer senden oder den Google Kalender verwenden. Sie können auch gleich einen Anruf starten.

PLANEN EINES VIDEOANRUFS

1. Klicken Sie auf die Schaltfläche Neues Meeting, um zu beginnen.

2. Wählen Sie im Menü die Option Besprechung für später erstellen aus.

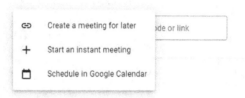

3. Es wird ein Dialogfenster angezeigt, in dem eine zu kopierende URL angegeben ist. Wählen Sie die Option Kopieren.
4. Um Personen zur Besprechung einzuladen, kopieren Sie die URL und fügen Sie sie in eine E-Mail oder Messaging-Anwendung ein. Sie müssen diese URL mit einem Lesezeichen versehen, damit Sie sie auch später noch aufrufen können. Andernfalls können Sie nicht an dem Videoanruf teilnehmen.
5. Um es zu schließen, klicken Sie auf das X.

GOOGLE KALENDER VERWENDEN

Sie können Ihre Besprechung auch über Google Kalender planen.

1. Wählen Sie die Option Neue Besprechung.
2. Wählen Sie dann im Menü die Option In Google Kalender planen.
3. Es wird eine neue Registerkarte geöffnet, die Sie zu Google Kalender führt, wo Sie ein Ereignis hinzufügen können. Sie werden feststellen, dass das Ereignis bereits einen Google-Meet-Link hat.
4. Nachdem Sie die Veranstaltungsdetails eingegeben haben, klicken Sie auf den Abschnitt Gäste hinzufügen und geben die E-Mail-Adressen der Besucher ein.
5. Wenn Sie fertig sind, klicken Sie auf Speichern.
6. Klicken Sie auf Senden, um die E-Mail-Einladungen zu versenden.
7. Das Ereignis wird in Ihrem Kalender gespeichert, und Sie können jederzeit darauf zugreifen. Klicken Sie vor dem Meeting einfach auf die Option Mit Google Meet teilnehmen, um die Videokonferenz zu starten.

SOFORTIGES STARTEN EINES VIDEOANRUFS

1. Wählen Sie die Option Neue Besprechung.
2. Wählen Sie dann im Menü die Option Sofortige Besprechung starten.
3. Möglicherweise werden einige Pop-ups angezeigt, wenn Sie Google Meet noch nie verwendet haben. Erlauben Sie die Verwendung von Mikrofon, Kamera und Benachrichtigungen, indem Sie auf Zulassen klicken.
4. Sie können die gewünschten Einstellungen auswählen, bevor Sie an der Besprechung teilnehmen. Sie können an der Besprechung teilnehmen, wenn Ihr Mikrofon und Ihre Kamera ein- oder ausgeschaltet sind, indem Sie auf diese Optionen klicken. Wenn Sie Chrome als Webbrowser verwenden, können Sie auch das Hintergrundbild ändern. Viele Menschen nutzen dieses Tool, um zu verbergen, was sich hinter ihnen befindet, vor allem, wenn es für die Teilnehmer der Videokonferenz störend sein könnte. Klicken Sie auf das Symbol mit den drei Punkten, um weitere Auswahlmöglichkeiten zu erhalten.
5. Klicken Sie dann auf die Schaltfläche Visuelle Effekte anwenden. Sie können Ihren Hintergrund verwischen, einen neuen Hintergrund hinzufügen oder einen Stilfilter verwenden.
6. Klicken Sie auf Jetzt teilnehmen, um an der Sitzung teilzunehmen.
7. Die Videokonferenz beginnt mit einem Dialogfenster, in dem Sie Informationen zur Teilnahme kopieren oder Personen zur Besprechung hinzufügen können, um eine sofortige Besprechung durchzuführen.
8. Um die E-Mail-Adressen einzugeben, klicken Sie auf das Feld Name oder E-Mail eingeben.
9. Wenn Sie fertig sind, klicken Sie auf die Schaltfläche E-Mail senden.

Als Gastgeber können Sie einem Teilnehmer den Zugang zum Videochat erlauben oder verweigern. Wenn Personen, die nicht zur Besprechung eingeladen sind, eintreten, wird ein Dialogfeld angezeigt. Sie haben die Möglichkeit, jeder Person den Zugang zu gestatten oder zu verweigern. Denken Sie daran, dass abgelehnte Personen nicht an der Videokonferenz teilnehmen können.

FUNKTIONEN DER VIDEOKACHEL

Sie können Ihre Besprechung beginnen, nachdem alle Teilnehmer der Videokonferenz beigetreten sind. Sie sehen Ihre Videokachel und die Kacheln der anderen Teilnehmer auf Ihrem Bildschirm.

Sie können auswählen, ob Sie die Videokachel einer Person an Ihren Hauptbildschirm anheften möchten, indem Sie den Mauszeiger über deren Videokachel bewegen. Dies ist nützlich, wenn mehrere Personen an dem Gespräch teilnehmen, Sie aber nur den Bildschirm einer Person sehen möchten. Wenn Sie die Anheftung aufheben, können Sie die Bildschirme der anderen Teilnehmer des Anrufs sehen.

Sie können sie stummschalten, indem Sie auf ihr Mikrofonsymbol klicken. Um ihr Audio wieder einzuschalten, muss der Benutzer die Stummschaltung auf seinem Gerät aufheben.

Sie können diese Person aus der Besprechung entfernen, indem Sie auf den Kreis mit dem Minus-Symbol klicken. Denken Sie daran, dass dies nicht rückgängig gemacht werden kann und die Person nicht wieder an der Besprechung teilnehmen kann.

DAS MENÜ "MEHR AUSWAHL"

1. Klicken Sie auf das Symbol mit den drei Punkten in der unteren Symbolleiste. Dadurch haben Sie mehr Auswahlmöglichkeiten.
2. Wählen Sie im Popup-Menü die Option Layout ändern aus. Dadurch können Sie alle Anwesenden in der Besprechung anzeigen. Sehen Sie sich das Dialogfeld an und wählen Sie diejenige aus, die Ihren Anforderungen am besten entspricht. Schließen Sie es durch Klicken auf das X.

3. Sie können im Menü "Weitere Optionen" die Option "Vollbild" auswählen, wenn Sie möchten, dass Google Meet Ihren gesamten Desktop-Bildschirm einnimmt. Sie können visuelle Effekte anwenden, wenn Sie vor dem Anruf keinen Hintergrund eingestellt haben oder wenn Sie ihn ändern möchten.

4. Sie können auch Einstellungen aus dem Menü "Weitere Optionen" wählen. Überprüfen Sie, ob Ihre Audio- und Videogeräte richtig eingestellt sind. Sie können auch überprüfen, ob Ihre Lautsprecher richtig funktionieren. Schließen Sie das Fenster mit einem Klick auf das X.

KAPITEL 3
PRÄSENTIEREN MIT VERWENDUNG VON GOOGLE SLIDES

Präsentieren über eine Videokonferenz ist etwas anderes als eine persönliche Präsentation. Wenn Sie wissen, wie Sie Google Meet verwenden und wie es sich in Google Slides integrieren lässt, können Sie sich sicherer fühlen, wenn es Zeit für eine Präsentation ist.

ERSTE SCHRITTE

1. Zunächst müssen Sie Chrome als Online-Browser verwenden.
2. Vergewissern Sie sich, dass Sie bei Ihrem Google-Konto angemeldet sind.
3. Wählen Sie das Google-Kalender-Ereignis der Besprechung aus (wenn Sie Hilfe beim Einrichten eines Termins benötigen, lesen Sie die vorherige Lektion "Wie man ein Meeting veranstaltet").
4. Starten Sie Ihren Google-Slides-Vortrag in einem neuen Chrome-Registerkarte.
5. Kehren Sie zu der Registerkarte zurück, die Ihren Google Kalender enthält. Um an dem Videoanruf teilzunehmen, gehen Sie zu den Details des Ereignisses und klicken Sie auf die Option Mit Google Meet teilnehmen.
6. Um das Meeting zu beginnen, wird eine neue Registerkarte geöffnet. Wenn Popup-Fenster erscheinen, klicken Sie auf Zulassen, um die Verwendung Ihres Mikrofons, Ihrer Kamera und Ihrer Benachrichtigungen zu genehmigen.
7. Sie können an der Sitzung teilnehmen, indem Sie bei ein- oder ausgeschaltetem Mikrofon und Kamera auf die Schaltflächen klicken.

PRÄSENTIEREN AM ANFANG

1. Klicken Sie auf Präsentieren, um die Besprechung mit Ihrer Präsentation zu beginnen.
2. In einem Popup-Fenster werden Sie aufgefordert, Google Meet die Erlaubnis zu erteilen, Ihren Computerbildschirm aufzuzeichnen. Nachdem Sie dies akzeptiert haben, können Sie eine Chrome-Registerkarte, Ihren gesamten Bildschirm oder ein Fenster anzeigen.
3. Um einen "Unendlichkeitsspiegeleffekt" zu vermeiden, schlägt Google vor, die Seite in einem neuen Tab oder Fenster anzuzeigen.
4. Wenn der Ton für Ihre Präsentation aktiviert werden soll, aktivieren Sie die Option Audio freigeben.
5. Nachdem Sie den freizugebenden Bildschirm ausgewählt haben, klicken Sie auf die Option Freigeben.
6. Wählen Sie die Registerkarte mit Ihrer Google-Slides-Präsentation.
7. Drücken Sie dann die Taste Anwesend.
8. Sie können nun Ihre Präsentation vortragen, während die Gesprächsteilnehmer sie auf ihren eigenen Bildschirmen sehen. Achten Sie auf die Meldung "Meet.google.com teilt Ihren Bildschirm und Ihr Audio".
9. Bestätigen Sie Ihrem Publikum, dass es Sie hören und Ihre Folien sehen kann. Wenn Sie Ihre Präsentation beendet haben, klicken Sie auf die Option Freigabe beenden.

SPÄTER PRÄSENTIEREN

1. Wenn Sie nicht der ursprüngliche Moderator der Besprechung sind, klicken Sie stattdessen auf Jetzt teilnehmen.
2. Wenn Sie bereit sind zu präsentieren, klicken Sie in der Symbolleiste auf das Symbol Präsentieren.
3. Sie können Ihren gesamten Bildschirm, ein Fenster oder eine Registerkarte anzeigen. Sie können eine Registerkarte nur anzeigen, wenn Sie Chrome als Webbrowser verwenden.
4. Wenn Ihre Präsentation Audio erfordert, lassen Sie die Option für gemeinsames Audio im Dialogfeld aktiviert.
5. Wählen Sie die Registerkarte, die Sie freigeben möchten. Wählen Sie dann die Option Freigeben.
6. Wählen Sie dann Anwesend.

7. Die Teilnehmer der Telefonkonferenz können diese nun auf ihren eigenen Bildschirmen sehen. Vergewissern Sie sich, dass sie Ihre Folien sehen und Sie hören können. Wenn Sie Ihre Präsentation beendet haben, klicken Sie auf die Option Freigabe beenden.

Hier sind einige Dinge zu beachten:

- Sie können eine Kachel anheften oder die Anheftung aufheben, indem Sie den Mauszeiger über die Kachel der Präsentation bewegen und auf das Anheftungssymbol klicken (wenn Sie die Anheftung aufheben, können Sie die anderen Teilnehmer während der Präsentation beobachten).
- Wenn Sie technische Probleme haben, können Sie unter Einstellungen Änderungen vornehmen. Klicken Sie auf das Symbol mit den drei Punkten in der unteren Symbolleiste. Es erscheint ein Menü mit weiteren Funktionen.
- Ändern Sie die Audio- und Videoeinstellungen in den Einstellungen, um sicherzustellen, dass Sie die richtige Ausstattung ausgewählt haben. Sie können auch Ihre Lautsprecher testen, um sicherzustellen, dass sie funktionsfähig sind.
- Sie können Ihr Mikrofon stummschalten, Ihre Kamera ausschalten oder den Anruf beenden, indem Sie auf die entsprechenden Symbole in der unteren Symbolleiste klicken.

KAPITEL 4

GOOGLE MEET AUF DESKTOP UND HANDY

TASTATURKURZBEFEHLE

Google Meet ist der Videokonferenzdienst von Google für Unternehmen, Schulen und andere Organisationen, die G Suite verwenden. Wie andere Videochat-Programme enthält es mehrere hilfreiche Tastaturkurzbefehle.

Sie können die folgenden Tastenkombinationen verwenden, um die Zugänglichkeit oder Steuerung während einer Google-Meet-Videokonferenz zu verbessern. Diese Tastenkombinationen können nicht geändert werden.

Für Google Meet unter Windows oder ChromeOS

Strg

- Mit Strg + E schalten Sie die Kamera ein/aus.
- Mit Strg + D schalten Sie das Mikrofon ein/aus.
- Umschalttaste + ? oder Strg + / zum Anzeigen von Tastaturkurzbefehle.

Zugänglichkeit (Ihre Erfahrungen können variieren)

- Aktuellen Sprecher ankündigen: Umschalttaste + Strg +Alt + A, dann S
- Aktuellen Raum ankündigen: Umschalttaste + Strg + Alt + A, dann I

Für Google Meet auf dem Mac

Strg

- Mit Cmd + E schalten Sie die Kamera ein/aus.
- Cmd + D schaltet das Mikrofon ein/aus.
- Strg + Cmd + C, um den Chat ein-/auszuschalten (nur Mac).
- Strg + Cmd + P (nur Mac) Personen ein-/ausschalten
- Umschalttaste + ? oder Strg + / zum Anzeigen von Tastaturkurzbefehlen.

Zugänglichkeit (Ihre Erfahrungen können variieren)

- Aktuellen Sprecher ankündigen: Umschalttaste + Cmd + Alt + A, dann S
- Aktuellen Raum ankündigen: Umschalttaste + Cmd + Alt + A, dann I

Es mag schwierig sein, sich alle Tastaturkurzbefehle zu merken, aber Sie können mit denjenigen beginnen, die Sie am häufigsten verwenden werden. Sobald Sie diese gemeistert haben, können Sie zu anderen übergehen.

Starten Sie Google Meet und drücken Sie in einem Videomeeting die Tastenkombination Umschalttaste + ?, um einen umfassenden Satz von Tastenkombinationen zu erhalten.

MOBILE APP

Viele von uns nutzen ihr Tablet oder Smartphone, um mit Kollegen, Familienmitgliedern und Freunden zu kommunizieren. Anstatt zu telefonieren oder E-Mails zu schreiben, können Sie mit einer einfachen Videokonferenz virtuell von Angesicht zu Angesicht kommunizieren.

1. Laden Sie zunächst die App auf Ihr Tablet oder Mobilgerät herunter. In diesem Beispiel verwende ich ein iPhone.
2. Starten Sie die App und melden Sie sich mit Ihrem Google-Konto an.

Teilnahme an einer Sitzung

1. Sie können zwischen zwei Schaltflächen am oberen Rand des Bildschirms wählen. Wenn Sie bereits einen Code haben, geben Sie ihn ein, indem Sie auf die Schaltfläche Mit einem Code verbinden drücken.
2. Füllen Sie den Code in das vorgesehene Feld ein.
3. Wählen Sie dann Beitreten. Sobald der Gastgeber Ihre Anfrage zulässt, können Sie dem Meeting beitreten.

MÖGLICHKEITEN, EIN MEETING ZU VERANSTALTEN

1. Tippen Sie auf die Schaltfläche Neues Meeting, wenn Sie ein Meeting veranstalten möchten.
2. Es wird ein Popup-Menü mit drei Alternativen angezeigt.

Option 1: Link zu einem Meeting

1. Tippen Sie auf Besprechungslink abrufen und freigeben.
2. Es wird ein Dialogfenster angezeigt, das eine URL enthält, die Sie kopieren und an Ihre Teilnehmer weitergeben können.
3. Die Schaltfläche Einladung freigeben bietet je nach Gerät verschiedene Optionen. Sie können die Einladung per SMS, E-Mail oder über soziale Medien senden.

Option 2: Termin für ein Meeting

1. Wählen Sie Zeitplan in Google Kalender. Die Google-Kalender-App wird gestartet, wenn Sie sie auf Ihrem Telefon haben.
2. Um einen zukünftigen Videochat zu planen, geben Sie die Details des Google-Kalender-Ereignisses ein, einschließlich Titel, Datum und Uhrzeit.

Option 3: Sofortiges Meeting

1. Starten Sie eine sofortiges Meeting, indem Sie auf die Schaltfläche Start tippen.
2. Da Sie der Gastgeber des Meetings sind, sind Sie nur so lange anwesend, bis die anderen eintreffen.
3. Wenn jemand, der nicht zur Besprechung eingeladen ist, versucht, an der Besprechung teilzunehmen, öffnet sich ein Dialogfeld mit der Aufschrift Zutritt verweigern oder zulassen. Wenn Sie den Zugang verweigern, kann der Benutzer in Zukunft nicht mehr teilnehmen.

REGISTERKARTEN "PERSONEN" UND "INFO

1. Sie können viele Optionen innerhalb des Videoanrufs erkunden. Tippen Sie oben auf dem Bildschirm auf den Code des Videoanrufs.
2. Dadurch gelangen Sie zu einem Bildschirm mit dem Titel Über diesen Anruf. Auf der Registerkarte Personen sehen Sie, wer an dem Anruf teilnimmt. Alle Teilnehmer sind stummgeschaltet, bis Sie die Stummschaltung aufheben.
3. Sie können auch eine Person auswählen, indem Sie auf die drei vertikalen Punkte neben ihrem Namen tippen.
4. Es wird ein Menü angezeigt, in dem Sie die Videokachel des Gesprächspartners an Ihren Hauptbildschirm anheften, den Gesprächspartner aus dem Gespräch entfernen oder sein Video als Vollbild anzeigen können. Um das Menü zu verlassen, tippen Sie auf Abbrechen.
5. Wählen Sie dann die Registerkarte Info.
6. Wenn Sie den Code kopieren müssen, um ihn während der Besprechung an eine andere Person zu senden, können Sie dies hier tun.
7. Drücken Sie auf den Abwärtspfeil in der oberen linken Ecke des Bildschirms, um dieses Menü zu schließen.

KAMERA- UND AUDIOSYMBOLE

1. Mit dem Flip-Kamera-Symbol oben rechts können Sie zwischen der vorderen und hinteren Kamera wechseln.
2. Sie können über das Audiosymbol entweder Empfänger oder Lautsprecher auswählen.

GRUNDLEGENDE FUNKTIONEN FÜR VIDEOANRUFE

1. Die grundlegenden Funktionen für Videoanrufe befinden sich am unteren Rand des Bildschirms, ähnlich wie bei der Desktop-App.
2. Mit dem Mikrofonsymbol können Sie das Mikrofon ein- und ausschalten. Manche Menschen dämpfen ihre Stimme, damit niemand ihre Hintergrundgeräusche hören kann.
3. Mit dem Videosymbol können Sie Ihre Videokamera aktivieren oder deaktivieren. Einige Personen deaktivieren ihre Kameras, damit niemand sie sehen kann.
4. Wenn Sie den Videochat beendet haben, drücken Sie die rote Taste zum Beenden des Anrufs.

BUCH 3

—

GOOGLE CHAT

EINFÜHRUNG

Trotz des praktischen All-in-One-Charakters von G Suite fehlte Google lange Zeit eine robuste Teamkommunikationsoption. Es gab zwar Hangouts in Gmail, aber das war ein Dienstprogramm für Verbraucher, das Instant Messaging und Videochat bot. Die Verwendung für die Gruppenkommunikation war eine Katastrophe. Daher zahlen viele Unternehmen, die für G Suite bezahlen, auch für einen Messaging-Dienst wie Slack.

Google Chat ist ein Kommunikationsdienst, den Google entwickelt hat. Er wurde für Teams und geschäftliche Situationen entwickelt, ist aber jetzt auch für die breite Öffentlichkeit zugänglich gemacht worden. Neben Gesprächen bietet er Direktnachrichten, Gruppendiskussionen und Bereiche, in denen Nutzer Aufgaben erstellen und zuweisen und Dateien an einem einzigen Ort austauschen können. Es ist über seine eigene Website und App sowie über die Gmail-Website und -App zugänglich.

Es wurde ursprünglich am 9. März 2017 als eine von zwei Anwendungen veröffentlicht, die Google Hangouts ersetzten, die andere war Google Meet. Am 9. April 2020 wurde es in Google Chat umbenannt. Google Chat war zunächst ausschließlich für Google-Workspace-Kunden verfügbar. Im Februar 2021 begann Google jedoch, die Anwendung im Rahmen eines "frühen Zugriffs" auf normale Kundenkonten auszuweiten, bis sie im April 2021 vollständig verfügbar war.

KAPITEL 1

UNTERHALTUNGEN IM GOOGLE CHAT

Der Chat ist in alle G-Suite-Premiumkonten integriert. Wenn Ihr Unternehmen also Gmail für geschäftliche E-Mails verwendet, gehen Sie einfach zu chat.google.com, um loszulegen.

Sie sehen alle Chaträume, zu denen Sie eingeladen wurden. Sie können auf Unterhaltungen antworten, einen neuen Kommentar abgeben oder jedem Mitglied des Teams direkt eine Nachricht senden. Wenn sie sich nicht angemeldet haben, erhalten sie eine Einladungs-E-Mail. Wenn sie den Hangouts-Videochat nutzen, erhalten sie die direkte Nachricht dort oder in Gmail.

Die Räume in Google Chat entsprechen den Kanälen in Slack. Sie werden feststellen, dass die Betonung auf Threads liegt, wenn Sie einen dieser Räume betreten. Threads sind in Slack verfügbar, allerdings sind sie optional. Jede Unterhaltung im Chat ist in einem Thread organisiert, und die Nutzer können wählen, welchen Threads sie folgen möchten. Die Idee ist, dass jeder nur relevante Inhalte sieht, aber wenn Sie an einen Standard-Chatraum gewöhnt sind, kann dies eine Umstellung sein.

Wenn Sie mit einer bestimmten Person kommunizieren möchten, senden Sie eine Direktnachricht in einem privaten, auf Nachrichten ausgerichteten Chat. Diese Gespräche werden weiterhin in der Gmail-Seitenleiste angezeigt, auch wenn es hier keine Themen gibt.

In den Räumen ändert sich jedoch die Art und Weise, wie Sie sich unterhalten, durch die Betonung von Gesprächen leicht. Wenn Sie etwas Neues mitteilen möchten - eine Idee, über die Sie nachgedacht haben, eine Arbeit, die Sie gerade fertiggestellt haben, einen Film, den Sie heute Morgen gesehen haben - öffnen Sie einfach den gewünschten Chat-Raum, klicken Sie unten in der Mitte auf das Symbol Neues Thema und veröffentlichen Sie Ihre neue Nachricht. Wenn Sie jedoch ein Problem gelöst haben, über das Ihr Team gestern debattiert hat, oder wenn Ihnen endlich eine lustige Antwort auf einen Witz eingefallen ist, den Ihr Freund letzte Woche erzählt hat, sollten Sie zum vorherigen Thema zurückgehen und Ihre Antwort sofort veröffentlichen.

Google Chat verschiebt Unterhaltungen mit aktuellen Themen an das Ende der Chatliste. Wenn Sie einen Raum öffnen, werden die Diskussionen mit den neuesten Antworten zuerst angezeigt. Wenn beispielsweise jemand vor 10 Minuten einen neuen Chat begonnen und jemand anderes vor 5 Minuten auf eine 1 Woche alte Unterhaltung geantwortet hat, werden beide angezeigt.

GOOGLE-CHAT-SUCHE

Wenn Sie etwas Altes suchen, ist die Suche Ihr Freund.

1. Um Ihre vergangenen Chats zu durchsuchen, klicken Sie auf das Suchsymbol oben im Chat oder auf Option + / auf einem Mac oder drücken Sie Alt + / auf einem PC.
2. Der aktuelle Raum wird bei der Suche zuerst überprüft.
3. Um alles zu durchsuchen, gehen Sie zur linken Seitenleiste und wählen Sie Alle Räume und Direktnachrichten.
4. Dann suchen Sie nach dem, was Sie suchen, und Google Chat zeigt die gesamte Konversation im Kontext an, zusammen mit einer Antwort-Schaltfläche, damit Sie zurückspringen und die Konversation neu beginnen können.

Google Meet

Ein Text reicht nicht immer aus, egal ob Sie auf eine bestehende Diskussion antworten oder eine neue beginnen wollen. Sie können stattdessen auch einen Anruf tätigen. Der Chat umfasst auch Meet-Videokonferenzen.

1. Klicken Sie auf die Schaltfläche "Treffen" in einem beliebigen Antwort- oder Neukonversationsfeld, um ein Gespräch mit allen Teilnehmern im Raum zu beginnen.
2. Um nur eine Person anzurufen, erstellen Sie eine Direktnachricht und klicken Sie auf die Schaltfläche Treffen.

FREIGEBEN VON GOOGLE SHEETS, DOCS, SLIDES UND DRIVE-DATEIEN IM GOOGLE CHAT

Google Chat ist für die Arbeit gedacht, und so ist es nicht verwunderlich, dass es mit den übrigen Google-Arbeitstools interagiert. Das Google-Drive-Symbol ist immer in den Feldern "Neue Konversation" und "Antworten" sichtbar.

1. Tippen Sie darauf, um ein Dokument schnell freizugeben - Sie können aus den letzten Dateien auswählen oder Ihr gesamtes Google-Drive-Konto nach einer beliebigen Datei durchsuchen.

2. Wenn Sie bereits die URL zu einer Google Docs, Sheets, Slides oder Drive-Datei haben, die Sie freigeben möchten, geben Sie sie einfach in den Thread oder das Kommentarfeld ein, um sofort eine Vorschau anzuzeigen.

3. Das Beste daran ist, dass Sie nur eine Docs- oder Drive-Datei im Chat mit anderen teilen müssen.

4. Wenn Sie eine Datei freigeben, stellt Google automatisch allen Teilnehmern den Zugang zum Anzeigen und Kommentieren zur Verfügung, damit sie sehen können, was Sie freigegeben haben.

5. Sie müssen nie wieder warten, bis Sie ein Dokument lesen können, weil jemand vergessen hat, die Freigabe in Google Docs zu aktivieren.

Es ist auch einfach, alle Dokumente zu finden, an denen Ihr Team arbeitet. Sie können nach jeder Diskussion im Chat suchen und nach Google Docs, Slides, PDFs oder anderen Dateien filtern. Daraufhin werden die betreffende Datei und der dazugehörige Dialog angezeigt, sodass Sie genau wissen, wo Sie die Arbeit fortsetzen müssen.

BENACHRICHTIGUNGEN BEI GOOGLE CHAT

Team-Chat-Anwendungen sind eine der besten Methoden, um mit allen Teammitgliedern zu kommunizieren, aber sie sind auch eine der lästigsten. Da ständig über alles Mögliche geredet wird, kann man leicht in zu viele Chats verwickelt werden, ohne dass die eigentliche Arbeit erledigt wird.

Der Chat versucht, den Sturm auf verschiedene Weise zu beruhigen.

1. Zu Beginn können Sie auswählen, welchen Themen Sie folgen möchten. Sie möchten wahrscheinlich benachrichtigt werden, wenn Sie eine neue Unterhaltung beginnen oder ihr beitreten.

2. Der Chat sendet standardmäßig eine Push-Benachrichtigung für jede Antwort auf dieses Thema.

3. Wenn Sie einem Thema nicht mehr folgen wollen, klicken Sie einfach auf die Schaltfläche "Folgen" oben rechts im Thema. Auf diese Weise können Sie Themen, für die Sie keine Benachrichtigungen wünschen, schnell nicht mehr folgen.

4. Sie werden auch benachrichtigt, wenn Ihnen jemand eine direkte Nachricht schickt oder Sie in einer Diskussion erwähnt.

5. Wenn Sie möchten, können Sie die Dinge noch ruhiger angehen. Google Chat benachrichtigt Sie standardmäßig im Web und auf dem Handy und schickt Ihnen eine E-Mail mit einer Liste all Ihrer Benachrichtigungen, wenn Sie länger als 12 Stunden auf keine der beiden Apps zugegriffen haben. Wenn Sie nicht über Diskussionen benachrichtigt werden möchten oder wenn Sie alle Benachrichtigungen deaktivieren möchten, klicken Sie auf das Zahnradsymbol in der oberen rechten Ecke von Google Chat und wählen Sie Einstellungen. Von hier aus können Sie Ihre Einstellungen ändern.

6. Wenn ein bestimmter Raum sehr gesprächig ist, klicken Sie auf sein Menü und wählen Sie Benachrichtigungen ausschalten.

So können Sie Benachrichtigungen über Erwähnungen und Gespräche aus anderen Räumen erhalten, ohne dass dieser Raum Sie stören kann. Das ist eine entspanntere Art des Chats.

KAPITEL 2

VERSTECKTE FUNKTIONEN VON GOOGLE CHAT

Hier sind die coolsten zusätzlichen Funktionen, die ich in Google Chat entdeckt habe, zusammen mit einer Anleitung, wie man sie verwendet.

GOOGLE-CHAT-NACHRICHTEN FORMATIEREN

Wenn Sie Google Talk oder Slack verwendet haben, werden Sie in Google Chat Ähnlichkeiten zwischen den beiden erkennen.

Zunächst einige Formatierungen. Kursivschrift und andere Formatierungsoptionen sind verfügbar, ähnlich wie in Google-Docs-Kommentaren.

1. **Kursivschrift:** Um einer Chat-Nachricht Kursivschrift hinzuzufügen, umgeben Sie das Wort oder den Satz mit Unterstrichen, wie in _diesem Beispiel_.
2. **Fettschrift:** Heben Sie ein Wort oder einen Satz hervor, indem Sie es mit Sternchen umgeben, z. B. *das*.
3. **Durchstreichen:** Müssen Sie etwas ändern und möchten Sie ein Wort durchstreichen? Setzen Sie Tilde-Zeichen um das Wort oder den Satz, z. B. ~das~.
4. **Backticks:** Wenn Sie einen Code weitergeben, setzen Sie Backticks um ihn herum, z. B. 'dies'.
5. **Emojis:** Um Emojis zu Chat-Nachrichten hinzuzufügen, schreiben Sie a: und geben Sie dann den Namen des Emojis ein (wie in Slack). Wenn Sie das gewünschte Emoji gefunden haben, drücken Sie die Eingabetaste, um es der Nachricht hinzuzufügen, oder geben Sie einfach den vollständigen Namen gefolgt von einem Doppelpunkt ein.
6. **Erwähnung von Personen in Ihrer Nachricht:** Wie bei Google-Docs-Kommentaren und Slack fügen Sie ein @ ein, dem der Name der Person vorangestellt ist, die Sie erwähnen möchten. Der Chat beginnt damit, die Namen der Mitarbeiter Ihres Unternehmens zu filtern, wobei die Mitarbeiter in diesem Raum ganz oben stehen und die, die Sie einladen können, ganz unten. Betätigen Sie die Enter-Taste, um die gewünschte Person auszuwählen.
7. **Teilen:** Auch das Teilen von Informationen ist einfach. Wenn Sie einen Link in eine neue Konversation oder ein Antwortfeld einfügen, zeigt Google Chat in der Regel eine Vorschau des Bildes oder einen Text des Artikels an, den Sie geteilt haben.

BOTS ZU GOOGLE-CHAT-RÄUMEN HINZUFÜGEN

Google Chat dient nicht nur zum Chatten mit anderen Menschen, sondern ist auch ein hervorragender Ort, um mit Ihren Anwendungen zu kommunizieren. Sie können Ihnen dabei helfen, Besprechungen zu planen, Flüge zu buchen, Ihr Team zu befragen, Ihren Kalender zu überprüfen, Urlaub zu beantragen und vieles mehr.

1. Im Chat können Sie Bots zu einem bestimmten Raum hinzufügen oder sich allein mit ihnen unterhalten. Es gibt bereits einige Bots, die für Google Chat geschrieben wurden, darunter solche für GIPHY, MeisterTask, Wrike, Zenefits, Dialpad, Kayak und andere.
2. Um Bots ausfindig zu machen, klicken Sie oben links auf die Schaltfläche "Suchen" und dann auf "Einen Bot finden".
3. Bots können zu Räumen hinzugefügt werden oder Sie können direkt mit ihnen kommunizieren.
4. Diese Bots können sehr nützlich sein. Nehmen wir an, Sie planen einen Urlaub. Mit dem Kayak-Bot können Sie sich in Echtzeit nach Flügen für eine bevorstehende Reise erkundigen, und in der Regel liegt er damit richtig.
5. Sie können die Optionen durchgehen, einen ansprechenden Flug auswählen und ihn über die Website von Kayak buchen.
6. Für Besprechungen übernimmt der Google-Meet-Bot eine ähnliche Funktion. Sie können ihn anweisen, Ihren Google Kalender zu überprüfen oder eine Besprechung mit einem anderen Teammitglied zu planen.
7. Andere Bots, wie der GIPHY-GIF-Finder oder der Polly-Umfrage-Bot, funktionieren besser in Räumen.
8. Um einen Bot zu einem Raum hinzuzufügen, schreiben Sie @ gefolgt vom Namen des Bots in einen neuen Chat oder eine Antwort. Der Bot wird Ihnen kurze Anweisungen zu seiner Verwendung geben und steht bereit, wenn Ihr Team ihn erwähnt.
9. Angenommen, Sie möchten eine Umfrage zum Mittagessen mit Ihren Mitarbeitern durchführen.
10. Fügen Sie den Polly-Bot dem Raum hinzu und erwähnen Sie ihn dann in einer Diskussion, und Ihre Nachricht wird in eine Umfrage umgewandelt. Alternativ können Sie die Sache mit einem GIF aufpeppen, indem Sie auf @giphy fireworks antworten.

KAPITEL 3
VERWALTEN VON GOOGLE-CHAT-RÄUMEN

Wahrscheinlich beginnen Sie mit der Nutzung von Google Chat, wenn ein Kollege oder Chef Sie in einen neuen Chat-Raum einlädt, entweder für ein neues Projekt oder um die Fortschritte des Teams zu verfolgen.

Google Chat zeichnet sich dadurch aus, dass die Räume privat sind - Sie müssen dazu eingeladen werden, bevor Sie mit der Unterhaltung beginnen können. Wenn Sie einem Projekt beitreten, müssen Sie möglicherweise die anderen bitten, Sie zu den entsprechenden Räumen hinzuzufügen.

Sie können sogar Ihren eigenen Raum gestalten, wenn Sie ein Projekt initiieren.

Klicken Sie in der oberen linken Ecke des Chats auf die Leiste "Personen, Räume, Bots suchen", wählen Sie "Raum erstellen" und geben Sie dann einen Namen für Ihren neuen Raum ein.

Der Chat wird Sie dann auffordern, andere in Ihren neuen Raum einzuladen. Wählen Sie eine beliebige Person aus oder geben Sie deren Namen oder E-Mail-Adresse ein, um die Liste zu durchsuchen. Sie können gleichzeitig Bots hinzufügen, um Ihre Lieblingsanwendungen in den Chat zu bringen.

Müssen Sie manchmal zusätzliche Leute einstellen? Fügen Sie einfach deren Namen in eine Chat-Nachricht ein, damit Sie sie in den Raum einladen können.

Mit der Zeit werden Sie wahrscheinlich in zu vielen Räumen sein. Wenn dies der Fall ist und Sie die Anzahl der Räume, in denen Sie sich befinden, reduzieren möchten, wählen Sie im Kopfmenü des Kanals die Option Verlassen.

Wenn Sie jemals zurückkehren möchten, können Sie die Registerkarte "Räume durchsuchen" verwenden, wo Sie ohne eine neue Einladung teilnehmen können.

Erstellen Sie auch eine Liste Ihrer Lieblingsräume. Wenn Sie im Menü eines Hangout-Chat-Raums auf die Schaltfläche "Stern" klicken, wird dieser Raum in der Seitenleiste ganz oben in Ihrer Raumliste angezeigt. Unabhängig davon, in wie vielen Räumen Sie sich befinden, bleiben Ihre wichtigsten Räume ganz oben.

GOOGLE CHAT AUF GMAIL

Die Integration von Google Chat in Ihren Gmail-Posteingang ist eine bequeme Möglichkeit, Unterhaltungen zu organisieren, mit anderen in Kontakt zu bleiben und zusammenzuarbeiten. Wenn Sie sich mit einem Arbeits- oder Schulkonto anmelden, bestimmt die Institution die Verfügbarkeit dieser Funktion.

Einschalten/Ausschalten

1. Öffnen Sie auf Ihrem Computer Ihr Gmail-Konto.
2. Klicken Sie oben rechts auf Einstellungen -> Alle Einstellungen aufrufen.
3. Klicken Sie oben auf Chat und Meet.
4. Wählen Sie nun neben "Chat" die Option "Google Chat" oder "Aus", um den Google Chat in Gmail ein- oder auszuschalten.
5. Klicken Sie auf Änderungen speichern.

So ändern Sie die Position des Bedienfeldes

Das Chat-Panel kann auf die rechte oder linke Seite des Gmail-Posteingangs verschoben werden.

1. Öffnen Sie auf Ihrem Computer Ihr Gmail-Konto
2. Klicken Sie oben rechts auf Einstellungen -> Alle Einstellungen aufrufen.
3. Klicken Sie oben auf Chat und Meet.
4. Wählen Sie neben "Chat-Position" eine der beiden Optionen: "Rechte Seite des Posteingangs oder linke Seite des Posteingangs".
5. Klicken Sie auf Änderungen speichern.

Wie unterscheidet sich der Gmail-Chat vom Google Chat?

Das integrierte Gmail-Erlebnis bietet einen zentralen Bereich für die Kommunikation zwischen E-Mails mit Freunden, Familienmitgliedern oder Arbeitskollegen.

- **Google Chat:** Verwenden Sie diese Option, wenn Sie einen speziellen Chat bevorzugen und es Ihnen nichts ausmacht, zwischen den Anwendungen zu wechseln.
- **Gmail:** Verwenden Sie diese Funktion, wenn Sie gerne multitaskingfähig sind und alle Ihre Unterhaltungen an einem Ort verfolgen möchten.

TASTATURKURZBEFEHLE

Tastaturkurzbefehle sind in Google Chat für Chrome OS, macOS und Windows verfügbar. Um auf Tastenkombinationen im Chat zuzugreifen, geben Sie '?' ein, außer wenn Sie Text in ein Feld eingeben.

- Eine neue Nachricht, einen neuen Thread oder ein neues Thema beginnen: Strg + s0
- Neue Zeile: Umschalttaste + Entertaste
- Kopieren ausgewählter Nachrichten als Abschrift: Strg + Umschalttaste + .
- Wählen und öffnen Sie das Thema: Entertaste
- Nach oben oder unten gehen: ↑ oder ↓
- Konzentrieren Sie sich auf die erste Nachricht des aktuellen Themas: →
- Fokussieren auf das oberste oder unterste Thema in der Liste: Umschalttaste + ↑ oder Umschalttaste + ↓
- Auf das aktuelle Thema antworten: r
- Fokus auf das letzte Thema oder die letzte Nachricht: Strg + j
- Fokus auf das Thema: ← oder Esc
- Nachrichten im Thema nach oben oder unten gehen: ↑ oder ↓

BUCH 4

—

GOOGLE KALENDER

EINFÜHRUNG

Um einen Stundenplan zu erstellen, musste man früher in einen Kalender schauen und die Seiten umblättern. Es bedeutete, sich durch die Kritzeleien und die unverständliche Handschrift zu wühlen, um einen leeren Bereich zu finden. Es bedeutete, die Termine zu sehen, die man verpasst hatte, weil man ... nun ja, nicht rechtzeitig in den Kalender geschaut hatte. Und das bedeutete, eine Stunde zu suchen, die für alle anderen Teilnehmer der Veranstaltung günstig war. Es war immer eine lästige Pflicht.

Das Aufkommen digitaler Kalender hat alles so viel einfacher gemacht. Sie müssen nicht mehr ständig einen Terminkalender bei sich haben. Sie können auf Ihren Kalender zugreifen, solange Sie Ihr Smartphone dabei haben. Der Kalender sendet Ihnen Erinnerungen, damit Sie nichts vergessen und keine Termine verpassen. Sie können Ihren Terminkalender auch mit anderen teilen, um zu sehen, was ein Kollege geplant hat, und einen Termin vereinbaren. Es handelt sich um eine völlig neue Methode der Zeiteinteilung, die eine enorme Veränderung erfahren hat.

GOOGLE-KALENDER-UPDATES

Dieser Mangel an Klarheit wurde im Oktober 2017 offensichtlich. Google Kalender wurde zum ersten Mal seit 2011 aktualisiert. Es wurde ein sauberes und übersichtlicheres Tool veröffentlicht, bei dem einige nicht benötigte Funktionen (und einige, die den Kunden gefielen) entfernt wurden.

Dadurch verfügen wir über ein immens leistungsfähiges Zeitmanagement-Tool, das wir nicht zu nutzen wissen. Wir begnügen uns damit, ein Ereignis hinzuzufügen und sind manchmal schockiert, wenn unser Google Kalender automatisch ein Ereignis aus einer privaten E-Mail hinzufügt. Wir nutzen jedoch nur eine Teilmenge der Funktionen und übersehen viele Möglichkeiten, wie unser Kalender unser Leben verbessern könnte.

KAPITEL 1

ERSTE SCHRITTE

Wenn Sie bereits ein Google-Konto haben, müssen Sie lediglich auf calendar.google.com zugreifen oder Ihre App starten. Wenn Sie sich in Ihrem Google-Konto angemeldet haben, sind Sie bereits eingeloggt. Und wenn Sie noch kein Google-Konto haben, werden Sie aufgefordert, eines zu erstellen, wenn Sie diese Seite besuchen. Das ist völlig kostenlos und dauert nur wenige Sekunden.

Wenn Ihr Smartphone Android verwendet, sollten Sie feststellen, dass die Kalender-Software von Google bereits installiert ist. Suchen Sie danach in Ihrer App-Schublade, falls sie nicht auf der Hauptseite zu finden ist.

Nach dem Start des Kalenders in Ihrem Browser oder auf Ihrem mobilen Gerät müssen Sie nichts weiter tun. Er wird vorkonfiguriert und ist sofort einsatzbereit. Sowohl die mobile App als auch die Website verfügen über ein Einstellungssymbol, mit dem Sie die Darstellung und die Funktionen von Google Kalender anpassen können - möglicherweise müssen Sie auch Ihren alten Kalender in Ihren neuen importieren.

ÄNDERN SIE IHRE GOOGLE-KALENDER-ANSICHT

1. Wenn Sie eine neue Ansicht auswählen, bleibt diese Ansicht Ihre Standardansicht, bis Sie sie ändern.
2. Öffnen Sie Google Kalender auf Ihrem Computer.
3. Wählen Sie oben rechts eine Ansicht aus: Tag, Woche, Monat, Jahr, Terminübersicht oder 4 Tage.

ÄNDERN DER ANSICHTSEINSTELLUNGEN

Wählen Sie den ersten Tag Ihrer Kalenderwoche, erstellen Sie eine benutzerdefinierte Ansicht, und verwenden Sie einen alternativen Kalender.

1. Öffnen Sie auf Ihrem Desktop Google Kalender.
2. Klicken Sie auf Einstellungen in der oberen rechten Ecke.
3. Klicken Sie auf der linken Seite auf Auswahlmöglichkeiten anzeigen.
4. Wählen Sie Ihre Optionen. Die Änderungen werden automatisch gespeichert.

Hinweis: Die nebeneinander angeordneten Kalender funktionieren nicht in den Wochen- oder Monatsansichten von Google Kalender.

KALENDER NAVIGIEREN

1. Verwenden Sie die Pfeile in der oberen linken Ecke des Kalenders, um zu aktuellen Daten in der Zukunft oder Vergangenheit zu gelangen.
2. Um ein Datum auszuwählen, verwenden Sie den kleinen Kalender in der oberen linken Ecke.
3. Klicken Sie auf Heute in der oberen linken Ecke, um zum aktuellen Datum zurückzukehren.

GEMEINSAME KALENDER ANZEIGEN

1. Öffnen Sie Google Kalender auf Ihrem Desktop-Computer.
2. Wählen Sie auf der linken Seite die Kalender aus, die Sie anzeigen möchten:
3. Meine Terminkalender: Kalender, die Sie besitzen.
4. Andere Kalender in nebeneinanderliegender Tagesansicht: Kalender, die von mehreren Personen, Räumen oder Gruppen gemeinsam genutzt werden. Einladungen zu gemeinsamen Kalendern müssen automatisch angenommen werden.

KAPITEL 2

ERSTELLEN UND VERWALTEN VON EREIGNISSE IN GOOGLE KALENDER

WIE MAN EIN EREIGNIS ERSTELLT

1. Wählen Sie die folgende Option in Google Kalender:
   - Wählen Sie im Kalendergitter ein leeres Zeitfenster aus.
   - Klicken Sie auf die Schaltfläche Erstellen.

2. Geben Sie dann einen Titel, ein Datum und eine Uhrzeit ein.
3. Um das Ereignis in einem anderen Kalender zu erstellen, haben Sie Bearbeitungsrechte. Klicken Sie unten auf Ihren Kalendernamen und wählen Sie dann einen anderen Kalender aus.

Gäste hinzufügen

1. Geben Sie die ersten Buchstaben des Namens oder der E-Mail-Adresse einer Person in den Bereich "Gäste hinzufügen" ein, während Sie tippen, um passende Adressen aus dem Verzeichnis Ihrer Organisation anzuzeigen.
2. Um jemanden zu einer Veranstaltung hinzuzufügen, klicken Sie auf eine Empfehlung. Geben Sie die vollständige E-Mail-Adresse Ihres Gastes ein, wenn keine Empfehlungen angezeigt werden. Wenn Sie einen Gast zu Ihrer Veranstaltung hinzufügen:
   - Ein Google-Meet-Videomeeting wird sofort zum Ereignis hinzugefügt.
   - Der Kalender des Gastes wird neben dem eigenen angezeigt.
3. Fügen Sie eine Google-Groups-E-Mail-Listenadresse hinzu, um eine große Gruppe von Personen auf einmal einzuladen.
4. Um die Anwesenheit eines Gastes optional zu machen, zeigen Sie auf den Namen des Gastes und klicken Sie auf Personen.
5. Klicken Sie auf Gastberechtigungen und markieren Sie die erforderlichen Kästchen, um Gästen zu erlauben, das Ereignis zu ändern, andere einzuladen oder die Gästeliste anzuzeigen.

Tipp: Wenn Sie nicht der Organisator der Besprechung sind, aber die Berechtigung haben, das Ereignis zu bearbeiten, können Sie diese Verfahren verwenden, um andere zu einer Besprechung einzuladen.

Hinweis: Wenn Sie ein Ereignis im Kalender erstellen, aber den Besuchern nicht erlauben, es zu ändern, können sie die Uhrzeit oder das Datum des Ereignisses in ihrem eigenen Kalender nicht ändern.

RÄUME, STANDORTE ODER KONFERENZEN HINZUFÜGEN

Einen Raum hinzufügen

1. Wählen Sie Räume, Ort oder Konferenz hinzufügen. Wenden Sie sich an Ihren Administrator, wenn Sie diese Option nicht sehen.
2. Wählen Sie Zimmer hinzufügen. Es werden automatisch Vorschläge generiert, die auf Ihrem Arbeitsort, der Anzahl der Teilnehmer und früheren Hotelbuchungen basieren.
3. Wenn Sie die Kriterien für Ihren Besprechungsraum ändern müssen, können Sie dies tun, indem Sie auf klicken:
   - Personen: um die benötigte Raumgröße zu definieren
   - Video: Angabe der Notwendigkeit von Videokonferenzanlagen
   - Telefon: um die Notwendigkeit von Audiokonferenzen zu signalisieren
4. Wählen Sie den Raum aus, indem Sie auf ihn zeigen und das Kästchen markieren.
5. Wenn Sie kein geeignetes Zimmer finden:
   - Geben Sie in das Suchfeld eine andere Ressource, einen Gebäudenamen, ein Stockwerk oder eine Konferenzausrüstung (z. B. Chromebox für Besprechungen) ein. Während Sie tippen, werden die Ergebnisse unterhalb des Suchfeldes angezeigt.
   - Zeigen Sie auf einen Raum, um Daten wie Raumkapazität, Standort, Ausstattung und Merkmale anzuzeigen.
   - Wenn Sie den richtigen Raum gefunden haben, zeigen Sie auf ihn und kreuzen Sie das Kästchen an, um ihn für sich zu reservieren.

Einen Konferenzort hinzufügen

Tippen Sie auf Standort hinzufügen und geben Sie Ihre Daten ein. Es werden automatisch Vorschläge angezeigt.

Videokonferenzen hinzufügen

Wenn Sie jemanden zu einer Veranstaltung einladen:

- Ein Google-Meet-Videomeeting wird sofort zum Ereignis hinzugefügt.
- Eine Einwahlnummer und eine PIN sind ebenfalls enthalten.
- Diese Funktion ist nur verfügbar, wenn Ihr Unternehmen sie unterstützt.
- Sie können dem Kalender ein Konferenz-Add-on eines Drittanbieters hinzufügen, indem Sie "Konferenz hinzufügen" wählen und es installieren. Auch ein Live-Stream kann hinzugefügt werden.
- Mit dem Meet-Add-In können Sie ein Meet-Video-Meeting zu einem Microsoft-Outlook-Ereignis oder einer E-Mail hinzufügen.

EINE EREIGNISBESCHREIBUNG UND ANHÄNGE HINZUFÜGEN

Eine Ereignisbeschreibung hinzufügen

1. Wählen Sie die Option Beschreibung oder Anhänge hinzufügen.
2. Fügen Sie Details zur Veranstaltung hinzu, z. B. Kontaktinformationen, Wegbeschreibungen oder Links.
3. Sie können Ihre Beschreibung fett, kursiv oder unterstrichen darstellen oder Listen und Links hinzufügen.

Einen Anhang hinzufügen

1. Wählen Sie die Option Beschreibung oder Anhänge hinzufügen.
2. Wählen Sie Ihre Datei aus, indem Sie auf Mein Laufwerk oder Hochladen klicken.
3. Klicken Sie entweder auf Auswählen oder auf Hochladen. Ihre Datei wird zusammen mit dem Ereignis gespeichert.

WÄHLEN SIE EINE EREIGNISFARBE, EINEN KALENDER UND EINE STANDARD-SICHTBARKEIT

1. **So wählen Sie eine Ereignisfarbe:** Wenn Sie ein Ereignis erstellen, können Sie angeben, in welcher Farbe es in Ihren Kalendern erscheinen soll. Um die Farbe Ihres Ereignisses zu ändern, klicken Sie auf die Farbpalette neben dem Namen Ihres Kalenders und wählen Sie eine andere Farbe aus.
1. **Fügen Sie Ihr Ereignis zu einem anderen Kalender hinzu:** Um Ihr Ereignis zu einem anderen Kalender hinzuzufügen, klicken Sie auf den Namen Ihres Kalenders und wählen Sie einen neuen Kalender.
2. **Als Besetzt/Verfügbar anzeigen:** Setzen Sie die Sichtbarkeit auf "Besetzt" oder "Verfügbar", um freie oder belegte Stunden in Ihrem Kalender anzuzeigen.
3. **Legen Sie die Standard-Sichtbarkeit für Ihren Kalender fest:** Wenn Sie Ihren Kalender freigeben, gelten für Ihre Ereignisse die gleichen Datenschutzeinstellungen wie für einen Kalender. Sie können ändern, was andere über bestimmte Situationen sehen.

BENACHRICHTIGUNGEN EINRICHTEN

Benachrichtigungsvorgaben konfigurieren

1. Klicken Sie im Kalender auf Einstellungen.
2. Klicken Sie auf der linken Seite unter Allgemein auf Termineinstellungen.
3. Wählen Sie eine Option, nachdem Sie Benachrichtigungen ausgewählt haben:
   - Aus
   - Desktop-Benachrichtigungen
   - Benachrichtigungen
4. Aktivieren Sie das Kontrollkästchen Benachrichtigungstöne abspielen, um einen Ton für Ihre eingehenden Benachrichtigungen zu aktivieren.
5. Um Ihre Benachrichtigungen zu verwalten, gehen Sie zu Ihrem Kalender und wählen Sie im Menü auf der linken Seite Allgemeine Benachrichtigungseinstellungen aus.
6. Klicken Sie auf den Pfeil nach unten neben jeder Option und wählen Sie Keine oder E-Mail.

Einrichten von Benachrichtigungen für bestimmte Ereignisse

1. Wenn Sie Ihre Veranstaltung erstellt haben, wählen Sie unten die Option Weitere Auswahlmöglichkeiten.
2. Klicken Sie auf die Schaltfläche Benachrichtigung hinzufügen.
3. Legen Sie einen Zeitrahmen für Benachrichtigungen fest.
4. Klicken Sie auf Meldung erstellen und wiederholen Sie die Schritte 2-3, um eine weitere Meldung hinzuzufügen.

SPEICHERN SIE IHR EREIGNIS

Sobald Sie die Informationen ausgefüllt haben, speichern Sie Ihre Veranstaltung und verschicken Sie Ihre Einladungen.

1. Klicken Sie auf Speichern.
2. Wählen Sie eine Option:
   - Senden Sie eine E-Mail, um Gäste zu warnen.
   - Zu diesem Zeitpunkt keine Benachrichtigung überspringen senden.
   - Verwerfen, um mit dem Ändern der Einladung fortzufahren.
3. Wenn Sie Personen von außerhalb Ihres Unternehmens einladen, gehen Sie Folgendermaßen vor:
   - Fordern Sie externe Besucher auf, sie zu benachrichtigen.
   - Ändern Sie weiter, um sie später zu benachrichtigen.
4. Klicken Sie auf Weitere Optionen, um Ihre Veranstaltung auf der Seite Veranstaltung bearbeiten zu öffnen.

KAPITEL 3

ERSTELLEN UND VERWALTEN VON AUFGABEN IN GOOGLE KALENDER

SO ERSTELLEN SIE AUFGABEN

Die Aufgaben in Ihrem Google Kalender sind nur für Sie selbst sichtbar. Sie sind für andere Nutzer, die Zugriff auf Ihren Kalender haben, nicht sichtbar.

1. Öffnen Sie Google Kalender in Ihrem Browser.
2. Wählen Sie Aufgabe aus dem Menü auf der linken Seite.

3. Wählen Sie eine Option:
   - Klicken Sie in Ihrem Kalender auf einen leeren Termin.
   - Klicken Sie auf Erstellen in der oberen linken Ecke.
4. Aufgabe auswählen.
5. Füllen Sie die Lücken mit einem Titel und einer Beschreibung aus.
6. Wählen Sie eine Liste aus dem Dropdown-Menü, um eine neue Aufgabe hinzuzufügen.
7. Klicken Sie auf "Speichern".

AUFGABEN ANZEIGEN

Um in Google Kalender angezeigt zu werden, müssen die Aufgaben ein Fälligkeitsdatum haben. So aktivieren Sie Aufgaben:

1. Starten Sie Google Kalender.
2. Navigieren Sie zu "Meine Kalender" auf der linken Seite. Um auf "Meine Kalender" zuzugreifen, müssen Sie möglicherweise auf die Schaltfläche "Menü" mit den drei horizontalen Linien klicken.
3. Stellen Sie sicher, dass das Kontrollkästchen "Tasks" aktiviert ist.
4. Alle Aufgaben mit Fälligkeitsterminen werden in Ihrem Kalender angezeigt.

Unerledigte Aufgaben können auch im Google Kalender angezeigt werden. Am aktuellen Tag können Sie eine Liste aller "Ausstehenden Aufgaben" der letzten 30 Tage erhalten.

Andere Aufgaben anzeigen

Die mit der Aufgaben-App erstellten Aufgaben werden in der rechten Seitenleiste des Fensters angezeigt:

- Kalender
- Docs
- Drive
- Gmail
- Sheets
- Slides

AUFGABEN AUSBLENDEN

1. Starten Sie Google Kalender.
2. Deaktivieren Sie das Kontrollkästchen neben "Tasks" im Abschnitt "Meine Kalender" im linken Fenster.
3. Um auf "Meine Kalender" zuzugreifen, klicken Sie auf das Menü mit den drei horizontalen Linien. Wählen Sie dann unter "Meine Kalender" die Option "Tasks".

AUFGABEN BEARBEITEN

1. Starten Sie Google Kalender.
2. Um die Aufgabe zu bearbeiten, klicken Sie auf die Aufgabe.
3. Aktualisieren Sie alle Aufgabeninformationen.
4. Speichern Sie Ihre Änderungen mit der Schaltfläche Speichern.

Wichtig: Wählen Sie das Menü mit den drei horizontalen Linien, um die Aufgaben in Google Kalender anzuzeigen. Wählen Sie dann unter "Meine Kalender" die Option "Tasks".

AUFGABEN ALS ABGESCHLOSSEN MARKIEREN

1. Starten Sie Google Kalender.
2. Zum Aktualisieren klicken Sie auf die Aufgabe.
3. Die Markierung erfolgt unten rechts.
4. Ein erledigter Eintrag bleibt in Ihrem Kalender, wird aber als erledigt markiert.

AUFGABEN LÖSCHEN

1. Starten Sie Google Kalender.
2. Klicken Sie auf die zu aktualisierende Aufgabe und dann auf Löschen.

AUSSTEHENDE AUFGABEN SUCHEN UND BEARBEITEN

Um alle unerledigten Aufgaben der letzten 30 Tage zu überprüfen:

1. Starten Sie Google Kalender.
2. Tippen Sie auf "Ausstehende Tasks", wenn Sie einen Tagesplan anzeigen.
3. Wählen Sie aus dem Pop-up-Menü aus, wie die ausgewählten Aufgaben aktualisiert werden sollen.
4. Navigieren Sie nach rechts zu einer Aufgabe, um sie zu bearbeiten. Nehmen Sie die gewünschten Änderungen vor und klicken Sie dann auf Speichern.
5. Bewegen Sie den Mauszeiger nach rechts über eine Aufgabe, um sie zu entfernen. Klicken Sie auf Bearbeiten und dann auf Löschen.
6. Bewegen Sie den Mauszeiger ganz nach rechts über eine Aufgabe, um sie zu beenden. Markieren Sie "abgeschlossen" durch Klicken.
7. Wenn Sie Ihre Aufgaben aus dem Google Kalender ausblenden, können Sie die Liste der ausstehenden Aufgaben deaktivieren.

KAPITEL 4

ERSTELLEN UND VERWALTEN VON ERINNERUNGEN IN GOOGLE KALENDER

WIE MAN EINE ERINNERUNG ERSTELLT

Die Erinnerungen in Ihrem Google Kalender sind nur für Sie selbst sichtbar. Sie sind für andere Nutzer, die Zugriff auf Ihren Kalender haben, nicht sichtbar.

1. Wählen Sie ein Zeitfenster in Ihrem Kalender aus und klicken Sie dann auf Erinnerung.
2. Geben Sie einen Titel ein und wählen Sie eine Uhrzeit und ein Datum.

DIE GOOGLE-WORKSPACE-BIBEL

3. Um die Häufigkeit der Erinnerung zu ändern, klicken Sie auf "Nicht wiederholen" und wählen Sie dann eine Option.
4. Aktivieren Sie die Option Ganztägig, wenn die Erinnerung den ganzen Tag andauern soll.
5. Wählen Sie Speichern.

IHRE ERINNERUNGEN ANZEIGEN

1. Navigieren Sie zu Kalender.
2. Markieren Sie das Feld Erinnerungen unten links unter Meine Kalender.

ERINNERUNGEN AUSBLENDEN

1. Navigieren Sie auf der linken Seite zu Meine Kalender.
2. Deaktivieren Sie das Kontrollkästchen "Erinnerungen".

ERINNERUNGEN BEARBEITEN

1. Wählen Sie eine Option:
   - Wenn Sie eine Erinnerung in einem Zeitfenster haben, wählen Sie diese aus und klicken Sie auf Bearbeiten.
   - Um eine Erinnerung zu bearbeiten, wenn Sie mehr als eine im gleichen Zeitfenster haben, klicken Sie auf den Erinnerungsblock, zeigen Sie auf die Erinnerung und klicken Sie auf Bearbeiten.
2. Aktualisieren Sie die Informationen und speichern Sie sie.

ERLEDIGTE ERINNERUNGEN MARKIEREN

- Wenn Sie nur eine Erinnerung in einem Zeitfenster haben, drücken Sie auf die Erinnerung und klicken dann auf Als erledigt markieren.
- Um eine Erinnerung als erledigt zu markieren, die mehrere Erinnerungen im gleichen Zeitfenster hat, drücken Sie auf den Erinnerungsblock, gehen Sie zur Erinnerung und klicken Sie dann auf Als erledigt markieren.

ERINNERUNGEN LÖSCHEN

1. Wenn Sie nur eine Erinnerung in einem Zeitfenster haben, klicken Sie auf diese und dann auf Löschen.
2. Wenn Sie mehr als eine Erinnerung im selben Zeitfenster haben, klicken Sie auf den Erinnerungsblock, zeigen Sie auf die Erinnerung und klicken Sie dann auf Löschen.

KAPITEL 5

ANZEIGEN UND FREIGEBEN VON GOOGLE KALENDER

FREIGABE UND ANZEIGE VON KALENDERN

Wählen Sie, ob Sie Ihren Kalender der Öffentlichkeit oder nur Ihrer Organisation zur Verfügung stellen möchten:

1. Wählen Sie Einstellungen.
2. Klicken Sie auf Ihren Kalender auf der linken Seite.
3. Wählen Sie eine Option im Abschnitt Zugriffsberechtigungen für Termine:

   - Aktivieren Sie das Kontrollkästchen Öffentlich freigeben, um Ihren Kalender im Internet öffentlich zugänglich zu machen. Klicken Sie auf den Pfeil nach unten neben jeder Freigabeberechtigung und wählen Sie aus, ob Sie Ihre freien und besetzten Stunden anzeigen möchten.

   - Markieren Sie das Kästchen Für meine Organisation zugänglich machen, um Ihren Kalender ausschließlich für Ihre Organisation sichtbar zu machen. Klicken Sie auf den Pfeil nach unten neben jeder Freigabeberechtigung und wählen Sie aus, ob Sie Ihre freien und belegten Stunden anzeigen möchten.

   - Aktivieren Sie das Kontrollkästchen Kalenderdetails in anderen Google-Anwendungen anzeigen, eingeschränkt durch die Zugriffsberechtigungen, um Ihren Kalender in Google Workspace sichtbar zu machen.

Erlauben Sie anderen, Ihren Kalender über einen Webbrowser anzuzeigen

Sie können einen HTML-Link zu Ihrem Kalender erhalten, den Sie mit anderen teilen können.

1. Wählen Sie Einstellungen.
2. Klicken Sie auf Ihren Kalender auf der linken Seite.
3. Klicken Sie im Bereich Zugriffsberechtigungen auf den Link "Link zum Freigeben abrufen" und dann auf "Link kopieren".
4. Kopieren Sie die URL, fügen Sie sie in eine E-Mail ein und senden Sie sie ab.

Geben Sie Ihren Kalender für ausgewählte Personen frei

Wenn Sie Ihren Kalender für andere Personen freigeben, können Sie entscheiden, wie diese Ihre Termine sehen und ob sie Änderungen vornehmen dürfen, z. B. Termine hinzufügen oder ändern.

1. Wählen Sie Einstellungen.
2. Klicken Sie auf Ihren Kalender auf der linken Seite.
3. Klicken Sie auf Personen und Gruppen hinzufügen unter dem Bereich Für bestimmte Personen oder Gruppen freigeben" und geben Sie die E-Mail-Adressen oder Namen der Personen ein, für die Sie Ihren Kalender freigeben möchten.
4. Wählen Sie eine Einstellung für die Freigabeberechtigung.
5. Nur Verfügbarkeit anzeigen (keine Details) oder
6. Alle Termindetails anzeigen oder
7. Änderungen vornehmen und Freigabe verwalten oder
8. Termine ändern
9. Klicken Sie auf die Schaltfläche Senden.

Geben Sie Ihren Google Kalender für Personen frei, die ihn nicht verwenden

1. Klicken Sie auf Personen hinzufügen im Abschnitt Für bestimmte Personen und freigeben.
2. Geben Sie die E-Mail-Adressen oder Namen der Personen ein, für die Sie Ihren Kalender freigeben möchten.
3. Klicken Sie auf die Schaltfläche Senden.
4. Wenn die Person, für die Sie Ihren Kalender freigeben möchten, den Kalender nicht verwendet, klicken Sie auf Einladen, um sie dazu einzuladen.

IMPORTIEREN UND EXPORTIEREN VON KALENDERN UND TERMINEN

Sie können Termine zu Ihrem Kalender hinzufügen oder bestehende Kalender exportieren.

So importieren Sie Termininformationen:

1. Wählen Sie Einstellungen.
2. Klicken Sie auf der linken Seite auf Importieren & Exportieren.
3. Klicken Sie auf Datei von meinem Computer auswählen, wählen Sie Ihre Datei aus und klicken Sie auf Öffnen.
4. Wählen Sie Importieren.
5. Ihr Kalender wird mit dem importierten Ereignis oder den importierten Ereignissen aktualisiert.

So exportieren Sie Ihre Kalender:

1. Klicken Sie auf Einstellungen.
2. Klicken Sie nun auf der linken Seite auf Importieren & Exportieren.
3. Klicken Sie auf Exportieren im Abschnitt Exportieren.

Es wird eine ZIP-Datei auf Ihren PC heruntergeladen. Wenn Sie diese öffnen, finden Sie separate ICS-Dateien für jeden Ihrer Kalender. Um die Dateien wieder in den Kalender zu importieren, extrahieren Sie die ICS-Dateien aus der ZIP-Datei und fügen Sie sie einzeln ein.

ANDERE TOOLS DES KALENDERS VERWENDEN

Notizen in Keep öffnen

1. Klicken Sie auf die Schaltfläche Keep auf der rechten Seite.
2. Klicken Sie auf + Notiz aufnehmen oder Neue Liste, um eine Notiz oder Liste hinzuzufügen.
3. Um eine Notiz zu ändern, wählen Sie sie aus und geben Sie eine Nachricht ein.
4. Klicken Sie auf die Schaltfläche Erledigt.

Öffnen Sie Ihre Aufgabenlisten in Tasks

1. Wählen Sie eine Option:
   - Klicken Sie auf der rechten Seite des Kalenders auf Tasks.
   - Wenn Sie Aufgaben zum ersten Mal öffnen, klicken Sie unten auf Erste Schritte (wenn Sie keine Aufgaben sehen, klicken Sie unten rechts auf das Seitenfeld Anzeigen).
2. Um eine neue Aufgabenliste zu erstellen, gehen Sie folgendermaßen vor:
   - Klicken Sie unter Aufgaben oben auf den Pfeil nach unten und erstellen Sie eine neue Liste.
   - Geben Sie einen Namen ein und klicken Sie dann auf Fertig.
3. Um die Liste zu ändern, klicken Sie auf den Pfeil nach unten und wählen eine Liste aus.
4. Geben Sie eine Aufgabe ein, indem Sie auf Aufgabe hinzufügen klicken.
5. Klicken Sie auf Bearbeiten, um Details oder ein Fälligkeitsdatum hinzuzufügen.

Add-ons erhalten

Fügen Sie dem Kalender zusätzliche Tools hinzu.

1. Klicken Sie auf Add-ons installieren auf der rechten Seite. Der Google Workspace Marketplace zeigt eine Liste der verfügbaren Add-ons an.
2. Wählen Sie ein Add-on.
3. Klicken Sie auf Installieren.

KAPITEL 6

TASTATURKURZBEFEHLE

Wenn Sie Tastaturkurzbefehle aktivieren, können Sie diese verwenden, um Ihren Google Kalender zu ändern und schnell zu bestimmten Seiten zu wechseln.

TASTATURKURZBEFEHLE AKTIVIEREN

Tastaturkurzbefehle sind nur verfügbar, wenn Sie Google Kalender auf Ihrem PC verwenden.

1. Öffnen Sie Google Kalender auf Ihrem PC.
2. Klicken Sie auf Einstellungen in der oberen rechten Ecke.
3. Wählen Sie Ja im Abschnitt "Tastenkombinationen aktivieren".
4. Klicken Sie auf der unteren Seite auf "Speichern".

SICH IM KALENDER BEWEGEN

- Wechseln Sie in der Kalenderansicht zum nächsten Datumsbereich: Drücken Sie n oder j.
- Aktualisieren Sie Ihren Kalender: Drücken Sie r.
- Gehen Sie zum aktuellen Tag: Drücken Sie t.
- Verschieben, um einen Kalenderabschnitt hinzuzufügen: Drücken Sie +.
- Setzen Sie den Cursor in das Suchfeld: Drücken Sie /.
- Rufen Sie die Seite Einstellungen auf: Drücken Sie s.
- Zu einem bestimmten Datum gehen: Drücken Sie g.

ÄNDERUNGEN AN EINEM EREIGNIS VORNEHMEN

- Erstellen Sie ein neues Ereignis: Drücken Sie c.
- So sehen Sie die Details eines Ereignisses: Drücken Sie e.
- So löschen Sie ein Ereignis: Drücken Sie die Entf-Taste oder die Rücktaste.
- Zum Rückgängigmachen: Drücken Sie z.
- Ereignis speichern: Drücken Sie ⌘ + s (für Mac), Strg + s (für Windows).
- Kehren Sie von einer Termindetailseite zum Kalendergitter zurück: Drücken Sie Esc.

AUFGABEN ANZEIGEN & AUFBEWAHREN

Sie können nun Keep und Tasks mit Kalender in einem Seitenpanel verwenden. Um auf die Seitenleiste zuzugreifen, drücken Sie die folgenden Tastenkombinationen:

- Für Windows: Strg + Alt + , (Komma) oder Strg + Alt + . (Punkt)
- Für Chromebook: Alt + Umschalttaste + , (Komma) oder Alt + Umschalttaste + . (Punkt)
- Für Mac: ⌘ + Option + , (Komma) oder ⌘ + Option + . (Punkt)

KALENDERANSICHT ÄNDERN

- Tagesansicht: Drücken Sie d oder 1.
- Wochenansicht: Drücken Sie w oder 2.
- Monatsansicht: Drücken Sie m oder 3.
- Benutzerdefinierte Ansicht: Drücken Sie x oder 4.
- Agenda-Ansicht: Drücken Sie a oder 5.

BUCH 5

—

GOOGLE DRIVE

EINFÜHRUNG

Google Drive ist ein kostenloser Google-Dienst, der es Ihnen ermöglicht, Dateien online zu speichern und sie von überall aus über die Cloud anzuzeigen. Google Drive bietet auch kostenlose webbasierte Anwendungen zum Erstellen von Dokumenten, Tabellenkalkulationen, Präsentationen und anderen Dateien.

Google Drive gehört heute zu den am meisten genutzten Cloud-Speicherdiensten. Wenn Sie noch nie einen Cloud-basierten Speicherdienst wie Google Drive genutzt haben, sollten Sie über die Vorteile der Online-Speicherung Ihrer Arbeit nachdenken. Mit Google Drive brauchen Sie keine Dateien mehr per E-Mail zu verschicken oder auf einem USB-Laufwerk zu speichern, da Sie von jedem Computer mit Internetanschluss aus auf die Daten zugreifen können. Die Zusammenarbeit mit anderen ist viel einfacher, da Sie mit Google Drive Dateien austauschen können.

Google Drive bietet mehr als nur die Möglichkeit, Dateien zu speichern. Mit den Produktivitätsanwendungen von Google Drive können Sie auch Dokumente erstellen, verteilen und verwalten. Einige Google-Drive-Anwendungen kommen Ihnen vielleicht bekannt vor, wenn Sie schon einmal eine Suite wie Microsoft Office verwendet haben. Die Dateiformate, mit denen Sie zu tun haben, sind z. B. mit denen vergleichbar, die von verschiedenen Microsoft-Office-Produkten erzeugt werden.

Im Folgenden sind die Dateitypen aufgeführt, die Sie auf Google Drive erstellen und freigeben können:

- **Dokumente:** Diese werden zur Erstellung von Briefen, Flugblättern, Aufsätzen und anderen textbasierten Dateien verwendet.
- **Zeichnungen:** Diese werden verwendet, um einfache Vektorgrafiken oder Diagramme zu erstellen.
- **Formulare:** Sie dienen der Erfassung und Organisation von Daten.
- **Präsentationen:** Diese werden zur Erstellung von Diashows verwendet.
- **Tabellenkalkulationen:** Diese werden zum Speichern und Organisieren von Daten verwendet.

ALLES ÜBER GOOGLE DRIVE

Einrichten eines Google-Kontos

Für die Nutzung von Google Drive ist ein Google-Konto erforderlich. Google-Konten sind kostenlos und die Erstellung eines Kontos ist ganz einfach. Sie müssen Informationen wie Ihren Namen, Ihr Geburtsdatum und Ihren Wohnort eingeben, um ein Google-Konto einzurichten. Beim Einrichten eines Google-Kontos erhalten Sie eine Gmail-Adresse und ein Google+-Profil.

Sie müssen sich nicht erst umständlich für ein neues Google-Konto anmelden, sondern können Google Drive direkt nutzen, indem Sie sich mit Ihren bestehenden Gmail-Anmeldedaten anmelden.

Gehen Sie folgendermaßen vor, um ein Google-Konto zu erstellen:

1. Navigieren Sie zu www.google.com. Suchen Sie die Schaltfläche Anmelden in der oberen rechten Ecke der Seite und klicken Sie darauf.
2. Klicken Sie auf die Schaltfläche Konto einrichten.
3. Es wird das Anmeldeformular angezeigt. Folgen Sie den Anweisungen und geben Sie die erforderlichen Informationen ein.
4. Geben Sie anschließend Ihre Telefonnummer ein. Google schickt Ihnen eine SMS mit einem Bestätigungscode, den Sie eingeben müssen, um den Anmeldevorgang abzuschließen.
5. Klicken Sie auf Verifizieren, nachdem Sie den an Ihr Telefon übermittelten Verifizierungscode eingegeben haben.
6. Die Seite mit den persönlichen Daten wird angezeigt. Geben Sie Ihre Daten, Ihr Geburtsdatum und Ihr Geschlecht ein, wie angegeben.
7. Lesen Sie die Nutzungsbedingungen und Datenschutzbestimmungen von Google, bevor Sie auf "Ich akzeptiere" klicken.
8. Ihr Konto wird erstellt.
9. Wie bei jedem Online-Dienst ist es wichtig, ein sicheres Passwort zu erstellen, das schwer zu erraten ist.

Zugriff auf Google Drive

Nachdem Sie Ihr Google-Konto erstellt haben, gehen Sie im Webbrowser auf http://drive.google.com, um auf Google Drive zuzugreifen.

Sie können auch von jeder Google-Website aus auf Google Drive zugreifen (z. B. Gmail oder Google-Suche), indem Sie auf das Gitter-Symbol in der oberen rechten Ecke und dann auf Google Drive klicken.

KAPITEL 1

ÜBERBLICK ÜBER DIE GOOGLE-DRIVE-BENUTZEROBERFLÄCHE

Obwohl Ihr Google Drive jetzt leer ist, müssen Sie, wenn Sie beginnen, Dateien hochzuladen und zu erstellen, wissen, wie Sie diese auf der Benutzeroberfläche anzeigen, verwalten und organisieren können.

SUCHLEISTE

Sie können das Suchfeld verwenden, um nach bestimmten Dateien zu suchen. Google Drive zeigt automatisch Dateien an, die Ihrem Suchbegriff entsprechen, sobald Sie einen eingeben. Sie können auch eine erweiterte Suche durchführen, um Ihre Dateien nach Typ zu filtern.

DATEI-AKTIONSSCHALTFLÄCHEN

Wenn Sie eine Datei auswählen, werden diese Alternativen angezeigt. Sie ermöglichen es Ihnen, die Datei sofort freizugeben, eine Vorschau zu lesen und sie zu löschen.

SORTIEREN

Ihre Dateien sind standardmäßig nach dem Datum der letzten Änderung geordnet. Klicken Sie hier, um Ihre Dateien nach Größe, Name oder Änderungshistorie neu zu ordnen.

NEU

Klicken Sie auf die Schaltfläche Neu, um ein neues Dokument, eine Tabellenkalkulation, eine Präsentation oder ein anderes Google-Dokument zu erstellen. Die neue Datei wird sofort in Ihrem Google Drive gespeichert. Mit der Schaltfläche Neu können Sie neue Ordner erstellen und Dateien von Ihrem PC hochladen.

ORDNER

Es können Ordner erstellt werden, um zusammengehörige Dateien zu organisieren. Nachdem Sie Dateien in einem Ordner abgelegt haben, können Sie zahlreiche Dateien gleichzeitig anzeigen, freigeben und ändern. Wenn Sie im linken Fenster einen Ordner auswählen, werden nur die Dateien in diesem Ordner im Ansichtsfenster angezeigt.

ANSICHTEN

Google Drive bietet verschiedene alternative Ansichten. Mein Laufwerk ist die Standardansicht und zeigt alle Ihre Dateien an. Sie können auch mit Ihnen geteilte Dateien (eingehend), Favoriten (mit Sternchen versehen) oder kürzlich aktualisierte Dateien anzeigen.

ANSICHTSFENSTER

Alle Ihre Dateien werden im Ansichtsfenster angezeigt. Es ist ganz einfach festzustellen, wem die einzelnen Dateien gehören, welche Dateien gemeinsam genutzt werden und wann die Dateien zuletzt bearbeitet wurden. Klicken Sie einfach auf eine beliebige Datei, um sie zu öffnen, oder doppelklicken Sie darauf, um sie auszuwählen.

KAPITEL 2

GOOGLE DRIVE AUF DESKTOP UND HANDY

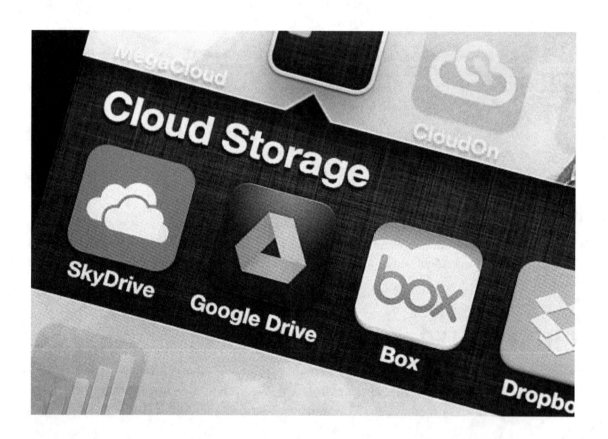

WIE SIE GOOGLE DRIVE ALS DESKTOP-ANWENDUNG AUF IHREN PC BEKOMMEN

Sie können die Google-Drive-Desktop-Software installieren, wenn Sie lieber an Ihrem Computer arbeiten möchten. Mit diesem Programm, das für Windows und OS X verfügbar ist, können Sie problemlos vorhandene Dateien hochladen und offline arbeiten. Nach der Installation wird auf Ihrem PC ein neuer Google-Drive-Ordner angezeigt. Alle Dateien, die Sie in diesem Ordner ablegen, werden sofort in Google Drive hochgeladen.

1. Gehen Sie zunächst in Ihrem Webbrowser zu Google Drive.
2. Klicken Sie auf das Einstellungssymbol oben rechts.

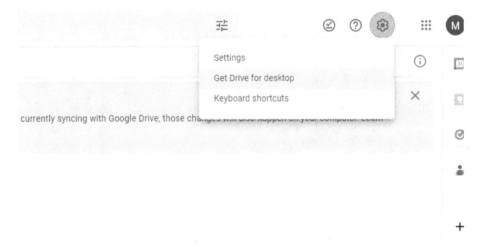

3. Klicken Sie auf Drive for Desktop herunterladen. Ein neues Fenster wird geöffnet.
4. Klicken Sie auf die Schaltfläche "Drive for Desktop herunterladen" und der Download beginnt.
5. Sobald der Download abgeschlossen ist, öffnen Sie die Datei und installieren Sie sie.

MOBILE GOOGLE-DRIVE-APP

Mit der mobilen Google-Drive-App, die sowohl für iOS als auch für Android verfügbar ist, können Sie von Ihrem Mobilgerät aus Dateien in Google Drive durchsuchen und hochladen.

Sie können Google Drive auf Ihr Telefon laden. Wenn Sie ein iPhone haben, gehen Sie zum App Store. Wenn Sie ein Android-Telefon haben, gehen Sie zum Play Store. Klicken Sie im App Store auf Suchen. Geben Sie in das Suchfeld Google Drive ein. Sobald Sie nach Google Drive suchen, wird ein Ergebnis für Google Drive angezeigt. Wenn Sie es noch nicht haben, können Sie auf "Installieren" klicken, um es zu erhalten.

KAPITEL 3

HOCHLADEN VON DATEIEN IN GOOGLE DRIVE

HOCHLADEN UND SYNCHRONISIEREN VON DATEIEN

Mit Google Drive können Sie Ihre Daten ganz einfach in der Cloud sichern und von jedem Gerät mit einer Internetverbindung aus einsehen. Sie können auch Dateien bearbeiten, die aus kompatiblen Anwendungen wie Microsoft Word oder Excel in Google Drive hochgeladen wurden.

Google Drive bietet 15 Gigabyte (15 GB) kostenlosen Cloud-Speicherplatz zum Hochladen von Dateien von Ihrem PC. Es gibt zwei Arten von Dateien, die Sie in Google Drive speichern können:

- Dateien, die bearbeitet werden können, wie z. B. Microsoft-Office-Dokumente, PDF-Dateien und andere textbasierte Dokumente.
- Die meisten nicht bearbeitbaren Dateien, einschließlich Audio, Video, komprimierte Archive (zip-Dateien) und andere Dateitypen.
- Wenn Sie eine Datei hochladen, unabhängig von ihrer Art, können Sie sie von überall aus verwalten, organisieren, freigeben und anzeigen. Da Google-Drive-Dateien zwischen Ihren Geräten synchronisiert werden, sehen Sie immer die aktuellste Version einer Datei.

Sie können auch eine Vorschau vieler verschiedener Dateitypen anzeigen, selbst wenn auf Ihrem Computer nicht die für diese Datei erforderliche Software installiert ist. Sie können Google Drive nutzen, um eine Photoshop-Datei zu prüfen, selbst wenn Photoshop derzeit nicht auf Ihrem Computer installiert ist.

KONVERTIEREN VON DATEIEN IN GOOGLE-DRIVE-FORMATE

Sie müssen Dateien zunächst in das Google-Drive-Format konvertieren, um sie online bearbeiten zu können. Durch die Konvertierung einer Datei können Sie sie schnell ändern und mit anderen kommunizieren. Nur bestimmte Dateitypen, wie z. B. Microsoft-Office-Dokumente und PDF-Dateien, können in Google-Drive-Formate konvertiert werden. Leider ist diese Konvertierung nur manchmal fehlerfrei.

HOCHLADEN VON DATEIEN UND ORDNERN

Das Hochladen von Dateien von Ihrem Desktop zu Google Drive ist einfach. Sie können sogar ganze Verzeichnisse über den Google-Chrome-Webbrowser hochladen.

So laden Sie eine Datei hoch

1. Klicken Sie in Google Drive auf die Schaltfläche Neu und dann auf Dateien hochladen.
2. Wählen Sie die hochzuladende(n) Datei(en) aus und klicken Sie dann auf Öffnen.
3. Die Datei(en) werden in Ihrem Google-Drive-Konto gespeichert.
4. Je nach Browser und Betriebssystem Ihres Computers können Sie Dateien in Google Drive hochladen, indem Sie auf eine Datei klicken und sie von Ihrem Computer ziehen.

So laden Sie einen Ordner hoch

Diese Funktion ist nur verfügbar, wenn Sie Google Chrome zum Durchsuchen von Google Drive verwenden.

1. Wählen Sie Ordner hochladen, nachdem Sie auf die Schaltfläche Neu geklickt haben.
2. Suchen Sie den Ordner, den Sie hochladen möchten, und klicken Sie dann auf Hochladen.
3. Der Ordner und sein Inhalt werden in Ihrem Google Drive gespeichert.

DATEIKONVERTIERUNG IN DAS GOOGLE-DOCS-FORMAT

Sie können nur bestimmte Dateitypen sehen, wenn Sie sie hochladen, z. B. Microsoft-Office- oder PDF-Dokumente. Um diese Arten von Dateien in Google Drive zu bearbeiten, müssen Sie sie zunächst in das Google-Docs-Format konvertieren.

Um eine Datei zu konvertieren, müssen Sie zuerst Folgendes machen:

1. Suchen Sie die zu bearbeitende Datei und doppelklicken Sie darauf.
2. Es wird eine Vorschau der Datei angezeigt. Klicken Sie oben auf dem Bildschirm auf Öffnen.
3. Die Datei wird in ein Google-Dokument in einer neuen Registerkarte umgewandelt.
4. Wenn Sie zu Ihrem Google Drive zurückkehren, werden Sie feststellen, dass es jetzt zwei Versionen der Datei gibt: die ursprüngliche und die neue Google-Docs-Version.
5. Sie können Google Drive so konfigurieren, dass Ihre Dateien automatisch konvertiert werden, wenn Sie sie hochladen. Klicken Sie auf die Zahnradschaltfläche, dann auf Einstellungen und schließlich auf das Kästchen neben Uploads konvertieren.

KAPITEL 4

VERWALTEN UND ORGANISIEREN VON GOOGLE-DRIVE-DATEIEN

VERWALTEN IHRER DATEIEN

Nach einer gewissen Zeit der Nutzung von Google Drive werden Sie vielleicht feststellen, dass es schwierig ist, den Überblick über alle Ihre Dateien zu behalten. Glücklicherweise verfügt Google Drive über verschiedene Optionen, die Sie bei der Verwaltung und Organisation unterstützen.

Suche nach Dateien

Mit der Suchfunktion können Sie nach bestimmten Dateien suchen, indem Sie Begriffe innerhalb der Datei oder des Dateinamens verwenden. Suchen Sie die Suchleiste und geben Sie den Begriff oder den Dateinamen ein, den Sie suchen. Während der Eingabe wird eine Liste mit empfohlenen Suchen und Dateien angezeigt. Drücken Sie einfach auf eine Datei in den Suchergebnissen, um sie zu öffnen. Um eine vollständige Liste der Suchergebnisse anzuzeigen, drücken Sie die Eingabetaste.

Dateien sortieren

Ihre Dateien werden standardmäßig von der neuesten zur ältesten Datei geordnet. Sie können jedoch zusätzliche Arten verwenden, um Ihre Dateien in einer anderen Reihenfolge anzuordnen. Klicken Sie auf die Schaltfläche Name direkt über der Dateiliste, um nach Namen zu sortieren. Wählen Sie die gewünschte Sortieroption, nachdem Sie auf die Schaltfläche Zuletzt geändert geklickt haben, um nach dem Datum zu sortieren.

Einen Filter anwenden

Mit Filtern können Sie unnötige Dateien ausblenden und sich nur auf die für Sie relevanten konzentrieren. Wenn Sie z. B. nach einer Präsentation suchen, können Sie einen Filter anwenden, um die angezeigten Dateien auf Präsentationen zu beschränken.

1. Suchen Sie in der Suchleiste nach dem Pfeil für die Suchoptionen und klicken Sie darauf.
2. Wählen Sie den Filter, den Sie verwenden möchten.
3. Wählen Sie den gewünschten Filter aus.
4. Um den Filter anzuwenden, klicken Sie auf die Schaltfläche Suchen oder drücken Sie die Eingabetaste.
5. Nur Dateien, die dem Filter entsprechen, werden angezeigt.

Markieren Sie den Text im Suchfeld, um einen Filter zu entfernen, und drücken Sie die Rücktaste oder die Entf-Taste.

ORGANISIEREN IHRER DATEIEN

Wenn Sie zum ersten Mal Dateien in Google Drive hochladen, können Sie Ordner verwenden, um die Dateien zu organisieren und zu ordnen. Die Ordner in Google Drive funktionieren ähnlich wie die Ordner auf Ihrem Computer.

Erstellen eines Ordners

1. Klicken Sie in Google Drive auf die Schaltfläche Neu und wählen Sie dann im Dropdown-Menü die Option Neuer Ordner aus.
2. Es wird ein Dialogfenster angezeigt. Geben Sie Ihrem Ordner einen Namen und klicken Sie dann auf Erstellen.
3. Ihr Ordner wird auf der linken Seite unterhalb von Meine Ablage angezeigt. Um Ihre Ordner zu sehen, müssen Sie eventuell auf den Dropdown-Pfeil klicken.

Dateien in Ordner verschieben

1. Ziehen Sie die Datei in den gewählten Ordner, indem Sie sie anklicken und ziehen.
2. Die Datei wird in dem gewählten Ordner gespeichert.

Wenn Sie demselben Ordner mehrere Dateien hinzufügen möchten, halten Sie die Strg-Taste (bzw. die Befehlstaste auf einem Mac) gedrückt und klicken Sie dann auf jede Datei, um sie auszuwählen. Wenn Sie fertig sind, klicken und ziehen Sie die Dateien in den entsprechenden Ordner.

Löschen einer Datei

Löschen Sie eine Datei aus Google Drive, wie Sie eine Datei von Ihrem PC löschen würden. Sie müssen das Element in den Ordner "Papierkorb" ziehen und dann dauerhaft löschen, genauso wie Sie eine Datei aus dem Papierkorb oder Papierkorb Ihres Computers entfernen.

1. Wählen Sie die zu löschende Datei aus und klicken Sie dann auf die Schaltfläche Entfernen, um sie in den Ordner Papierkorb zu verschieben.
2. Der Papierkorb befindet sich im linken Navigationsbereich.
3. Es wird der Ordner Papierkorb angezeigt. Der Papierkorb befindet sich am oberen Rand des Bildschirms; wählen Sie Papierkorb leeren. Die Dateien werden dann für immer gelöscht.

Vorschau einer Datei

Die Dateivorschau ist eine hervorragende Methode, um sicherzustellen, dass Sie die richtige Dateiversion öffnen, oder um einen Blick auf Dateien zu werfen, ohne sie zu öffnen.

1. Wählen Sie die Datei für die Vorschau aus und klicken Sie dann auf die Schaltfläche Vorschau.
2. Es wird eine Vorschau der Datei angezeigt.

Rechtsklick

Sie können die gesamte Liste der Aktionen für jede Datei aufrufen, indem Sie mit der rechten Maustaste darauf klicken. Die meisten der hier beschriebenen Vorgänge sind auch an anderer Stelle in Google Drive verfügbar; es handelt sich jedoch um eine praktische Abkürzung.

KAPITEL 5

GOOGLE-DRIVE-FREIGABE UND-ZUSAMMENARBEIT

Google Drive macht die gemeinsame Nutzung von Dateien einfach. Mehrere Nutzer können gleichzeitig an derselben Datei arbeiten, was eine Zusammenarbeit in Echtzeit ermöglicht.

GEMEINSAME NUTZUNG VON DATEIEN

Wenn Sie eine Datei aus Ihrem Google Drive freigeben, können Sie anderen erlauben, sie zu sehen und sogar zu ändern. Sie können zwar jede in Ihrem Google Drive gespeicherte Datei freigeben, es ist jedoch wichtig zu wissen, dass die Funktionen für die Zusammenarbeit nur für Dateien verfügbar sind, die in Ihrem Google Drive erstellt wurden.

Wenn Sie eine Datei für eine kleine Gruppe von Personen freigeben, müssen sich Ihre Mitwirkenden mit einem Google-Konto anmelden, um darauf zuzugreifen oder sie zu aktualisieren. Wenn Sie die Datei für eine größere Gruppe freigeben oder sie öffentlich machen, benötigen Ihre Mitarbeiter kein Google-Konto, um sie anzuzeigen.

Um eine Datei mit einer begrenzten Gruppe von Personen zu teilen:

1. Suchen Sie die Datei, die Sie freigeben möchten, und klicken Sie dann auf die Option Freigeben.
2. Es wird ein Dialogfenster angezeigt. Geben Sie in das Feld Personen die E-Mail-Adressen der Personen ein, für die Sie die Datei freigeben möchten. Wenn Sie möchten, können Sie eine Notiz einfügen, die an die Personen, für die Sie die Datei freigeben, per E-Mail gesendet wird.
3. Klicken Sie auf die Schaltfläche Senden. Ihre Datei wird freigegeben.

Sie können mehr Kontrolle über Ihre Dateien erhalten, indem Sie auswählen, ob andere Personen sie bearbeiten, kommentieren oder nur sehen können, indem Sie auf den Dropdown-Pfeil klicken.

FREIGABE MIT EINEM LINK

Sie können eine Datei einfach für eine größere Anzahl von Personen freigeben, indem Sie einen Link zu einer beliebigen Datei in Ihrem Google Drive angeben. Ein Link ist eine URL oder Webadresse für eine beliebige Datei, die Sie weitergeben möchten. Dies ist besonders nützlich für Dateien, die zu groß sind, um sie als E-Mail-Anhang zu versenden, z. B. Musik- oder Videodateien. Sie können eine Datei auch weitergeben, indem Sie sie mit einer öffentlichen Website verlinken. Jeder, der auf den Link klickt, wird zu der Datei weitergeleitet.

Um einen Link zu teilen:

1. Suchen Sie die Datei, die Sie freigeben möchten, und klicken Sie dann auf die Option Freigeben.
2. Es wird ein Dialogfenster angezeigt. Klicken Sie auf den Link kopieren.
3. Die URL der Datei wird in die Zwischenablage Ihres Browsers übertragen. Sie können die Datei dann weitergeben, indem Sie die URL in eine E-Mail oder im Internet einfügen. Wenn Sie fertig sind, drücken Sie auf die Schaltfläche "Fertig".

MIT IHNEN GETEILTE DATEIEN

Auch Einzelpersonen können Dateien mit Ihnen teilen. Diese Dateien werden im Ordner "Für mich freigegeben" gespeichert. Sie können jedoch eine Datei aus Ihrem Google Drive verschieben, wenn Sie nicht zu dieser Ansicht wechseln möchten.

1. Wechseln Sie dazu in den Ordner "Für mich freigegeben".
2. Bewegen Sie den Mauszeiger über die Datei, die Sie zu Ihrem Laufwerk hinzufügen möchten, und klicken Sie dann auf Zu meinem Laufwerk hinzufügen.

KAPITEL 6
TASTATURKURZBEFEHLE

Im Folgenden finden Sie eine Liste von Tastaturkurzbefehlen, die in der Online-Version von Google Drive verwendet werden können.

Um diese Liste von Tastaturkurzbefehlen in Google Drive zu sehen, geben Sie Strg + / (Chrome OS, Windows) und ⌘ + / (Mac) ein.

NAVIGATION UND ANSICHTEN

- Gehen Sie zur Detailansicht: Drücken Sie g und dann d.
- Gehen Sie zum Download-Status: Drücken Sie g und dann a.
- Wechseln Sie zur Ansicht Elemente: Drücken Sie g und dann l.
- Wechseln Sie zum Navigationsfeld (Ordnerliste): Drücken Sie g und dann n oder g und dann f.
- Gehen Sie zum oberen Rand der Anwendung (Google-Leiste): Drücken Sie g und dann t.
- Gehen Sie zum Upload-Status: Drücken Sie g und dann u.
- Aktivitätsfenster anzeigen oder ausblenden: Drücken Sie i.
- Detailbereich ein- oder ausblenden: Drücken Sie d.
- Wechseln Sie in der Elementansicht zwischen Liste und Raster: Drücken Sie v.

ELEMENTE AUSWÄHLEN

- Alle Markierungen löschen: Umschalttaste + n
- Erweitern Sie die Auswahl nach unten: Umschalttaste + Pfeil nach unten
- Erweitern Sie die Auswahl nach links: Umschalttaste + Pfeil nach links
- Erweitern Sie die Auswahl nach rechts: Umschalttaste + Pfeil nach rechts
- Erweitern Sie die Auswahl nach oben: Umschalttaste + Pfeil nach oben
- Wählen Sie alle sichtbaren Elemente aus: Umschalttaste + a
- Wählen Sie das nächste Element von unten: Drücken Sie den Pfeil 'j' nach unten.
- Wählen Sie den nächsten Punkt auf der linken Seite: Drücken Sie 'h' Pfeil nach links.
- Wählen Sie den nächsten Punkt rechts: Drücken Sie 'l' Pfeil nach rechts.
- Wählen Sie den nächsthöheren Eintrag: Drücken Sie den Pfeil 'k' nach oben.
- Wählen Sie ein Element aus oder heben Sie die Auswahl auf: Drücken Sie x.

ZWISCHEN ELEMENTEN VERSCHIEBEN

- Nach unten bewegen, ohne die Auswahl zu ändern: Drücken Sie Strg + Pfeil nach unten (Chrome OS, Windows) und ⌘ + Pfeil nach unten (Mac).
- Nach links bewegen, ohne die Auswahl zu ändern: Drücken Sie Strg + Pfeil nach links (Chrome OS, Windows) und ⌘ + Pfeil nach links (Mac).
- Nach rechts bewegen, ohne die Auswahl zu ändern: Drücken Sie Strg + Pfeil nach rechts (Chrome OS, Windows) und ⌘ + Pfeil nach rechts (Mac).
- Nach oben gehen, ohne die Auswahl zu ändern: Drücken Sie Strg + Pfeil nach oben (Chrome OS, Windows) und ⌘ + Pfeil nach oben (Mac).

MASSNAHMEN ZU AUSGEWÄHLTEN ELEMENTEN ERGREIFEN

- Kopieren Sie ausgewählte Objekttitel in die Zwischenablage: Drücken Sie Strg + Umschalttaste + c (Chrome OS, Windows) und ⌘ + Umschalttaste + c (Mac).
- Kopieren Sie die URLs ausgewählter Elemente in die Zwischenablage: Drücken Sie Strg + c (Chrome OS, Windows) und ⌘ + c (Mac).
- Erstellen Sie eine Verknüpfung für ausgewählte Elemente im Laufwerk: Drücken Sie Strg + Umschalttaste + v (Chrome OS, Windows) und ⌘ + Umschalttaste + v (Mac).
- Erstellen Sie Verknüpfungen zu ausgewählten Elementen: Drücken Sie Umschalttaste + z.
- Ausgewählte Elemente in die Zwischenablage ausschneiden: Drücken Sie Strg + x (Chrome OS, Windows) und ⌘ + x (Mac).
- Ausgewählte Elemente in einen neuen Ordner verschieben: Drücken Sie z.
- Ausgewählte Elemente in einer neuen Registerkarte öffnen: Drücken Sie Strg + Enter (Chrome OS, Windows) und ⌘ + Return (Mac).
- Ausgewählte Elemente öffnen: Drücken Sie Enter oder o.
- Fügen Sie ausgewählte Elemente aus der Zwischenablage ein oder verschieben Sie ausgewählte Elemente aus der Zwischenablage: Drücken Sie Strg + v (Chrome OS, Windows) und ⌘ + v (Mac).

- Ausgewählte Elemente entfernen: Drücken Sie # oder Alt + Rücktaste (Chrome OS) # oder Löschen (Windows) # oder Fn + Löschen (Mac).
- Ausgewählte Elemente umbenennen: Drücken Sie n.
- Ausgewählte Elemente freigeben: Drücken Sie . (Punkt).
- Ausgewählte Elemente mit einem Sternchen versehen oder das Sternchen entfernen: Drücken Sie s.

NEUE ELEMENTE ERSTELLEN

- Dokument: Umschalttaste + t
- Zeichnen: Umschalttaste + d
- Ordner: Umschalttaste + f
- Formular: Umschalttaste + o
- Präsentation: Umschalttaste + p
- Tabellenkalkulation: Umschalttaste + s

MENÜS ÖFFNEN

- Menü erstellen: Drücken Sie c.
- Menü für aktuelle Ordneraktionen: Drücken Sie f.
- Menü "Weitere Aktionen": Drücken Sie a.
- Menü Einstellungen: Drücken Sie t.
- Menü Sortieren: Drücken Sie r.

ANWENDUNGSAKTIONEN

- Wählen Sie die nächste visuelle Dichte (Zeilenhöhe und Elementabstand für die Listenansicht): Drücken Sie q und dann q.
- Liste der Tastaturkurzbefehle anzeigen: Drücken Sie Umschalttaste + / oder Strg + / (für Chrome OS, Windows) und ⌘ + / (für Mac).
- Suchen/als nächstes suchen: Drücken Sie Strg + f (für Chrome OS, Windows) und ⌘ + f (für Mac).
- Drucken: Drücken Sie Strg + p (für Chrome OS, Windows) und ⌘ + p (für Mac).
- Letzte rückgängig gemachte Aktion wiederherstellen: Drücken Sie Strg + Umschalttaste + z (für Chrome OS, Windows) und ⌘ + Umschalttaste + z (für Mac).
- Suchen Sie Ihr Laufwerk: Drücken Sie /.
- Letzte Nachricht anzeigen: Drücken Sie m.
- Letzte Aktion rückgängig machen: Drücken Sie Strg + z (für Chrome OS, Windows) und ⌘ + z (für Mac).

VORSCHAUMODUS-AKTIONEN

- Schließen: Esc
- Wiedergabe/Pause: Leertaste
- Vergrößern: + oder =
- Verkleinern: -

BUCH 6

—

GOOGLE DOCS

EINFÜHRUNG

Mit Google Docs, einer webbasierten Anwendung, können Sie kostenlos Dokumente und Tabellen online erstellen und bearbeiten. Google Docs ist eines von vielen Online-Programmen, die Google gehören und mit ihm verbunden sind. Daher werden wir in diesem Buch alles behandeln, was Sie über Google Docs wissen müssen, vom Schreiben über die Freigabe bis zum Drucken. Dieses Online-Textverarbeitungsprogramm wird mit der Google Docs Editor Suite geliefert. Diese umfasst das Textverarbeitungsprogramm und zusätzliche Tools wie das Tabellenkalkulationsprogramm, das Folienprogramm, das Zeichenprogramm, Google Forms, Google Keep und so weiter.

Mit Google Docs können Nutzer Dokumente und Tabellen in verschiedenen Schriftarten und Dateiformaten importieren, bearbeiten und aktualisieren, einschließlich Text, Formeln, Listen und Tabellen. Sie können auch Fotos, Filme und andere Medien einschließen. Google Docs ist mit den meisten Präsentations- und Textverarbeitungsprogrammen kompatibel. Sie können eine Webseite oder ein druckfertiges Dokument erstellen, um Ihre Arbeit zu präsentieren. Die Nutzer haben die Kontrolle darüber, wer ihre Arbeit sehen kann. Daher ist Google Docs ein hervorragendes Werkzeug für Unternehmen, Blogs und die Öffentlichkeitsarbeit.

Die Verwendung von Google Docs hat mehrere Vorteile, unter anderem:

- Google Docs ist eine cloudbasierte Anwendung, d. h., wenn Sie ein Dokument erstellen, befindet es sich ausschließlich in der Cloud und nicht auf Ihrer Festplatte oder Ihrem Computer.
- Google Docs ist von jedem Ort aus verfügbar. Sie können einfach von einem anderen Ort aus auf Ihre Dokumente zugreifen, indem Sie einen anderen Laptop benutzen.
- Dokumente werden automatisch gespeichert, während Sie in Google Docs arbeiten.

ZUGRIFF AUF GOOGLE DOCS

Auf Google Docs kann auf verschiedene Weise zugegriffen werden, unter anderem:

Google Drive verwenden:

1. Um auf Ihr Google-Drive-Konto zuzugreifen, gehen Sie zu drive.google.com und klicken Sie auf die Schaltfläche Neu. Dann können Sie mit der Erstellung eines neuen Google Docs beginnen.
2. Sie können das Feld, das Ihnen angezeigt wird, benennen.
3. Dann können Sie auf der leeren Seite, die angezeigt wird, mit der Eingabe beginnen.

Bitte beachten Sie, dass Sie den Stil Ihres Textes in Google Docs ändern können. Eine weitere Funktion von Google Docs ist die Möglichkeit, ein Bild einzufügen; Sie können entweder ein Foto hochladen oder aufnehmen und die Anordnung von

Text und Bildern anpassen. In der Google-Docs-App können Sie Hervorhebungen und Farben, Schriftarten, Fett-, Unterstreichungs- oder Kursivschrift und andere Funktionen auswählen.

Alternativ können Sie auch die Google-Docs-Website aufrufen:

- Gehen Sie auf der rechten Seite von Google und klicken Sie auf Ihr Waffelmenü. Dann klicken Sie auf Google Docs.
- Klicken Sie auf eine leere Seite, um mit der Eingabe zu beginnen, oder wenn Sie Vorlagen auf dem Bildschirm haben, können Sie eine davon öffnen und sie ändern. Wenn Sie nach unten blättern, sehen Sie alle Dokumente auf Ihrem Datenträger und wie Sie auf sie zugreifen können.

KAPITEL 1
ÜBERBLICK ÜBER DIE GOOGLE-DOCS-BENUTZEROBERFLÄCHE

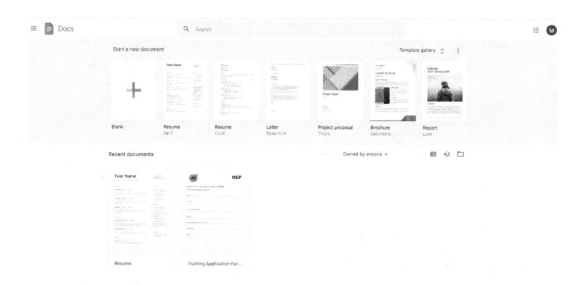

Auf dem Bildschirm von Google Docs gibt es verschiedene Funktionen und Werkzeuge. Wir werden jede von ihnen kurz besprechen.

IN DER OBEREN LINKEN ECKE

- **A:** Google-Docs-Startseite, auf der Sie alle Ihre Dokumente haben.
- **B:** Sie können darauf klicken, um Ihr Dokument umzubenennen.
- **C:** Ein Dokument mit einem Stern versehen, damit Sie es leicht finden können.
- **D:** Sie können Ihr Dokument in einen beliebigen anderen Ordner verschieben.

IN DER OBEREN RECHTEN ECKE

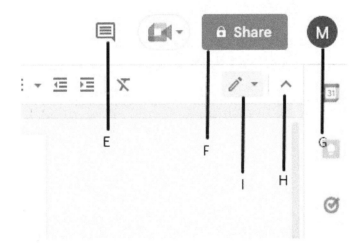

- **E:** Im Kommentar-Symbol können Sie einen Kommentar zu einem Dokument schreiben.
- **F:** Das Freigabe-Symbol, mit dem Sie ein Dokument freigeben können.
- **G:** Ein Symbol, das Ihnen anzeigt, welches Google-Konto mit dem jeweiligen Dokument verknüpft ist.
- **H:** Der Pfeil blendet die Menüoptionen aus; Sie können ihn auch verwenden, um mehr Platz in Ihrem Dokument zu erhalten.
- **I:** Das Symbol "Bearbeiten". Wenn Sie auf den Pfeil klicken, werden drei Optionen angezeigt: Bearbeiten, Vorschlagen und Dokumentvorschau. Wenn Sie auf Bearbeiten klicken, bearbeiten Sie Ihr Dokument oder das einer anderen Person. Wenn Sie auf Vorschlagen klicken, können Sie das Dokument einer anderen Person vorschlagen, das dann in einer anderen Farbe angezeigt wird. Wenn Sie auf Dokumentvorschau klicken, können Sie das Dokument nur durchlesen, ohne Änderungen vorzunehmen.

- **Menü "Datei":** Das Dateimenü hat viele Funktionen, wie unten gezeigt. Sie können ein Dokument freigeben oder ein neues Dokument erstellen (Dokument, Tabellenkalkulation, Präsentation, Formular, Zeichnung oder aus Vorlage). Sie können ein Dokument öffnen und andere Optionen, die Ihnen zusagen.

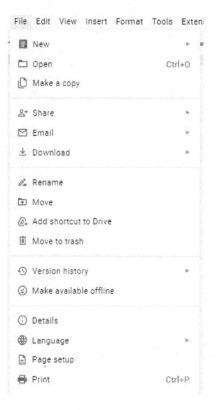

- **Menü Bearbeiten:** Sie können, wie oben gezeigt, einfach rückgängig machen, ausschneiden, einfügen, auswählen und Wörter suchen und ersetzen.

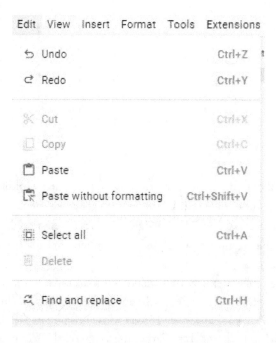

- **Menü Ansicht:** Sie können das Layout drucken, ein Lineal an der Ecke der Seite, Abschnittswechsel, Gleichungswerkzeuge oder Dokumentumrisse einblenden, falls erforderlich.

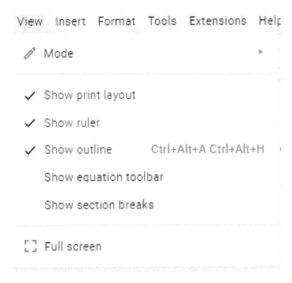

- **Menü Einfügen:** Hier können Sie Bilder (vom Computer, URL-Laufwerk, Foto, Kamera oder aus dem Internet), Tabellen (1×1, 2×2, 3×2), Diagramme (Balken-, Torten-, Säulendiagramme), Sonderzeichen wie griechische Buchstaben, Kopf- und Fußzeilen, Seitenzahlen usw. einfügen.

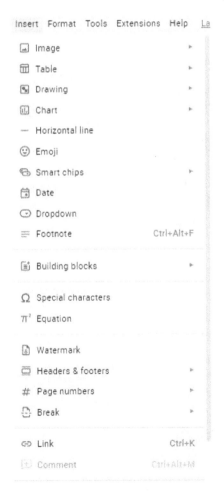

- **Menü Format:** Sie können auf den Text klicken (fett, unterstrichen, kursiv, durchgestrichen, tief- und hochgestellt), auf die Absatzformate, die Ausrichtung und den Einzug (links, rechts, mittig und Blocksatz), den Zeilenabstand (1,0, 1,5, 2,0), die Spalten, die Aufzählungszeichen, die Nummerierung usw.

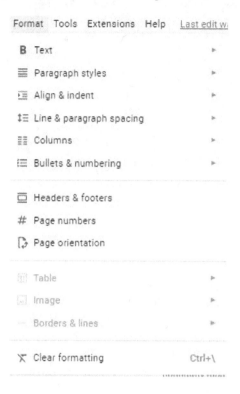

- **Menü Tools:** Dieses Menü neben dem Formatierungsmenü enthält folgende Optionen: Rechtschreib- und Grammatikwerkzeug (Rechtschreib- und Grammatikprüfung, Wortzählung), Wörterbuch, Spracheingabe, mit der Sie Ihr Audiodokument in Text umwandeln können, und Skript-Editor.

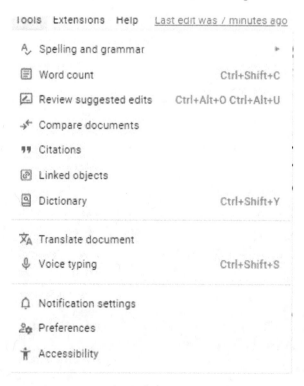

- **Menü Erweiterungen / Add-Ons:** In diesem Abschnitt können Sie ein Add-on eines Drittanbieters verwenden. Dank dieser neuen Funktion können Sie Google Docs auf eine neue Art und Weise verwenden. Das Ziel eines Add-Ons ist das gleiche wie das einer Browsererweiterung: mehr Funktionen zu erhalten.

OPTIONEN FÜR DIE SEITENEINRICHTUNG

Je nach Art des Dokuments möchten Sie möglicherweise die Variablen für die Seiteneinrichtung wie Seitenausrichtung, Ränder oder Papierformat anpassen, wenn Sie ein Google-Dokument zum ersten Mal erstellen. Diese Optionen sind über die Option Seiteneinrichtung im Menü Datei verfügbar.

Im Dialogfeld Seiteneinrichtung stehen mehrere Auswahlmöglichkeiten zur Verfügung:

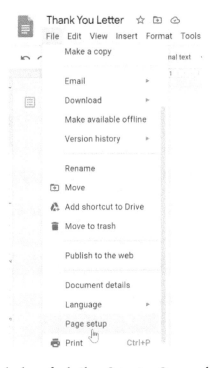

- Die Seitenausrichtung bezieht sich darauf, ob Ihre Seite im Quer- oder Hochformat vorliegt. Das Querformat bedeutet, dass die Seite horizontal ausgerichtet ist, während das Hochformat bedeutet, dass sie vertikal ausgerichtet ist.

- Seitenränder sind die Abstände zwischen dem Hauptteil des Dokuments und den Seitenrändern.

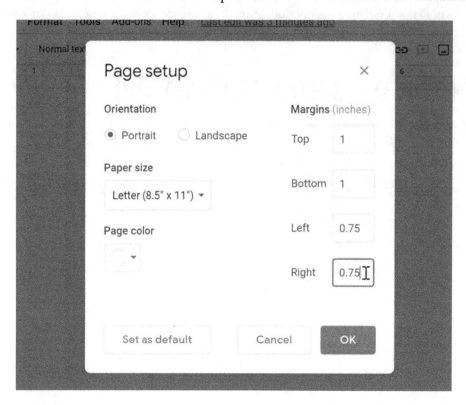

- Sie können die Abmessungen der Seite anpassen, indem Sie das Papierformat ändern. Dies ist besonders vorteilhaft, wenn Sie die Seite auf einem nicht standardmäßigen Papierformat drucken.

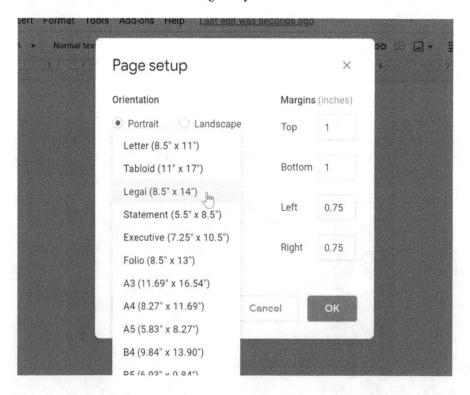

- Die Seitenfarbe ist die Hintergrundfarbe des Dokuments. Wenn Sie Ihr Dokument im Internet veröffentlichen möchten, kann dies als dekorative Alternative von Vorteil sein.

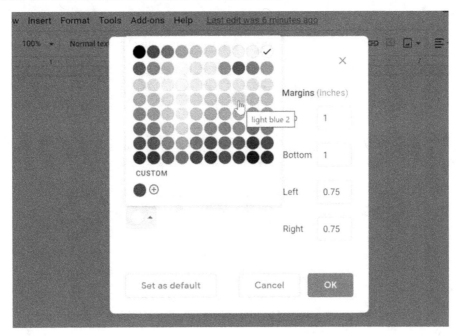

KAPITEL 2
GRUNDLAGEN VON GOOGLE DOCS

EINFÜGEN, AUSWÄHLEN UND LÖSCHEN VON TEXT

Zum Einfügen von Text:

1. Suchen Sie die Einfügemarke, die durch eine blinkende vertikale Linie gekennzeichnet ist. In einem leeren Dokument befindet sich diese in der linken oberen Ecke der Seite. Wenn das Dokument bereits Inhalt enthält, können Sie die Einfügemarke verschieben, indem Sie auf verschiedene Stellen auf der Seite klicken.
2. Der Text wird neben der Einfügemarke angezeigt, sobald Sie mit der Eingabe beginnen.

So markieren Sie Text:

1. Sie müssen den Text zunächst markieren, bevor Sie ihn verschieben oder formatieren können. Klicken Sie dazu auf den Text, ziehen Sie den Cursor darüber und lassen Sie ihn dann los.
2. Über dem ausgewählten Text erscheint ein hervorgehobener Kasten.

Zum Entfernen von Text:

Es gibt verschiedene Methoden zum Löschen oder Entfernen von Text:

1. Mit der Rücktaste auf Ihrer Tastatur können Sie den Text bis zur Einfügemarke links löschen.
2. Drücken Sie die Entf-Taste auf der Tastatur, um den Text bis zur Einfügemarke rechts zu entfernen.
3. Markieren Sie den zu löschenden Text und drücken Sie dann die Taste Löschen.
4. Wenn Sie Text auswählen und mit der Eingabe beginnen, wird der ausgewählte Inhalt entfernt und durch den neuen Text ersetzt.

KOPIEREN, AUSSCHNEIDEN UND EINFÜGEN VON TEXT

Es kann einfacher sein, Material, das häufig in Ihrer Arbeit vorkommt, zu kopieren und einzufügen. In anderen Fällen möchten Sie vielleicht Text von einem Teil des Dokuments in einen anderen verschieben. In diesem Fall müssen Sie Ausschneiden und Einfügen oder Ziehen und Ablegen verwenden.

Das Menü Bearbeiten enthält die Befehle Kopieren, Ausschneiden und Einfügen. Google Docs verwendet auch Tastaturkurzbefehle (oder Tastenkombinationen), um verschiedene Funktionen auszuführen. Wir werden diese Tastaturkurzbefehle später ausführlicher erläutern.

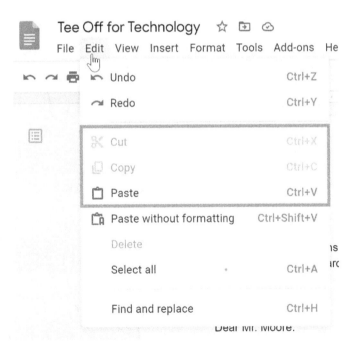

Zum Kopieren und Einfügen von Text:

1. Wählen Sie den zu kopierenden Text aus.
2. Um den Text zu kopieren, verwenden Sie Strg + c (Windows) oder Befehlstaste + c (Mac) auf Ihrer Tastatur.
3. Bewegen Sie den Cursor an die Stelle, an der der Text erscheinen soll.
4. Um den Text einzufügen, verwenden Sie Strg + v (Windows) bzw. Befehlstaste + v (Mac) auf Ihrer Tastatur. Der Text wird angezeigt.

Zum Ausschneiden und Einfügen von Text:

1. Wählen Sie den zu kopierenden Text aus.
2. Um den Text auszuschneiden, verwenden Sie Strg + x (Windows) bzw. Befehlstaste +x (Mac) auf Ihrer Tastatur.
3. Setzen Sie den Cursor an die Stelle, an der der Text erscheinen soll.
4. Um den Text einzufügen, verwenden Sie Strg + v (Windows) bzw. Befehlstaste + v (Mac) auf Ihrer Tastatur. Der Text wird dann angezeigt.

Zum Ziehen und Ablegen von Text:

1. Wählen Sie den Text aus, der an eine andere Stelle des Dokuments verschoben werden soll.
2. Ziehen Sie den Text an die gewünschte Stelle, indem Sie ihn anklicken und ziehen. Als Zeichen dafür, dass Sie den Text verschieben, befindet sich unter dem Cursor eine Einfügemarke.
3. Der Text wird an die neue Stelle verschoben, wenn die Maustaste losgelassen wird.

Einfügen von Sonderzeichen:

Google Docs verfügt über eine umfangreiche Bibliothek von Sonderzeichen. Sie sind praktisch zum Schreiben von Mathematik und können auch als dekorative Akzente verwendet werden.

1. Setzen Sie die Einfügemarke an die Stelle, an der das Sonderzeichen erscheinen soll.
2. Wählen Sie Sonderzeichen, nachdem Sie auf Einfügen geklickt haben.

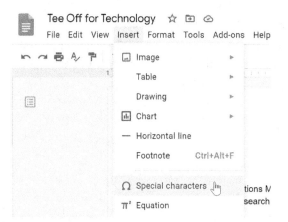

3. Das Dialogfeld Sonderzeichen einfügen wird angezeigt.
4. Verwenden Sie die Dropdown-Pfeile oberhalb des Zeichenrasters, um Gruppen von Symbolen zu durchsuchen.
5. Fügen Sie das gewählte Symbol in Ihr Dokument ein, indem Sie es anklicken.
6. Das Symbol wird auf Ihrer Seite angezeigt.

RECHTSCHREIBPRÜFUNG UND VORSCHLÄGE

Google Docs sucht standardmäßig nach falsch geschriebenen Wörtern und empfiehlt alternative Schreibweisen. Wörter, für die Rechtschreibempfehlungen vorliegen, werden rot hervorgehoben.

Um die vorgeschlagene Schreibweise zu verwenden:

1. Wählen Sie ein unterstrichenes Wort mit der rechten Maustaste aus. In einem Dropdown-Menü werden mögliche Schreibweisen für das falsch geschriebene Wort angezeigt. Wählen Sie die richtige Schreibweise aus der Liste aus.
2. Im Dokument wird die richtige Schreibweise anstelle des falsch geschriebenen Begriffs angezeigt.
3. Google Docs schlägt gelegentlich Schreibweisen für Wörter vor, die es nicht kennt, wie z. B. den Namen einer Person oder eines Unternehmens. Sie können das Wort in das Wörterbuch eingeben, wenn Sie sich mit der Schreibweise sicher sind. Wenn Sie einen Begriff zum Wörterbuch hinzufügen, merkt sich Google Docs die Schreibweise.

VERWENDUNG VON SUCHEN UND ERSETZEN

Das Auffinden eines bestimmten Wortes oder Satzes kann bei der Arbeit mit größeren Texten schwierig und zeitraubend sein. Die Suchfunktion von Google Docs kann Ihr Dokument automatisch durchsuchen, während die Option "Ersetzen" es Ihnen ermöglicht, Wörter oder Ausdrücke zu ändern.

Um Text zu finden:

1. Wählen Sie Suchen und Ersetzen, nachdem Sie auf Bearbeiten geklickt haben.

2. Das Dialogfeld Suchen und ersetzen wird angezeigt.
3. Geben Sie in das Feld Suchen den Text ein, den Sie suchen möchten. Im Feld "Suchen" wird angezeigt, wie oft der Begriff im Text vorkommt, und jedes Vorkommen wird auf der Seite hervorgehoben.
4. Wenn das Wort mehr als einmal vorkommt, können Sie vorwärts gehen, indem Sie auf die Pfeile "Zurück" und "Weiter" klicken. Wenn Sie ein Wort auswählen, wird die Markierung dunkler und pulsiert kurzzeitig.
5. Um das Dialogfenster zu schließen, drücken Sie die X-Taste.

Zum Ersetzen von Text:

1. Wählen Sie Suchen und ersetzen, nachdem Sie auf Bearbeiten geklickt haben. Das Dialogfeld Suchen und wird angezeigt.
2. Geben Sie in das Feld Suchen den Text ein, den Sie suchen möchten. Geben Sie in das Feld Ersetzen durch den Text ein, durch den Sie ihn ersetzen möchten.
3. Um Text zu ersetzen, klicken Sie auf Weiter oder Vor und dann auf Ersetzen. Ersetzen Sie alles, wenn Sie alle Vorkommen des Textes im Dokument ersetzen möchten.

KAPITEL 3

TEXT FORMATIEREN UND HINZUFÜGEN VON HYPERLINKS

Um hochwertige Dokumente zu erstellen und zu gestalten, müssen Sie die Textformatierung verstehen. Formatierter Text kann die Aufmerksamkeit des Lesers auf wichtige Abschnitte des Dokuments lenken und dazu beitragen, Ihre Aussage zu vermitteln, sowie Ihr Dokument ansprechender machen.

Sie erfahren, wie Sie Schriftart, -größe und -farbe ändern und Text hervorheben können. Außerdem erfahren Sie, wie Sie die Tastaturkurzbefehle fett, kursiv und unterstrichen verwenden und wie Sie einen Hyperlink einfügen.

DAS KONTEXTMENÜ DER SYMBOLLEISTE

Google Docs verfügt über mehrere Textformatierungsoptionen, mit denen Sie das Erscheinungsbild und die Wirkung Ihres Projekts ändern können. Diese Einstellungen sind über das Kontextmenü der Symbolleiste verfügbar.

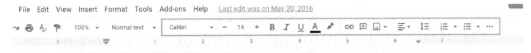

So ändern Sie die Schriftart:

1. Markieren Sie den Text, den Sie ändern möchten.
2. Klicken Sie in der Symbolleiste auf den Dropdown-Pfeil Schriftart. Es wird ein Schriftmenü angezeigt. Der Name jeder Schriftart wurde so formatiert, dass er wie der von ihr definierte Stil aussieht.

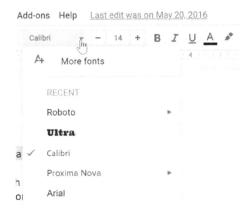

3. Wählen Sie die Schriftart, die Sie verwenden möchten.
4. Die Schriftart des ausgewählten Textes wird geändert.

Wenn Sie die gesuchte Schriftart nicht finden oder mehr Schriftoptionen wünschen, können Sie in Google Docs neue Schriftarten zum Dropdown-Menü Schriftart hinzufügen. Wählen Sie im Dropdown-Menü Schriftart die Option Weitere Schriftarten, um das Dialogfeld Schriftarten aufzurufen.

So ändern Sie die Schriftgröße:

1. Markieren Sie den Text, den Sie ändern möchten.
2. Wählen Sie in der Symbolleiste das Feld Schriftgröße. Es wird eine Dropdown-Liste für die Schriftgröße angezeigt.

3. Wählen Sie die gewünschte Schriftgröße.
4. Die Schriftgröße wird im Text geändert.

So ändern Sie die Schriftfarbe:

1. Markieren Sie den Text, den Sie ändern möchten.

2. Wählen Sie in der Symbolleiste den Befehl Schriftfarbe. Ein Dropdown-Menü mit Schriftfarbenoptionen wird angezeigt.

3. Wählen Sie die Schriftfarbe, indem Sie auf den Kreis klicken.
4. Die Farbe des Textes wird geändert.

So verwenden Sie die Schaltflächen für fett, kursiv und unterstrichen:

1. Markieren Sie den Text, den Sie ändern möchten.
2. Wählen Sie in der Symbolleiste für Tastenkombinationen die Schaltfläche Fett (B), Kursiv (I) oder Unterstrichen (U).

So ändern Sie die Textausrichtung:

In Google Docs können Sie eine von vier Ausrichtungsschaltflächen aus dem Dropdown-Menü Ausrichten auswählen.

*   Linksbündig: Legt fest, dass der gesamte ausgewählte Text am linken Rand ausgerichtet wird.
*   Zentriert: Richtet den Text in einem identischen Abstand zum linken und rechten Rand aus.
*   Rechtsbündig: Legt fest, dass der gesamte ausgewählte Text am rechten Rand ausgerichtet wird.
*   Blocksatz: Der Text ist auf jeder Seite gleich und steht gleichmäßig am rechten und linken Rand; viele Zeitungen und Zeitschriften verwenden einen vollständigen Blocksatz.

1. Wählen Sie den auszurichtenden Text.
2. Wählen Sie die entsprechende Ausrichtung, indem Sie auf die Schaltfläche Ausrichten klicken.
3. Der Text wird neu ausgerichtet.

ZEILEN- UND ABSATZABSTÄNDE

Die Zeilenabstände in Google Docs werden in Zeilen gemessen. Der Zeilenabstand ist beispielsweise zwei Zeilen hoch, wenn der Text mit doppeltem Zeilenabstand geschrieben ist. Sie können den Zeilenabstand anpassen, um mehr Seitenzeilen unterzubringen oder die Lesbarkeit zu verbessern.

Zum Formatieren des Zeilenabstands:

1. Markieren Sie den Text, der formatiert werden soll.

2. Wählen Sie den gewünschten Zeilenabstand aus dem Dropdown-Menü aus, indem Sie auf die Schaltfläche Zeilen- und Absatzabstand klicken. Sie können die Abstände auch durch Anklicken von Benutzerdefinierter Abstand feinabstimmen.

3. Der Zeilenabstand des Dokuments wird angepasst.

Abstand zwischen den Absätzen

Sie können die Abstände zwischen den Absätzen auf die gleiche Weise formatieren wie die Abstände zwischen den Zeilen in Ihrem Text. Zusätzliche Abstände werden normalerweise zwischen Absätzen, Überschriften und Zwischenüberschriften eingefügt. Zusätzliche Abstände zwischen Absätzen sind ein weiterer Ansatz zur Verbesserung der Lesbarkeit eines Manuskripts.

Formatieren Sie den Abstand zwischen den Absätzen wie folgt:

1. Markieren Sie den Text, der formatiert werden soll.
2. Wählen Sie die Option Zeilen- und Absatzabstand.
3. Wählen Sie in der Dropdown-Box Abstand vor Absatz hinzufügen oder Abstand nach Absatz hinzufügen. Sie können die Abstände auch durch Klicken auf Benutzerdefinierter Abstand feinabstimmen.

4. Der Absatzabstand im Dokument wird angepasst.

Um den Absatzabstand zu eliminieren, wählen Sie Leerzeichen vor einem Absatz entfernen oder Leerzeichen nach einem Absatz entfernen aus dem Menü Zeilen- und Absatzabstand.

HYPERLINKS

Ein Hyperlink ist ein Verweis auf eine Webadresse (oder URL). Wenn Sie eine Webadresse in Ihr Google-Dokument aufnehmen möchten, können Sie sie anklickbar machen, indem Sie sie als Hyperlink formatieren. Die Webseite wird dann aufgrund des Hyperlinks in einem neuen Browserfenster geöffnet.

Um einen Hyperlink einzufügen:

Die Adresse (URL) der Webseite und der Anzeigetext sind die beiden wesentlichen Bestandteile eines Hyperlinks. Wenn Sie einen Hyperlink in Google Docs erstellen, können Sie sowohl die Adresse als auch den Anzeigetext auswählen.

1. Markieren Sie den Text, für den Sie einen Hyperlink erstellen möchten.
2. Fügen Sie einen Link ein, indem Sie auf die Schaltfläche Link einfügen klicken, oder klicken Sie mit der rechten Maustaste auf den ausgewählten Text und wählen Sie Link einfügen.

3. Das Dialogfeld Link bearbeiten wird angezeigt. Der ausgewählte Text wird im Bereich Text angezeigt. Wenn Sie möchten, können Sie den Text ändern.
4. Geben Sie in das Feld Link die URL ein, die Sie verlinken möchten. Wenn der von Ihnen gewählte Text wie eine URL aussieht, füllt Google Docs diesen Bereich möglicherweise automatisch aus.
5. Klicken Sie auf die Schaltfläche Übernehmen. Der von Ihnen gewählte Text ist jetzt ein Hyperlink.
6. Um die URL anzuzeigen, klicken Sie auf den Link.

Wenn Sie den Hyperlink ändern oder löschen möchten, klicken Sie ihn an und wählen Sie dann aus den unten stehenden Optionen Ändern oder Entfernen.

KAPITEL 4

TABULATOREN UND EINZÜGE VERWENDEN

Das Hinzufügen eines Einzugs oder Tabulators zu Ihrem Dokument ist eine hervorragende Methode, um die Aufmerksamkeit auf wichtige Stellen zu lenken. Es gibt verschiedene Möglichkeiten, Text in Google Docs einzurücken; es ist jedoch wichtig, diese Werkzeuge richtig zu verwenden und jedes Mal einzurücken. Dies kann Zeit sparen und den Bearbeitungsprozess verbessern.

EINRÜCKEN VON TEXT

In vielen Aufsätzen sollte die erste Zeile eines jeden Absatzes eingerückt werden. Dies hilft dabei, die Absätze optisch voneinander zu unterscheiden.

Einrücken mit der Tabulatortaste:

Die Tabulatortaste ist eine einfache und häufige Technik zum Einrücken. Dies führt zu einem Einzug von 1,25 cm in der ersten Zeile.

1. Setzen Sie die Einfügemarke an den Anfang des Absatzes, den Sie einrücken möchten.
2. Drücken Sie auf der Tastatur die Tabulatortaste. Der Text der ersten Zeile wird um 1,25 cm nach rechts verschoben.

Verwenden Sie zum Einrücken den Tastaturkurzbefehl Einrücken:

Sie können die Tastaturkurzbefehle Einzug vergrößern und Einzug verringern verwenden, um alle Zeilen eines Absatzes einzurücken.

1. Markieren Sie den Text, der eingerückt werden soll.
2. Erhöhen Sie den Einzug in 1,25-cm-Schritten, indem Sie auf die Schaltfläche Einzug vergrößern klicken.

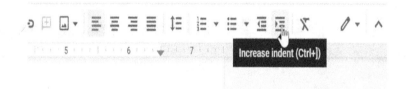

3. Die Zeilen des Absatzes werden alle eingerückt.
4. Um den Einzug in 1,25-cm-Schritten zu verringern, klicken Sie auf die Schaltfläche Einzug verringern.

Sie können auch die Schaltfläche Format in der Symbolleiste verwenden. Bewegen Sie den Mauszeiger über Ausrichten und einrücken, um die Optionen Einzug vergrößern und Einzug verringern zu finden.

Einzüge anpassen

Mit den drei Einzugsmarkierungen und dem Lineal können Sie benutzerdefinierte Einzüge erstellen, die größer oder kleiner sind als der Standardeinzug der Tabulatortaste von 1,25 cm. Das Lineal gibt Ihnen eine blaue Richtlinie vor, damit Sie sehen können, wo der Einzug erscheinen wird, wenn Sie die Einzugsmarkierungen verschieben.

- **Markierung für den Einzug der ersten Zeile:** Ändert den Einzug der ersten Zeile eines Absatzes.
- **Linke Einrückungsmarkierung:** Wird zusammen mit der Markierung für den Einzug der ersten Zeile verschoben, um alle Zeilen des Absatzes einzurücken.
- **Rechte Einzugsmarkierung:** Vergrößert oder verringert den rechten Einzug durch Ziehen aller Absatzzeilen vom rechten Rand aus.

So passen Sie die Einzüge mit dem Lineal an:

1. Setzen Sie die Einfügemarke an der Stelle ein, an der Sie den Text oder den Absatz einrücken möchten (Sie können einen oder mehrere Absätze auswählen).
2. Ziehen Sie die Einzugsmarkierung an die gewünschte Position. Die blaue Führungslinie erstreckt sich vom Lineal aus, während sich die Markierung bewegt.
3. Lassen Sie die Maus los, wenn Sie die gewünschte Stelle erreicht haben. Der Text erhält einen Einzug.
4. Klicken und ziehen Sie die Markierung für den rechten Einzug, um den Absatz auf der rechten Seite einzurücken.

VERWENDUNG VON TABULATORSTOPPS

Durch die Verwendung von Tabulatorstopps haben Sie mehr Kontrolle über das Textlayout. Wenn Sie die Tabulatortaste auf der Tastatur drücken, wird die Einfügemarke standardmäßig um 1,25 cm nach rechts verschoben. Sie können die Größe der Tabulatoren anpassen und mehrere Tabulatorstopps auf eine einzelne Zeile anwenden, indem Sie dem Lineal Tabulatorstopps hinzufügen. In einem Lebenslauf können Sie z. B. wichtige Daten linksbündig ausrichten, indem Sie einen linken Tabulatorstopp hinzufügen.

In Google Docs gibt es drei Arten von Tabulatorstopps.

- **Linker Tabulatorstopp:** Der Text wird am Tabulatorstopp linksbündig ausgerichtet.
- **Zentrierter Tabulatorstopp:** Der Text wird um den Tabulatorstopp zentriert.
- **Rechter Tabulatorstopp:** Richtet den Text rechts vom Tabulatorstopp aus.

Je nachdem, wo sich die Einfügemarke befindet, wird durch Drücken der Tabulatortaste entweder ein Tabulator hinzugefügt oder ein Erstzeileneinzug erzeugt. Befindet sich die Einfügemarke am Anfang eines bestehenden Absatzes, wird häufig ein Erstzeileneinzug erzeugt; andernfalls wird ein Tabulator erzeugt.

So fügen Sie Tabulatorstopps hinzu:

1. Wählen Sie den oder die Absätze, in die Sie Tabulatoren einfügen möchten. Wenn keine Absätze ausgewählt sind, gelten die Tabulatorstopps für den aktuellen Absatz und alle neuen Absätze, die Sie darunter einfügen.
2. Wählen Sie die Stelle des Lineals aus, an der Ihr Text angezeigt werden soll. Es wird ein Dropdown-Menü mit Optionen für den Tabulatorstopp angezeigt.

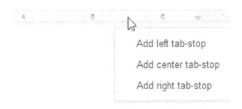

3. Wählen Sie den gewünschten Tabulatorstopp. Sie können beliebig viele Tabulatorstopps einfügen.
4. Setzen Sie die Einfügemarke an die gewünschte Stelle für die Registerkarte.
5. Drücken Sie auf der Tastatur die Tabulatortaste. Der Text springt an die Stelle des nächsten Tabulatorstopps.
6. Um den Tabulatorstopp zu entfernen, klicken Sie auf das Lineal und ziehen Sie es weg.

KAPITEL 5

KOPFZEILEN, FUSSZEILEN UND SEITENUMBRÜCHE

Sie können das Layout Ihres Dokuments ändern, indem Sie Seitenumbrüche einfügen und die Kopf- und Fußzeilen verwenden. Kopf- und Fußzeilen enthalten in der Regel zusätzliche Informationen, z. B. die Seitenzahl, das Datum, den Dokumentnamen und Fußnoten. Seitenumbrüche und horizontale Linien trennen das Material und verbessern die Lesbarkeit.

FUSS- UND KOPFZEILEN

Die Kopfzeile ist der Teil der Seite, der sich am oberen Rand, während die Fußzeile am unteren Rand erscheint. Text, der in der Kopf- oder Fußzeile des Dokuments eingegeben wird, erscheint auf jeder Seite.

So fügen Sie eine Kopf- oder Fußzeile hinzu:

1. Bewegen Sie den Mauszeiger über Kopf- und Fußzeilen, nachdem Sie auf Einfügen geklickt haben. Sie können entweder Kopf- oder Fußzeile aus dem Dropdown-Menü auswählen.

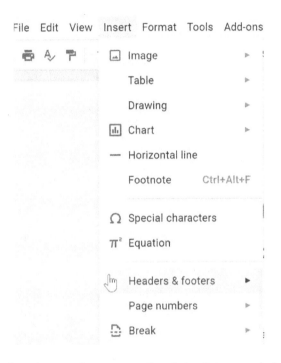

2. Die Einfügemarke wird an den oberen oder unteren Rand der Seite verschoben, je nachdem, welche Option Sie gewählt haben.
3. Geben Sie hier den gewünschten Text ein. Wenn Sie fertig sind, verwenden Sie die Esc-Taste Ihrer Tastatur, um die Kopf- oder Fußzeile zu schließen.

Die Kopf- oder Fußzeile bleibt nach dem Schließen sichtbar, ist aber gesperrt. Klicken Sie einfach auf eine beliebige Stelle in der Kopf- oder Fußzeile, um sie zu entsperren und mit der Bearbeitung zu beginnen.

FORMATIEREN VON TEXT IN EINER KOPF- ODER FUSSZEILE

Viele der gleichen Formatierungsmöglichkeiten stehen auch für Text in Kopf- und Fußzeilen im Hauptteil Ihres Dokuments zur Verfügung. Sie können die Schriftart und -größe ändern und Fett-, Kursiv- und Unterstreichungszeichen hinzufügen.

So fügen Sie Seitenzahlen zu einer Kopf- oder Fußzeile hinzu:

Google Docs kann jeder Seite automatisch eine Seitenzahl hinzufügen und sie in der Kopf- oder Fußzeile platzieren. Wenn Sie möchten, dass der Begriff Seite als Teil der Seitenzahl erscheint, geben Sie Seite an der entsprechenden Stelle in der Kopf- oder Fußzeile ein.

1. Wählen Sie die Kopf- oder Fußzeile des Dokuments.
2. Setzen Sie die Einfügemarke an die Stelle, an der die Seitenzahl erscheinen soll. Wenn Sie möchten, geben Sie das Wort Seite ein.

3. Bewegen Sie den Mauszeiger über die Seitenzahlen und wählen Sie dann den oberen oder unteren Rand der Seite aus.

4. Die Seitenzahl wird angezeigt.

So zeigen Sie die Anzahl der Seiten an:

Google Docs kann auch die Anzahl der Seiten in Ihrem Dokument in der Kopf- oder Fußzeile anzeigen. Wenn Sie die Anzahl der Seiten neben der Seitenzahl angeben möchten, fügen Sie nach der Seitenzahl den Begriff "von" ein.

1. Setzen Sie nach der Seitenzahl die Einfügemarke und tippen Sie.
2. Bewegen Sie den Mauszeiger über Seitenzahlen, nachdem Sie auf Einfügen geklickt haben. Wählen Sie die Seitenzahl aus dem Dropdown-Menü.
3. Die Seitenzahl wird nach der Seitenzahl des Dokuments angezeigt.

SEITENUMBRÜCHE

Mit Seitenumbrüchen können Sie das Erscheinungsbild Ihrer Arbeit besser kontrollieren. Wenn Sie eine Arbeit mit einer Titelseite oder einem Literaturverzeichnis schreiben, können Sie einen Seitenumbruch verwenden, um sicherzustellen, dass die Arbeit auf einer neuen Seite beginnt.

Um einen Seitenumbruch einzufügen, gehen Sie wie folgt vor:

1. Fügen Sie die Einfügemarke an der Stelle ein, an der der Seitenumbruch erscheinen soll.
2. Bewegen Sie den Mauszeiger über Umbruch und klicken Sie dann auf Einfügen. Wählen Sie Seitenumbruch aus dem Dropdown-Menü.

3. Der Seitenumbruch wird im Dokument angezeigt.

Bewegen Sie die Einfügemarke unter den Seitenumbruch und verwenden Sie die Rücktaste auf Ihrer Tastatur, um ihn zu löschen. Möglicherweise müssen Sie die Taste mehrmals drücken, um den Seitenumbruch zu löschen.

FUSSNOTEN

Eine Fußnote fügt dem Text, auf den sie sich bezieht, Informationen hinzu. Sie kann Informationen darüber enthalten, wie man mehr über das Thema erfahren kann, oder ein Zitat (einen Verweis auf eine veröffentlichte Arbeit) für ein im Text verwendetes Zitat. In Forschungsarbeiten und akademischen Texten werden Fußnoten häufig verwendet.

Einfügen von Fußnoten:

1. Fügen Sie die Einfügemarke nach dem Text ein, auf den sich die Fußnote beziehen soll.
2. Wählen Sie Fußnote aus dem Dropdown-Menü, nachdem Sie auf Einfügen geklickt haben.

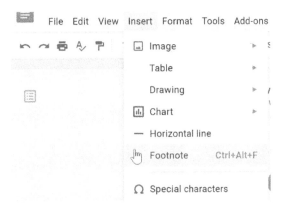

3. Google Docs fügt eine hochgestellte Zahl in den Textkörper des Dokuments und am Ende der Seite ein. Die Einfügemarke wird an den unteren Rand der Seite verschoben.
4. Geben Sie den Text ein, den Sie als zusätzliche Information sehen möchten.

Wenn Sie fertig sind, verwenden Sie die Esc-Taste auf Ihrer Tastatur, um zum Hauptteil des Dokuments zurückzukehren.

HORIZONTALE LINIEN

Der Text wird durch horizontale Linien unterteilt. Ein paar gut platzierte horizontale Linien können Ihr Papier ästhetisch ansprechender und einfacher zu lesen machen.

Um eine horizontale Linie hinzuzufügen, gehen Sie wie folgt vor:

1. Setzen Sie die Einfügemarke an die Stelle, an der die horizontale Linie erscheinen soll.
2. Wählen Sie eine Horizontale Linie aus dem Dropdown-Menü, nachdem Sie auf Einfügen geklickt haben.

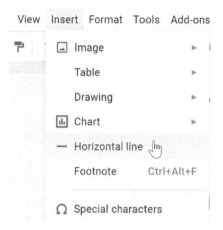

3. Die horizontale Linie wird in das Papier aufgenommen.

Um eine horizontale Linie zu löschen, markieren Sie sie mit einem Doppelklick und verwenden Sie dann die Rücktaste oder die Entf-Taste auf Ihrer Tastatur.

KAPITEL 6
TASTATURKURZBEFEHLE

Klicken Sie in Google Docs auf Strg + / (Windows, Chrome OS) oder + / (Mac), um eine Liste der Tastaturkurzbefühle anzuzeigen.

Drücken Sie Alt + / (Windows, Chrome OS) oder + / (Mac), um die Menüs zu durchsuchen.

Es können auch Menüzugriffstasten verwendet werden. Öffnen Sie über die Tastatur ein beliebiges Anwendungsmenü und geben Sie dann den hervorgehobenen Buchstaben für das gewünschte Element ein. Auf einem Mac verwenden Sie z. B. Strg + Option + I, um das Menü "Einfügen" aufzurufen. Um "Bild" zu wählen, geben Sie den unterstrichenen Buchstaben i ein.

GEMEINSAME AKTIONEN

- Kopieren: Strg + c
- Ausschneiden: Strg + x
- Erneut suchen: Strg + g
- Suchen und ersetzen: Strg + h
- Vorherige Suche: Strg + Umschalttaste + g
- Suchen: Strg + f
- Blenden Sie die Menüs aus (Kompaktmodus): Strg + Umschalttaste + f
- Link einfügen oder bearbeiten: Strg + k
- Seitenumbruch einfügen: Strg + Enter
- Link öffnen: Alt + Enter
- Öffnen: Strg + o
- Einfügen ohne Formatierung: Strg + Umschalttaste + v
- Einfügen: Strg + v
- Drucken: Strg + p
- Wiederholen: Strg + Umschalttaste + z
- Speichern (jede Aktualisierung wird automatisch in Drive gespeichert): Strg+ s
- Durchsuchen der Menüs: Alt + z oder Alt + /
- Gemeinsame Tastenkombinationen anzeigen: Strg + /
- Wechseln zur Bearbeitung: Strg + Alt + Umschalttaste + z
- Zum Vorschlagen wechseln: Strg + Alt + Umschalttaste + x
- Zur Ansicht wechseln: Strg + Alt + Umschalttaste + c
- Rückgängig machen: Strg + z

TEXTFORMATIERUNG

- Fettschrift: Strg + b
- Textformatierung löschen: Strg + \
- Textformatierung kopieren: Strg + Alt + c
- Verringern der Schriftgröße: Strg + Umschalttaste + ,
- Vergrößern de Schriftgröße: Strg + Umschalttaste + .
- Kursivschrift: Strg + i
- Textformatierung einfügen: Strg + Alt + v
- Durchgestrichen: Alt + Umschalttaste + 5
- Tiefgestellt: Strg + ,
- Hochgestellt: Strg + .
- Unterstreichen: Strg + u

ABSATZFORMATIERUNG

- Absatzeinzug vergrößern: Strg +]
- Absatzeinzug verringern: Strg + [
- Normalen Textstil anwenden: Strg + Alt + 0
- Überschriftenstil [1-6] anwenden: Strg + Alt + [1-6]
- Linksbündig: Strg + Umschalttaste + l
- Zentriert ausrichten: Strg + Umschalttaste + e
- Rechtsbündig: Strg + Umschalttaste + r
- Ausrichten: Strg + Umschalttaste + j
- Nummerierte Liste: Strg + Umschalttaste + 7
- Aufzählungsliste: Strg + Umschalttaste + 8

BILDER UND ZEICHNUNGEN

- Alt-Text: Strg + Alt + y
- Vergrößern: Strg + Alt + k
- Horizontal vergrößern: Strg + Alt + b
- Vertikal vergrößern: Strg + Alt + i
- Verkleinern: Strg + Alt + j
- Horizontal verkleinern: Strg + Alt + w
- Vertikal verkleinern: Strg + Alt + q
- Bild im Uhrzeigersinn um 15 Grad drehen: Alt + Pfeil rechts
- Bild gegen den Uhrzeigersinn um 15 Grad drehen: Alt + Pfeil nach links
- Bild gegen den Uhrzeigersinn um 1 Grad drehen: Alt + Umschalttaste + Pfeil nach links
- Bild im Uhrzeigersinn um 1 Grad drehen: Alt + Umschalttaste + Pfeil nach rechts
- Zeichnungseditor schließen: Strg + Esc oder Umschalttaste + Esc

KOMMENTARE

- Kommentar einfügen: Strg + Alt + m
- Diskussionsthema öffnen: Strg + Alt + Umschalttaste + a
- Aktuellen Kommentar eingeben: Strg + Alt, dann e und dann c
- Fußnote einfügen: Strg + Alt + f
- Zur aktuellen Fußnote springen: Strg + Alt, dann e und dann f

MENÜS

- Menü Zugänglichkeit: Alt + a
- Kontextmenü (Rechtsklick): Strg + Umschalttaste + x Umschalttaste + F10
- Menü Bearbeiten: Alt + e
- Menü Datei: Alt + f
- Menü Format: Alt + o
- Menü Hilfe: Alt + h
- Menü Eingabetools: Strg + Alt + Umschalttaste + k
- Menü Einfügen: Alt + i
- Menü Tools: Alt + t
- Menü Ansicht: Alt + v

TEXTAUSWAHL MIT DER TASTATUR

- Erweitern der Auswahl um eine Zeile: Umschalttaste + Pfeil nach oben/unten
- Erweitern der Auswahl um ein Wort: Strg + Umschalttaste + Pfeil nach links/rechts
- Erweitern der Auswahl bis zum Ende des Absatzes: Strg + Umschalttaste + Pfeil nach unten
- Zur Auswahl des aktuellen Listenelements: Strg + Alt + Umschalttaste, dann e und dann i
- Alles auswählen: Strg + a
- Erweitern der Auswahl um ein Zeichen: Umschalttaste + Pfeil nach links/rechts
- Erweitern der Auswahl bis zum Absatzanfang: Strg + Umschalttaste + Pfeil nach oben
- Alle Elemente in der aktuellen Ebene der Liste auszuwählen: Strg + Alt + Umschalttaste, dann e und dann o
- Keine auswählen: Strg + Alt, dann u und dann a
- Mehrere Textabschnitte auswählen: Strg + Alt + Umschalttaste + Pfeil nach links/rechts nach Auswahl eines Textabschnitts. Um einen anderen Textabschnitt auszuwählen, verwenden Sie den Pfeil nach links/rechts.

NAVIGATIONSKURZBEFEHLE

Im Folgenden finden Sie zwei Gruppen von Tastaturkurzbefehlen, die Ihnen helfen, schneller durch Ihren Text oder Ihre Tabelle zu navigieren:

- Mit der Tastenkombination Strg + Alt + n oder Strg + Alt + p, gefolgt von einer anderen Taste, gelangen Sie zum nächsten oder vorherigen Element.
- Mit Strg + Alt + Umschalttaste + t, gefolgt von einer weiteren Taste, können Sie sich schnell in einer Tabelle bewegen.

BUCH 7

—

GOOGLE SHEETS

EINFÜHRUNG

In diesem Buch lernen Sie, wie Sie Tabellenblätter erstellen, formatieren, grundlegende Formeln verwenden, sortieren und gemeinsam nutzen können. Dann werden wir uns die Unterschiede zwischen Google Sheets und Excel ansehen.

Google Sheets ist eine hervorragende Methode zur Erstellung und Verwaltung von Tabellenkalkulationen. Da es Teil der Google-Anwendungen ist, werden Ihre Tabellen automatisch gespeichert, können leicht weitergegeben und jederzeit bearbeitet werden, wenn Sie sie benötigen. Google Sheets ist auch mit verschiedenen anderen Google-Produkten und Plattformen von Drittanbietern kompatibel.

Das Tabellenblatt kann aus einem oder mehreren einzelnen Blättern oder Seiten bestehen, und neue Blätter können nach Bedarf hinzugefügt werden. Jedes Blatt besteht aus Zeilen und Spalten, und jede Zelle kann bearbeitet werden. Darüber hinaus können Sie Daten eingeben oder bestehende Dateien in Ihr Google Sheets importieren. Jede Spalte wird durch Buchstaben und jede Zeile durch Zahlen dargestellt. Zeile und Spalte können in der Tabellenkalkulation kombiniert werden, um sich auf eine einzelne Zelle oder einen Satz von Zellen zu beziehen.

ÜBERSICHT ÜBER DIE GOOGLE-SHEETS-BENUTZEROBERFLÄCHE

- **Menü Datei:** Dies ist das erste Menü auf dem Google-Blatt. Wenn Sie darauf klicken, haben Sie verschiedene Optionen, wie unten gezeigt. Es enthält die Schaltfläche "Freigeben" und die Schaltfläche "Neu" mit einem Dropdown-Pfeil mit weiteren Optionen. Es gibt die Option Öffnen, Importieren und weitere Optionen. Mit diesem Menü können Sie ganz einfach eine einfache Aufgabe in Ihrem Arbeitsblatt durchführen.

- **Menü Bearbeiten:** Dies ist das nächste Menü in der Liste mit der Schaltfläche "Rückgängig machen", der Schaltfläche "Wiederholen" und der Schaltfläche "Kopieren" sowie "Einfügen". Sie können auch bestimmte Zeilen löschen, wie in der Abbildung unten gezeigt.

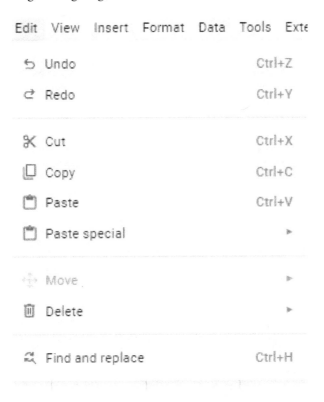

- **Menü Ansicht:** Dieses Menü enthält verschiedene Optionen, wie unten gezeigt. Sie können auf eine beliebige Option klicken, um deren Auswirkungen auf Ihr Blatt zu sehen.

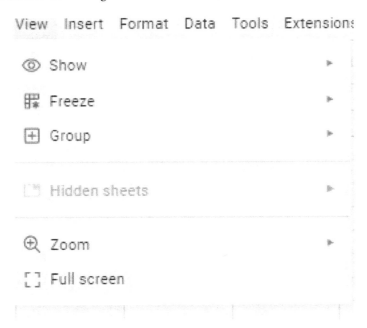

- **Menü Einfügen:** In diesem Menü können Sie alles in Ihr Arbeitsblatt einfügen. Sie können Zeilen, Spalten, Bilder, Diagramme usw. einfügen.

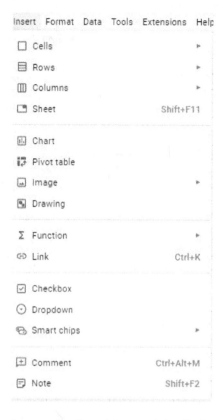

- **Menü Format:** Mit diesem Menü können Sie Ihren Text in der Zelle formatieren. Sie können den Text fett, kursiv, unterstrichen oder durchgestrichen machen, Ihren Text unterstreichen und mehr, wie unten gezeigt.

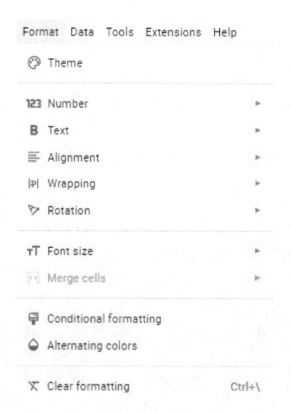

- **Menü Daten:** Hier können Sie Ihr Arbeitsblatt sortieren und einen Filter erstellen.

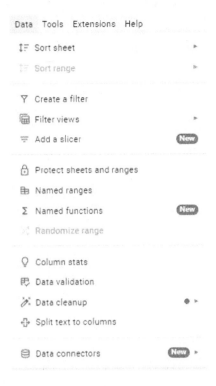

- **Menü Tools:** Die folgende Abbildung zeigt die verschiedenen Optionen in diesem Menü.

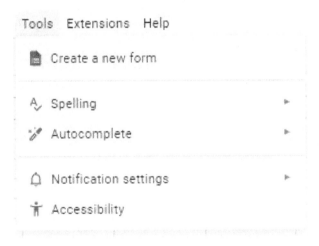

- **Menü Erweiterungen:** Wurde durch das Add-on-Menü ersetzt und bietet die folgenden Optionen.

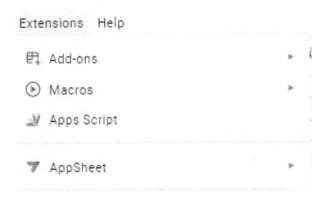

GOOGLE SHEETS VS. EXCEL

Microsoft Excel ist eine Tabellenkalkulationsanwendung, die von Microsoft entwickelt und gepflegt wird. Mit Excel können Sie verschiedene Aufgaben erledigen, wie z. B. Berechnungen durchführen, Listen erstellen und Diagramme erstellen. Sie können Daten analysieren und sortieren, den Überblick über Ihre Finanzen behalten und vieles mehr. Es hat eine große Speicherkapazität und arbeitet schnell. Andererseits ist Excel schwer zu reparieren. Unterschiedliche Excel-Versionen erschweren die Zusammenarbeit, und Sie können nicht auf die Tabellen zugreifen, wenn Sie nicht über einen eigenen Computer verfügen.

Google Sheets ist ein von Google entwickeltes Tabellenkalkulationsprogramm. Auf Google Sheets kann über das Internet, einen Computer oder ein Smartphone zugegriffen werden. Google Sheets ist recht einfach zu bedienen. Sie sind in erster Linie für die Zusammenarbeit gedacht. Es bietet jedoch nur begrenzte Anpassungsmöglichkeiten und Formeln.

Ähnlichkeiten

Google Sheets und Microsoft Excel sind die beliebtesten Tabellenkalkulationsprogramme auf dem Markt. Wenn es um Formeln und Berechnungen geht, sind sie fast identisch. Das bedeutet, dass viele ihrer Eigenschaften gleich sind.

Unterschiede

- Excel wurde als Paket mit MS Word in 91 Sprachen veröffentlicht, während Google Sheets als Paket mit G Suite in 89 Sprachen veröffentlicht wurde.
- Was die Leistung betrifft, so hat Google Sheets ein geringeres Datenvolumen als Excel.
- Was die Zusammenarbeit betrifft, so ist Google Sheets die empfohlene Anwendung.
- Google Sheets kann online und offline verwendet werden, während Excel nur offline verwendet werden kann.
- Excel unterstützt keine Gespräche, Google Sheets hingegen schon.
- Excel kostet 8,25 Dollar pro Nutzer pro Monat, aber Google Sheets ist für Einzelpersonen kostenlos und für 5 Dollar pro Nutzer pro Unternehmen.
- Excel nutzt One Drive als Cloud-Laufwerk, während Google Sheets Google Drive verwendet.

KAPITEL 1
GOOGLE-SHEETS-GRUNDLAGEN

WIE MAN EINE NEUE GOOGLE-SHEETS-TABELLE ERSTELLT

1. Wählen Sie Google Sheets aus der Dropdown-Option, während Sie auf Ihr Google Drive zugreifen. Oder gehen Sie zu Ihrem Chrome-Browser und suchen Sie https://www.google.com/sheets/about/. Klicken Sie auf dieser Seite auf "Zu Google Sheets", und Google Sheets wird geöffnet. Klicken Sie auf Leer.
2. Es öffnet sich ein neues Browserfenster mit dem Arbeitsblatt.
3. Um Ihr Arbeitsblatt zu benennen, gehen Sie zum oberen Rand der Seite und wählen Sie Unbenannte Tabelle. Geben Sie einen Namen für Ihr Arbeitsblatt ein und drücken Sie die Eingabetaste auf Ihrer Tastatur.

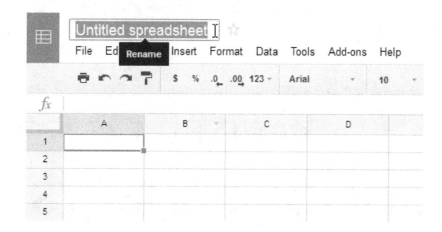

GRUNDLAGEN EINER ZELLE

Jede Kalkulationstabelle besteht aus Tausenden von Rechtecken, die als Zellen bezeichnet werden. Eine Zelle wird durch die Verbindung einer Zeile und einer Spalte gebildet. Die Spalten sind mit Buchstaben (A, B, C), die Zeilen mit Zahlen (1, 2, 3) beschriftet.

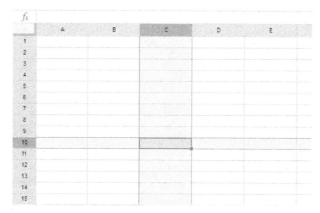

Jede Zelle erhält ihren Namen (oder ihre Zelladresse) auf der Grundlage ihrer Spalte und Zeile. Die in diesem Beispiel gewählte Zelle befindet sich in Spalte C und Zeile 10; die Zelladresse lautet daher C10. Wenn eine Zelle ausgewählt wird, werden die Spalten- und Zeilentitel dunkler.

Alle Daten, die Sie in eine Kalkulationstabelle eingeben, werden als Zelle gespeichert. Jede Zelle kann verschiedene Materialien enthalten, darunter Text, Formatierungen, Formeln und Funktionen.

- **Text:** Der Text in den Zellen kann Buchstaben, Zahlen und Datumsangaben enthalten.
- **Formatierungsattribute:** Formatierungsattribute ändern die Darstellung von Buchstaben, Zahlen und Datumsangaben in Zellen. Prozentsätze können z. B. als 0,15 oder 15 % angezeigt werden. Sie können sogar die Hintergrundfarbe einer Zelle ändern.
- **Formeln und Funktionen:** Formeln und Funktionen, die Zellwerte berechnen, können sich in Zellen befinden.

Zellen auswählen

Um den Inhalt einer Zelle einzugeben oder zu bearbeiten, müssen Sie zunächst die Zelle auswählen.

1. Klicken Sie auf eine Zelle, um sie auszuwählen.
2. Die ausgewählte Zelle wird mit einer blauen Farbe umrandet.

Zusätzlich können Sie die Pfeiltasten verwenden, um Zellen auszuwählen.

Wählen Sie einen Zellbereich

Möglicherweise möchten Sie einen größeren Satz von Zellen oder einen Zellbereich auswählen.

1. Klicken und ziehen Sie mit der Maus, um die Zellen zu markieren, die Sie auswählen möchten.
2. Um den entsprechenden Zellbereich auszuwählen, lassen Sie einfach die Maus los.

Zelleninhalt einfügen

1. Wählen Sie die gewünschte Zelle.
2. Geben Sie Text in die ausgewählte Zelle ein und drücken Sie die Eingabetaste. Der Inhalt wird sowohl in der Zelle als auch in der Formelleiste angezeigt. Sie können auch Daten in die Zellen der Formelleiste eingeben und diese ändern.

Zelleninhalt löschen

1. Markieren Sie die Zelle, die Sie löschen möchten.
2. Drücken Sie die Entf- oder Rücktaste auf Ihrer Tastatur. Der Inhalt der Zelle wird gelöscht.

Kopieren und Einfügen von Zellen

Es ist einfach, bereits in Ihre Tabelle eingegebene Inhalte zu kopieren und in andere Zellen einzufügen.

1. Wählen Sie die Zellen, die Sie kopieren möchten.
2. Drücken Sie Strg + c (Windows) oder Befehlstaste + c (Mac) auf Ihrer Tastatur, um die Zellen zu kopieren.
3. Wählen Sie die Zelle(n), in die Sie die Zellen einfügen möchten. Um die kopierten Zellen wird nun ein Rahmen gebildet.
4. Um die Zellen einzufügen, drücken Sie Strg + v (Windows) oder Befehlstaste + v (Mac) auf Ihrer Tastatur.

Ausschneiden und Einfügen von Zellen

Durch Ausschneiden und Einfügen wird der Inhalt von einer Zelle in die andere übertragen, im Gegensatz zum Kopieren und Einfügen, bei dem der Inhalt dupliziert wird.

1. Markieren Sie die Zellen, die Sie ausschneiden möchten.
2. Drücken Sie Befehlstaste + x (Mac) oder Strg + x (Windows) auf Ihrer Tastatur, um Zellen auszuschneiden. Der Zellinhalt bleibt an seinem ursprünglichen Platz, bis die Zellen eingefügt werden.
3. Wählen Sie die Zelle oder mehrere Zellen aus, in die Sie die Zellen einfügen möchten.
4. Drücken Sie Befehlstaste + v (Mac) oder Strg + v (Windows) auf Ihrer Tastatur, um die Zellen einzufügen.

Manchmal möchten Sie nur einen Teil der Informationen in einer Zelle kopieren und einfügen. In diesem Fall können Sie die Option "Inhalte einfügen" verwenden. Klicken Sie im Menü der Symbolleiste auf Bearbeiten, bewegen Sie den Mauszeiger über Inhalte einfügen und wählen Sie die gewünschte Option aus dem Dropdown-Menü.

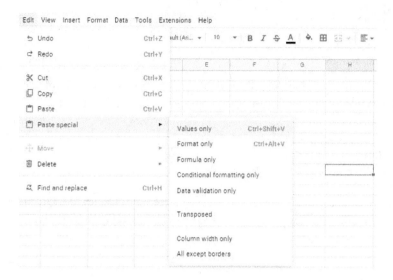

Zellen ziehen und ablegen

Sie können den Inhalt von Zellen durch Ziehen und Ablegen verschieben und nicht durch Ausschneiden und Kopieren.

1. Bewegen Sie die Maus über den äußeren Rand des blauen Feldes, nachdem Sie eine Zelle ausgewählt haben. Der Cursor wird zu einem Handsymbol.
2. Ziehen Sie die Zelle an die gewünschte Stelle.
3. Lassen Sie die Zelle fallen, indem Sie die Maus loslassen.

Verwenden Sie den Füllgriff

1. Wählen Sie die entsprechende Zelle aus. In der rechten unteren Ecke der Zelle erscheint ein kleines Quadrat, der sogenannte Füllgriff.
2. Klicken Sie mit der Maus auf den Füllgriff. Der Cursor wird durch ein schwarzes Kreuz ersetzt.
3. Ziehen Sie den Füllgriff über die Zellen, die Sie füllen möchten. Um die zu füllenden Zellen erscheint eine schwarze gepunktete Linie.

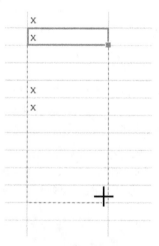

4. Lassen Sie die Maus los, um die ausgewählten Zellen zu füllen.

Eine Serie kann auch mit Hilfe des Füllgriffs fortgesetzt werden. Der Füllgriff sagt voraus, was als nächstes in der Reihe kommen soll, wenn der Inhalt einer Zeile oder Spalte einer sequentiellen Abfolge folgt, z. B. Ziffern (1, 2, 3) oder Tage (Montag, Dienstag, Mittwoch).

EINFÜGEN, LÖSCHEN UND VERSCHIEBEN VON ZEILEN UND SPALTEN

So fügen Sie Spalte und Zeile ein

1. Klicken Sie mit der rechten Maustaste auf eine Spaltenüberschrift. Es wird ein Dropdown-Menü angezeigt. Um eine Spalte hinzuzufügen, haben Sie zwei Möglichkeiten. Wählen Sie 1 Spalte links einfügen oder wählen Sie 1 Spalte rechts einfügen.

2. Die Kalkulationstabelle wird mit der neuen Spalte aktualisiert.

Um die Zeile einzufügen, führen Sie dieselben Schritte aus, aber anstatt mit der rechten Maustaste auf eine Spaltenüberschrift zu klicken, klicken Sie auf die Zeilenüberschrift.

Löschen einer Zeile oder Spalte

1. Wählen Sie die zu löschende Zeile
2. Wählen Sie Zeile löschen aus dem Dropdown-Menü, nachdem Sie mit der rechten Maustaste auf die Zeilenüberschrift geklickt haben.
3. Die Zeilen unter der entfernten Zeile rücken nach oben, um ihren Platz einzunehmen.

Es gibt einen Unterschied zwischen dem Entfernen einer Zeile oder Spalte und dem Löschen ihres Inhalts. Klicken Sie mit der rechten Maustaste auf eine Überschrift und wählen Sie "Zeile löschen" oder "Spalte löschen", um den Inhalt von Zeilen oder Spalten zu löschen, ohne die anderen zu verschieben.

Verschieben einer Zeile oder Spalte

1. Wählen Sie die gewünschte Spalte aus und fahren Sie mit der Maus über die Spaltenüberschrift. Der Mauszeiger wird zu einem Handsymbol.
2. Klicken Sie auf die Spalte und ziehen Sie sie an die gewünschte Position. Ein Umriss der Spalte wird angezeigt.
3. Lassen Sie die Maus los, wenn Sie mit der neuen Position zufrieden sind.

Zellen zusammenführen

1. Wählen Sie die Zellen aus.
2. Wählen Sie die Schaltfläche Zellen verbinden.
3. Die Zellen werden nun zu einer einzigen Zelle zusammengeführt.

Um die Zusammenführung einer Zelle aufzuheben, klicken Sie auf den Dropdown-Pfeil neben der Schaltfläche Zellen zusammenführen und wählen Sie dann im Dropdown-Menü die Option Verbindung aufheben.

Zeile oder Spalte einfrieren

1. Suchen Sie die Zeile oder Spalte, die Sie einfrieren möchten. Hinweis: Sie brauchen die Zeile oder Spalte, die Sie einfrieren möchten, nicht zu markieren.
2. Klicken Sie in der Symbolleiste auf Ansicht. Bewegen Sie den Mauszeiger über Fixieren und wählen Sie dann aus dem Dropdown-Menü die gewünschte Anzahl der einzufrierenden Zeilen oder Spalten aus.

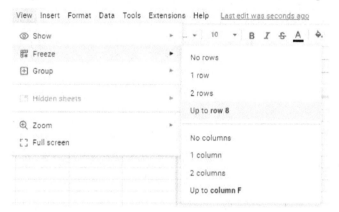

KAPITEL 2

ZELLEN FORMATIEREN

Die Standardformatierung wird auf jede Zelle in einem neuen Arbeitsblatt angewendet. Wenn Sie ein Arbeitsblatt erstellen, können Sie die Formatierung ändern, um Ihre Daten einfacher zu lesen und zu verstehen.

ÄNDERN DER SCHRIFTART UND -GRÖSSE

1. Wählen Sie die Zelle(n), die Sie ändern möchten.
2. Klicken Sie in der Symbolleiste auf die Schaltfläche Schriftgröße und wählen Sie dann die gewünschte Schriftgröße aus dem Dropdown-Menü aus.

3. Auf der linken Seite der Schaltfläche Schriftgröße sehen Sie die Schriftarten, wenn Sie die Schriftart ändern möchten. Wenn Sie darauf klicken, können Sie die gewünschte Schriftart auswählen.

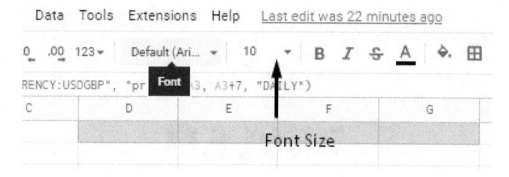

4. Die Schriftgröße und der Stil des Textes werden geändert.

ÄNDERN SIE DIE SCHRIFTFARBE

1. Wählen Sie die Zelle(n), die Sie ändern möchten.
2. Wählen Sie in der Symbolleiste die Schaltfläche Schriftfarbe.
3. Es wird eine Dropdown-Option mit verschiedenen Schriftfarben angezeigt.

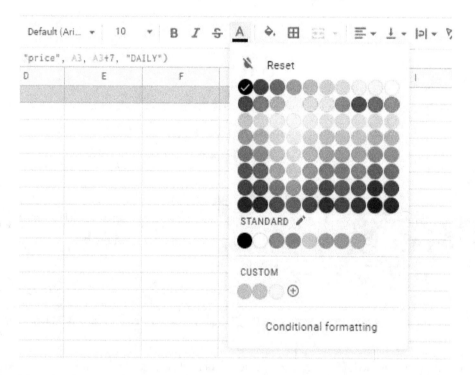

4. Wählen Sie die Farbe, die Sie verwenden möchten.

TEXT FETT MACHEN

1. Wählen Sie den Text, den Sie ändern möchten.
2. Klicken Sie auf die Schaltfläche Fett oder verwenden Sie Strg + b (Windows) bzw. Befehlstaste + b (Mac) auf Ihrer Tastatur, um den Text fett zu machen.

3. Der Text wird fett gedruckt.
4. Drücken Sie Befehlstaste + i (Mac) bzw. Strg + i (Windows) auf der Tastatur, um Kursivschrift hinzuzufügen. Um Unterstreichungen hinzuzufügen, verwenden Sie Befehlstaste + u (Mac) bzw. Strg + u (Windows).

TEXTAUSRICHTUNG

1. Wählen Sie den Text, den Sie ändern möchten.
2. Wählen Sie die entsprechende Ausrichtung aus dem Dropdown-Menü, nachdem Sie in der Symbolleiste auf die Schaltfläche Horizontal ausrichten geklickt haben.

3. So nehmen Sie die vertikale Ausrichtung vor. Klicken Sie in der Symbolleiste auf die Schaltfläche Vertikale Ausrichtung und wählen Sie dann die entsprechende Ausrichtung aus dem Dropdown-Menü.

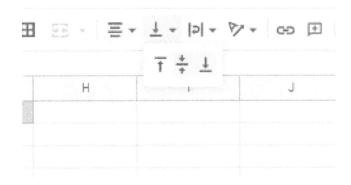

4. Der Text wird neu ausgerichtet.

HINTERGRUNDFARBE UND ZELLENUMRANDUNG

Zellumrandung hinzufügen:

1. Wählen Sie die Zelle(n), die Sie ändern möchten.
2. Klicken Sie auf die Schaltfläche Rahmenlinien und wählen Sie den gewünschten Rahmen aus dem Dropdown-Menü aus.

3. Die neuen Zellgrenzen werden sichtbar.

Ändern Sie die Füllfarbe:

Es ist einfach, die Füll- oder Hintergrundfarbe einer Zelle zu ändern.

1. Wählen Sie die Zelle(n), die Sie ändern möchten.
2. Suchen Sie in der Symbolleiste die Schaltfläche Füllfarbe und wählen Sie sie aus.
3. Wählen Sie eine Farbe aus dem Farbwähler.

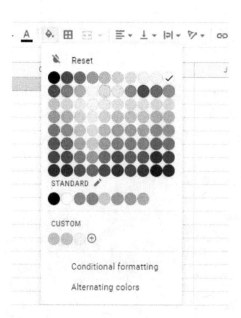

Die neue Füllfarbe wird angezeigt.

KAPITEL 3

FORMELN (VON GRUNDLEGEND BIS FORTGESCHRITTEN)

Wir können mathematische Berechnungen in Google Sheets durchführen, was einfach und schnell ist. Wir werden die folgende Tabelle als Beispiel für eine grundlegende Berechnung verwenden.

	A	B	C
2			
3	Carrot	$50	
4	Apple	$100	
5	Orange	$120	
6	Cucumber	$150	
7	Pineapple	$200	
8			

ADDITION

Einfache Addition mit der obigen Tabelle. Nehmen wir an, wir wollen die Preise von Karotte, Apfel, Orange, Gurke und Ananas addieren.

Wir beginnen einfach mit der Eingabe des Gleichheitszeichens (=) und geben die Exponentialwerte der Zelle ein (d. h. anstatt die Zahlen, z. B. 50 $ für Orange, einzugeben, geben wir den Exponentialwert der Zelle ein, der B3 ist). Wenn Sie in der Zelle exponentiell eingeben, wird jeder von ihnen in einer anderen Farbe hervorgehoben, wie unten gezeigt.

Daher ergibt sich =B3+B4+B5+B6+B7.

	A	B	C
1	Items	Amount	
2			
3	Carrot	$50	
4	Apple	$100	
5	Orange	$120	
5	Cucumber	$150	
7	Pineapple	$200	
8			
9	Addition	=B3+B4+B5+B6+B7	
0			
1			

Dann klicken Sie auf Ihre Eingabetaste, die Ihnen automatisch die Antwort gibt.

	A	B	C
2			
3	Carrot	$50	
4	Apple	$100	
5	Orange	$120	
6	Cucumber	$150	
7	Pineapple	$200	
8			
9	Addition	$620	
10			

SUBTRAKTION

Den Wert der Gurke vom Wert der Karotte subtrahieren. Geben Sie einfach =B6-B3 ein, wie in der Abbildung unten gezeigt.

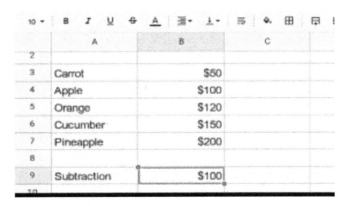

Klicken Sie dann auf die Eingabetaste

MULTIPLIKATION

Nehmen wir an, Sie wollen den Wert von Orange mit dem Wert von Ananas multiplizieren. Geben Sie einfach =B5*B7 wie unten gezeigt ein.

Drücken Sie dann die Eingabetaste.

	A	B	C
2			
3	Carrot	$50	
4	Apple	$100	
5	Orange	$120	
6	Cucumber	$150	
7	Pineapple	$200	
8			
9	Multiplication	24000	
10			
11			

DIVISION

Angenommen, Sie möchten den Wert einer Ananas durch den Wert einer Karotte teilen. Geben Sie einfach =B7/B2 wie unten gezeigt ein.

	A	B	C
1	Items	Amount	
2			
3	Carrot	$50	
4	Apple	$100	
5	Orange	$120	
6	Cucumber	$150	
7	Pineapple	$200	
8			
9	Division	=B7/B3	
10			
11			

Klicken Sie dann auf die Eingabetaste, um Ihr Ergebnis zu erhalten.

	A	B	C
2			
3	Carrot	$50	
4	Apple	$100	
5	Orange	$120	
6	Cucumber	$150	
7	Pineapple	$200	
8			
9	Division	4	
10			
11			

BERECHNEN VON DURCHSCHNITTSWERTEN

Es gibt verschiedene Möglichkeiten zur Berechnung von Durchschnittswerten. Wir werden uns den Mittelwert, den Median und den Modus (häufigster Wert) ansehen.

Mittelwert

Der Mittelwert ist die Gesamtzahl der Daten geteilt durch die Anzahl. Um den Mittelwert zu berechnen, der wirklich der Durchschnitt ist, summieren wir alle verschiedenen Werte (B3, B4, B5, B6 und B7) und teilen sie durch die Anzahl der Daten, die 5 beträgt. Eine einfache Möglichkeit, dies zu tun, bietet Google Sheets. Geben Sie einfach Folgendes ein: =Durchschnitt (B3:B7).

Anmerkung: Alle Werte von B3 bis B7.

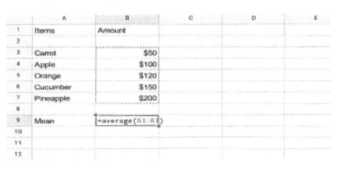

Klicken Sie dann auf die Eingabetaste.

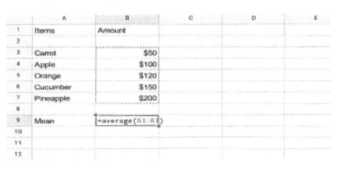

Für den Mittelwert geben Sie einfach =median ein, um den Mittelwert zu berechnen (B3:B7).

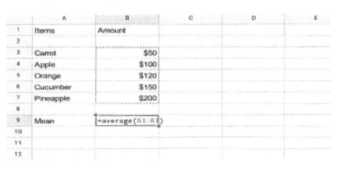

Klicken Sie dann auf die Eingabetaste.

	A	B	C	D
3	Carrot	$50		
4	Apple	$100		
5	Orange	$120		
6	Cucumber	$150		
7	Pineapple	$200		
8				
9	Mean	$124		
10				
11	Median	$120		
12				

Häufigster Wert (Modus)

Dies ist die Zahl, die am häufigsten vorkommt. Bei den Werten in der Tabelle kommt jede Zahl einmal vor. Daher gibt es keinen Modus. Wenn eine Zahl mehr als einmal vorkommt, liefert Google Sheets die Antwort. Im folgenden Beispiel müssen Sie nur =mode (B3:B7) eingeben und die Eingabetaste drücken, um Ihr Ergebnis zu erhalten.

	A	B	C	D	E
1	Items	Amount			
2					
3	Carrot	$50			
4	Apple	$100			
5	Orange	$120			
6	Cucumber	$150			
7	Pineapple	$200			
8					
9	Mean	$124			
10					
11	Media	$120			
12					
13	Mode	=mode(B3:B7)			
14					

Für komplexere Berechnungen verwenden wir das Beispiel in der folgenden Abbildung.

	A	B	C	D
1	Fruits Sold	Amount	Store	
2				
3	Carrot	$50	UK	
4	Apple	$100	UK	
5	Orange	$120	UK	
6	Cucumber	$150	UK	
7	Pineapple	$200	UK	
8	Banana	$50	NYC	
9	Grape	$100	NYC	
10	Carrot	$200	NYC	
11	Strawberry	$150	NYC	
12	Avocado	$70	LV	
13	Blueberries	$50	LV	
14	Lemon	$200	LV	
15	Guava	$250	LV	
16	Carrot	$200	LV	

Um dies in Google Sheets zu summieren, geben Sie einfach =summe (B3:B15) ein.

	A	B	C	D	E
1	Fruits Sold	Amount	Store		
2					
3	Carrot	$50	UK		
4	Apple	$100	UK		
5	Orange	$120	UK		
6	Cucumber	$150	UK		
7	Pineapple	$200	UK		
8	Banana	$50	NYC		
9	Grape	$100	NYC		
10	Carrot	$200	NYC		
11	Strawberry	$150	NYC		
12	Avocado	$70	LV		
13	Blueberries	$50	LV		
14	Lemon	$200	LV		
15	Guava	$250	LV		
16	Carrot	$200	LV		
17					
18	SUM	=sum(B3:B16)			
19					
20					
21					
22					

Drücken Sie dann die Eingabetaste, um Ihr Ergebnis einzugeben.

	A	B	C	D	E
1	Fruits Sold	Amount	Store		
2					
3	Carrot	$50	UK		
4	Apple	$100	UK		
5	Orange	$120	UK		
6	Cucumber	$150	UK		
7	Pineapple	$200	UK		
8	Banana	$50	NYC		
9	Grape	$100	NYC		
10	Carrot	$200	NYC		
11	Strawberry	$150	NYC		
12	Avocado	$70	LV		
13	Blueberries	$50	LV		
14	Lemon	$200	LV		
15	Guava	$250	LV		
16	Carrot	$200	LV		
17					
18	SUM	$1,890			
19					

Nehmen wir ein weiteres Beispiel anhand des unten stehenden Bildes: Angenommen, Sie wollen nur den Wert der in allen Geschäften verkauften Karotten summieren. Karotten kommen in A2, A10 und A16 vor. In diesem Fall verwenden wir das Summewenn-Szenario, und Sie geben einfach eine Anweisung ein, die Ihren Wünschen entspricht. In diesem Fall, wie unten gezeigt, geben Sie ein: =summewenn (A3:A16, "Karotte", B3:B16).

	A	B	C	D
1	Fruits Sold	Amount	Store	
2				
3	Carrot	$50	UK	
4	Apple	$100	UK	
5	Orange	$120	UK	
6	Cucumber	$150	UK	
7	Pineapple	$200	UK	
8	Banana	$50	NYC	
9	Grape	$100	NYC	
10	Carrot	$200	NYC	
11	Strawberry	$150	NYC	
12	Avocado	$70	LV	
13	Blueberries	$50	LV	
14	Lemon	$200	LV	
15	Guava	$250	LV	
16	Carrot	$200	LV	
17				
18	SUMIF	=sumif(A3:A16,"Carrot",B3:B16)		
19				

Drücken Sie dann die Eingabetaste, um Ihr Ergebnis zu erhalten.

Wenn Sie mit Tabellenkalkulationen vertraut sind und Google Sheets für komplexere Berechnungen nutzen möchten, können Sie die Funktionsliste von Google Sheets durchgehen. Sie ist eine nützliche Referenz für über 500 Finanz-, Statistik- und Datenanalyseoperationen.

RELATIVE UND ABSOLUTE BEZÜGE

Relative Bezüge

Alle Zellbezüge sind standardmäßig relative Bezüge. Sie schwanken je nach der relativen Position der Zeilen und Spalten, wenn sie über mehrere Zellen hinweg wiederholt werden. Wenn Sie die Formel =A1+B1 von Zeile 1 bis Zeile 2 wiederholen, wird die Formel zu =A2+B2. Wenn Sie dieselbe Berechnung über mehrere Zeilen oder Spalten wiederholen müssen, sind relative Bezüge sehr nützlich.

Formeln mit relativen Bezügen erstellen

Im folgenden Beispiel wollen wir eine Formel erstellen, die den Preis jedes Artikels mit dem Betrag multipliziert. Anstatt für jede Zeile eine neue Formel zu schreiben, können wir eine in Zelle G2 schreiben und sie in den anderen Zeilen duplizieren. Wir verwenden relative Verweise, um sicherzustellen, dass die Formel die Summe für jeden Artikel richtig berechnet.

1. Wählen Sie die Zelle, in die die Formel eingefügt werden soll. In diesem Beispiel wählen wir die Zelle G2.
2. Um den gewünschten Wert zu berechnen, geben Sie die Formel ein. In diesem Fall geben wir =E2*F2 ein.

	E	F	G
			$500 ✕
	$100	5	=F2*E2
	$10	4	
	$20	6	
	$15	74	
	$10	2	

3. Drücken Sie auf Ihrer Tastatur die Eingabetaste. Die Formel wird berechnet, und das Ergebnis wird in der Zelle angezeigt.

E	F	G	H	I
$100	5	$500		
$10	4	$40		
$20	6	$120		
$15	74	$1,110	AUTO FILL ⋮	
$10	2	$20	Suggested autofill	
			Ctrl+Enter to Autofill. Show formula	
			✓ ✕	

4. Wählen Sie die Zelle, die Sie kopieren möchten. In diesem Beispiel wählen wir die Zelle G2. Der Füllgriff wird in der unteren rechten Ecke der Zelle angezeigt.
5. Ziehen Sie den Füllgriff auf die Zellen, die Sie füllen möchten. In diesem Beispiel werden wir die Zellen G3-G6 verwenden.

	E	F	G
	$100	5	$500
	$10	4	
	$20	6	
	$15	74	
	$10	2	

6. Lassen Sie die Maus los. Die Formel wird mit relativen Bezügen zu den ausgewählten Zellen kopiert, wobei das Ergebnis in jeder Zelle angezeigt wird.

	E	F	G
	$100	5	$500
	$10	4	$40
	$20	6	$120
	$15	74	$1,110
	$10	2	$20

157

Sie können auf die ausgefüllten Zellen doppelklicken, um ihre Formeln zu überprüfen. Die relativen Zellbezüge für jede Zelle sollten auf der Grundlage ihrer Zeile variiert werden.

Absolute Bezüge

Beim Kopieren oder Füllen von Zellen sollten Sie es vermeiden, einen Zellbezug zu ändern. Um eine Zeile und/oder Spalte in der Berechnung konstant zu halten, verwenden Sie einen absoluten Bezug.

Das Einfügen eines Dollar-Symbols ($) in die Berechnung bedeutet eine absolute Referenz. Es kann vor dem Spalten- oder Zeilenbezug oder vor beiden stehen.

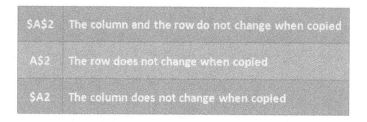

A2	The column and the row do not change when copied
A$2	The row does not change when copied
$A2	The column does not change when copied

Bei der Erstellung von Formeln mit absoluten Bezügen werden Sie fast immer das Format A2 verwenden. Die beiden anderen Formate werden weit weniger häufig verwendet.

Formeln mit absoluten Bezügen erstellen

Im nächsten Beispiel verwenden wir die Zelle H1 (die den Steuersatz von 7,5 % enthält), um die Umsatzsteuer für jeden Artikel in Spalte D zu berechnen. Wir müssen die Zelle H1 zu einem absoluten Verweis machen, um sicherzustellen, dass der Verweis auf den Steuersatz konstant bleibt, auch wenn die Formel dupliziert und in andere Zellen eingegeben wird.

1. Wählen Sie die Zelle, die die Formel enthalten soll. In diesem Beispiel wählen wir die Zelle G4.

E	F	G	H
		Tax Rate:	7.50%
Unit Price	Quantity	Sales Tax	Line Total
$85.00	5		$425.00
$10.00	4		$40.00
$20.00	6		$120.00
$15.00	20		$300.00
$10.00	2		$20.00

2. Um den gewünschten Wert zu berechnen, geben Sie die Formel ein. In unserem Beispiel geben wir =(E4*F4)*H1 ein und geben damit an, dass H1 eine absolute Referenz ist.

E	F	G	H
		Tax Rate:	7.50%
Unit Price	Quantity	Sales Tax	Line Total
$85.00	5	=(E4*F4)*H1	$425.00
$10.00	4		$40.00
$20.00	6		$120.00
$15.00	20		$300.00
$10.00	2		$20.00

3. Drücken Sie auf Ihrer Tastatur die Eingabetaste. Die Formel wird berechnet, und das Ergebnis wird in der Zelle angezeigt.

	E	F	G	H
			Tax Rate:	7.50%
	Unit Price	Quantity	Sales Tax	Line Total
	$85.00	5	$31.88	$425.00
	$10.00	4		$40.00
	$20.00	6		$120.00
	$15.00	20		$300.00
	$10.00	2		$20.00

4. Wählen Sie die Zelle, die Sie kopieren möchten. In diesem Beispiel wählen wir die Zelle G4. Der Füllgriff wird in der unteren rechten Ecke der Zelle angezeigt.

5. Ziehen Sie den Füllgriff über die Zellen, die Sie füllen möchten (in unserem Beispiel die Zellen G5-G8).

	E	F	G	H
			Tax Rate:	7.50%
	Unit Price	Quantity	Sales Tax	Line Total
	$85.00	5	$31.88	$425.00
	$10.00	4		$40.00
	$20.00	6		$120.00
	$15.00	20		$300.00
	$10.00	2		$20.00

6. Lassen Sie die Maus los. Die Formeln werden mit einem absoluten Bezug zu den angegebenen Zellen kopiert, und die Werte werden in jeder Zelle berechnet.

	E	F	G	H
			Tax Rate:	7.50%
	Unit Price	Quantity	Sales Tax	Line Total
	$85.00	5	$31.88	$425.00
	$10.00	4	$3.00	$40.00
	$20.00	6	$9.00	$120.00
	$15.00	20	$22.50	$300.00
	$10.00	2	$1.50	$20.00

Sie können auf die ausgefüllten Zellen doppelklicken, um ihre Formeln zu überprüfen. Die absoluten Bezüge für jede Zelle sollten dieselben sein, während die anderen Bezüge relativ zur Zeile der Zelle sein sollten.

Wenn Sie einen absoluten Bezug über mehrere Zellen erstellen, fügen Sie das Dollar-Zeichen ($) ein. Wenn das Dollar-Zeichen entfernt wird, interpretiert Google Sheets es als relativen Bezug, was beim Kopieren in andere Zellen zu einem ungenauen Ergebnis führt.

WÄHRUNGSUMRECHNUNG

Wie wir alle wissen, unterscheiden sich einige Formeln in Google Sheets von denen in Excel, z. B. die Berechnung der Währungsumrechnung. In diesem Abschnitt zeige ich Ihnen, wie Sie Formeln in Google Sheets verwenden können, um Währungsumrechnungen und Kurse zu bestimmen.

Hier finden Sie einige Formeln für verschiedene Situationen.

Berechnen der Währungsumrechnung

1. Wählen Sie die Zelle, in der das Ergebnis erscheinen soll.
2. Geben Sie die folgende Formel ein: =A2*GOOGLEFINANCE ("WÄHRUNG:USDGBP") (in der Formel ist A2 der umzurechnende Zellwert, USD die umzurechnende Währung und GBP die Währung, in die umgerechnet werden soll).
3. Das Ergebnis wird angezeigt, sobald Sie die Eingabetaste drücken.

B2	▼	fx	=A2*GOOGLEFINANCE ("CURRENCY:USDGBP")		
	A		B	C	D
1	USD		GDP		
2	100		82.984		
3					
4					

Berechnen des Wechselkurses zwischen zwei Währungen

1. Wählen Sie die Zelle, in der das Ergebnis erscheinen soll.
2. =GOOGLEFINANCE("WÄHRUNG:"&A1&B1) (das &A$1&B1 in der Formel bedeutet, dass der Kurs bei der Umrechnung von USD in EUR berechnet wird).
3. Das Ergebnis wird angezeigt, sobald Sie die Eingabetaste drücken.

C1	▼	fx	=GOOGLEFINANCE("CURRENCY:"&A1&B1)		
	A		B	C	D
1	USD		EUR	0.9417	
2					
3					
4					

Zwei Währungen eine Woche lang vergleichen

1. Wählen Sie Zelle A3, um das erste Datum der Woche einzugeben, das aufgelistet werden soll.
2. Geben Sie dann in eine leere Zelle, in der die Ergebnisse erscheinen sollen, die Formel =GOOGLEFINANCE("WÄHRUNG:USDGBP", "Preis", A3, A3+7, "TÄGLICH") ein. (In der Formel ist A6 der erste Tag der Woche, A3+7 bedeutet, dass die Währungskurse für die folgenden sieben Tage angegeben werden sollen, und USDGBP bedeutet, dass USD in GBP umgerechnet werden soll.)

3. Das Ergebnis wird angezeigt, sobald Sie die Eingabetaste drücken.

B3	▼	*fx*	=GOOGLEFINANCE("CURRENCY:USDGBP", "price", A3, A3+7, "DAILY")		
	A	B	C	D	E
1					
2					
3	12/15/2022	Date	Close		
4		12/15/2022 23:5	0.82045		
5		12/16/2022 23:5	0.8234519		
6		12/17/2022 23:5	0.8234519		
7		12/18/2022 23:5	0.82241		
8		12/19/2022 23:5	0.82287		
9		12/20/2022 23:5	0.82042		
10		12/21/2022 23:5	0.828105		
11					
12					

KAPITEL 4

SORTIEREN UND FILTERN VON DATEN

SORTIEREN

Wenn Sie Daten sortieren, müssen Sie zunächst festlegen, ob die Sortierung für ein ganzes Blatt oder für eine Untergruppe von Zellen gelten soll.

- **Blatt sortieren:** Damit werden die Daten Ihrer Kalkulationstabelle nach einer einzigen Spalte geordnet. Wenn die Sortierung verwendet wird, werden zusammengehörige Informationen in jeder Zeile gemeinsam gespeichert.
- **Bereich sortieren:** Die Daten werden in einem Bereich von Zellen sortiert, was bei einem Arbeitsblatt mit vielen Tabellen nützlich ist. Die Sortierung eines Bereichs wirkt sich nicht auf den übrigen Inhalt des Arbeitsblatts aus.

Sortieren eines Blattes

1. Bewegen Sie den Mauszeiger über Ansicht und klicken Sie dann auf Fixieren. Wählen Sie eine Zeile aus der angezeigten Auswahl.
2. Die Kopfzeile wird unbeweglich. Wählen Sie die zu sortierende Spalte und dann eine Zelle aus.
3. Wählen Sie im Menü Daten die Option Tabellenblatt nach Spalten sortieren, A-Z, oder Tabellenblatt nach Spalten sortieren, Z-A, aus.

4. Ihre Auswahl wird für die Sortierung des Blattes verwendet.

Sortieren eines Bereichs

1. Wählen Sie den Zellbereich, den Sie sortieren möchten.
2. Wählen Sie Bereich sortieren aus dem Dropdown-Menü, nachdem Sie auf Daten geklickt haben.
3. Das Dialogfeld Sortierung wird angezeigt. Klicken Sie auf die Spalte, nach der Sie sortieren möchten.

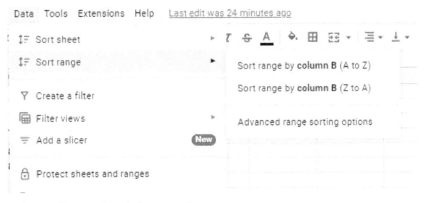

4. Wählen Sie zwischen aufsteigend und absteigend.
5. Das Sortiment wird auf der Grundlage Ihrer Auswahl geordnet.

FILTER ERSTELLEN

1. Bewegen Sie den Mauszeiger über Ansicht und wählen Sie Fixieren. Wählen Sie eine Zeile aus der angezeigten Auswahl.
2. Wählen Sie eine beliebige mit Daten gefüllte Zelle aus.
3. Wählen Sie die Option Filter erstellen.

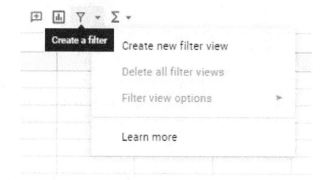

4. In jeder Spaltenüberschrift erscheint ein Dropdown-Pfeil.
5. Wählen Sie die zu filternde Spalte aus, indem Sie auf den Dropdown-Pfeil klicken.

6. Klicken Sie auf Löschen, um alle Prüfungen zu löschen.
7. Wählen Sie die zu filternden Daten aus und klicken Sie dann auf OK.
8. Die Daten werden gesichtet, und Material, das den Anforderungen nicht entspricht, wird vorübergehend ausgeblendet.

Wenn Sie auf die Schaltfläche Filter klicken, wird das Arbeitsblatt in seinen ursprünglichen Zustand zurückversetzt.

KAPITEL 5

GEMEINSAME NUTZUNG UND DRUCKEN

FREIGEBEN

Google Sheets ist so leistungsfähig, weil es so konzipiert ist, dass man es mit anderen teilen kann.

- Bevor Sie Ihr Blatt freigeben können, müssen Sie es zunächst erstellen.
- Klicken Sie dann auf die Schaltfläche "Freigeben" in der oberen rechten Ecke Ihres Bildschirms.

- Wenn Sie darauf klicken, öffnet sich ein Dialogfeld, das Ihnen zwei Hauptoptionen bietet. Sie können mit Personen oder Gruppen teilen oder mit einem Link arbeiten.

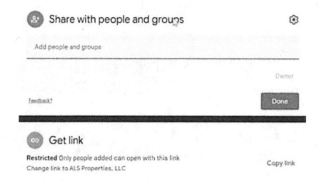

- Wenn Sie das Dokument für andere Personen oder Gruppen freigeben möchten, geben Sie die E-Mail der betreffenden Person ein.

DRUCKEN

Es gibt verschiedene Möglichkeiten, auf die Schaltfläche "Drucken" in Google Sheets zuzugreifen.

- Sie können zu Datei gehen, nach unten scrollen und auf Drucken klicken.
- Eine andere Methode ist das Klicken auf das Symbol Drucken

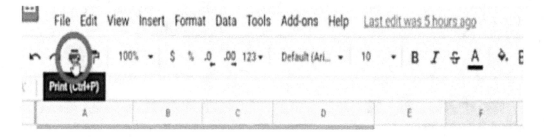

- Oder verwenden Sie die Tastenkombination Strg + p.

Wenn Sie auf Drucken klicken, öffnet sich ein Dialogfeld, in dem Sie die Druckoptionen bearbeiten können. Wählen Sie das Papierformat, die zu druckenden Seiten, das Format und den Maßstab.

KAPITEL 6
TASTATURKURZBEFEHLE

ZEILEN UND SPALTEN HINZUFÜGEN ODER ÄNDERN

- Gruppierte Zeilen oder Spalten aufheben: Alt + Umschalttaste + Pfeil nach oben
- Spalten löschen: Strg + Alt + - (bei markierten Spalten) oder Alt + e und dann e
- Zeilen löschen: Strg + Alt + - (bei markierten Zeilen) oder Alt + e und dann d
- Gruppierte Zeilen oder Spalten erweitern: Alt + Umschalttaste + Pfeil nach unten
- Zeilen oder Spalten gruppieren: Alt + Umschalttaste + Pfeil rechts
- Spalten ausblenden: Strg + Alt + 0
- Zeilen ausblenden: Strg + Alt + 9
- Spalten auf der linken Seite einfügen: Strg + Alt + = (bei markierten Spalten) oder Alt + i und dann c
- Spalten auf der rechten Seite einfügen: Alt + i und dann o

- Zeilen oben einfügen: Strg + Alt + = (bei markierten Zeilen) oder Alt + i und dann r
- Zeilen unten einfügen: Alt + i und dann w
- Gruppierung von Zeilen oder Spalten aufheben: Alt + Umschalttaste + Pfeil nach links
- Spalten einblenden: Strg + Umschalttaste + 0
- Zeilen einblenden: Strg + Umschalttaste + 9

FORMELN VERWENDEN

- Alle Formeln anzeigen: Strg + ~
- Absolute/relative Bezüge (bei der Eingabe einer Formel): Strg + 4
- Erweiterte Array-Formel komprimieren: Strg + e
- Vollständige/kompakte Formelhilfe (bei der Eingabe einer Formel): Strg + 1
- Array-Formel einfügen: Strg + Umschalttaste + Enter
- Ändern der Größe der Formelleiste (nach oben oder unten verschieben): Strg + Umschalttaste + Pfeil nach oben und Strg + Umschalttaste + Pfeil nach unten drücken
- Formelhilfe ein-/ausblenden (bei der Eingabe einer Formel): Umschalttaste + Strg + 1
- Vorschau der Formelergebnisse einblenden (bei der Eingabe einer Formel): Strg + 9

BUCH 8

—

GOOGLE SLIDES

EINFÜHRUNG

Google Slides ist eine Präsentationsanwendung, die 2006 in die kostenlose webbasierte Office-Suite von Google aufgenommen wurde. Seitdem unterstützt es die Nutzer bei der Erstellung, Formatierung und Zusammenarbeit bei vielen Präsentationen.

Um von der Google-Startseite aus auf Google Slides zuzugreifen, wählen Sie das Waffelmenü, auch bekannt als Raster oder Google-App, und scrollen Sie nach unten, bis Sie Google Slides finden. Klicken Sie dann auf Leer, um zur Google-Slides-Startseite zu gelangen. Eine andere Möglichkeit ist, zu drive.google.com zu navigieren.

Klicken Sie dann auf Neu und dann auf Google Slides. Es wird eine leere Präsentation gestartet oder Sie können eine Vorlage auswählen.

Eine andere einfache Methode ist der Besuch von slides.google.com. Hier finden Sie alle Ihre letzten Präsentationen und können von hier aus eine neue Präsentation öffnen.

ÜBERSICHT ÜBER DIE GOOGLE-SLIDES-BENUTZEROBERFLÄCHE

- A - **Umbenennen:** Sie können Ihre Präsentation mit diesem Tool nach Ihren Wünschen umbenennen.
- B - **Stern:** Wenn Sie auf eine beliebige Präsentation klicken und das Sternsymbol anwenden, erscheint diese Präsentation oder dieses Dokument automatisch in Ihrem Google Drive als erstes Dokument in Ihrer Liste.
- C - **Verschieben:** Hier können Sie Ihre Präsentation von einem bestimmten Ort oder Ordner in Ihrem Google Drive an einen anderen Ort verschieben.
- D - **Dokumentstatus:** Hier wird der Status Ihrer Präsentation angezeigt und ob sie offline bearbeitet werden können oder nicht.
- E - **Kommentarverlauf:** Hier finden Sie die Kommentarhistorie. Wenn Sie darauf klicken, können Sie Kommentare zu Ihrer Präsentation hinzufügen.

- F - **Teilnehmen oder Anruf tätigen:** Hier können Sie einem beliebigen Anruf von Google Meet beitreten oder einen Anruf tätigen und Ihre Präsentation mit anderen Teilnehmern teilen.
- G - **Diashow starten:** Sie können auf dieses Symbol klicken, um eine Präsentation zu starten, und die Folien werden auf einem Vollbildschirm angezeigt.
- H - **Freigeben:** Hier können Sie Ihre Präsentation mit anderen teilen.

Menüleisten

Die Menüleiste ist eine Liste von Optionen, die verschiedene Befehle enthält. Sie enthält das folgende Menü:

- **Menü Datei:** Alle Werkzeuge im Menü "Datei" sind in der folgenden Abbildung dargestellt. Diese Befehle erleichtern das Öffnen, Folien importieren, Kopie erstellen, In Papierkorb verschieben, Umbenennen, Löschen, Freigeben oder Veröffentlichen Ihrer Präsentation im Internet.

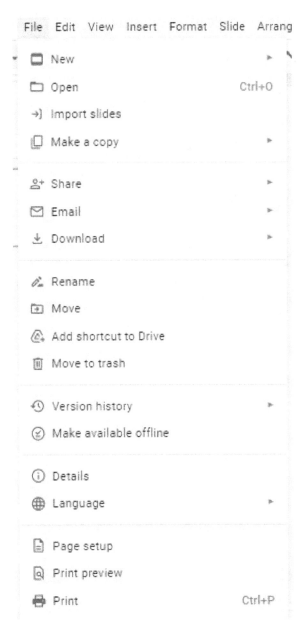

- **Menü Bearbeiten:** In diesem Menü können Sie die notwendigen Bearbeitungen vornehmen, wie z. B. Rückgängig machen, Wiederholen, Kopieren, Ausschneiden, Einfügen und Suchen und Ersetzen, um nur einige zu nennen.

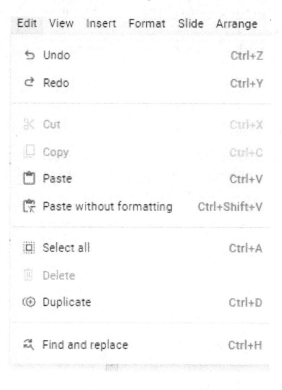

- **Menü Ansicht:** In diesem Menü wird angezeigt, wie Ihre Präsentation angezeigt werden kann. Es hat die folgenden Optionen (siehe unten):

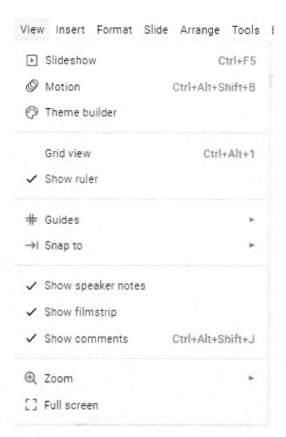

- **Menü Einfügen:** Sie können alles in Ihre Präsentation einfügen, z. B. Bilder, Diagramme, Text usw.

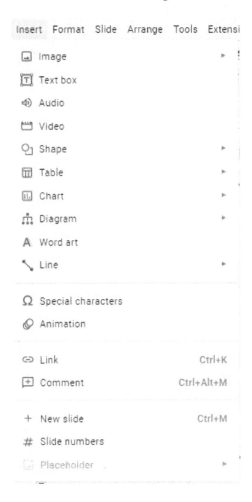

- **Menü Format:** Hier finden Sie einige einfache Formatierungswerkzeuge, um Ihre Präsentation vorzeigbar zu machen.

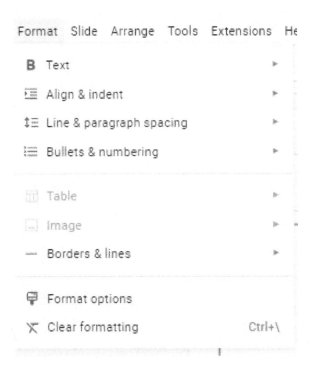

- **Menü Folie:** In diesem Menü können Sie eine neue Folie hinzufügen, duplizieren, löschen oder eine Folie überspringen. Das meiste, was die Folie betrifft, wird in diesem Menü eingestellt.

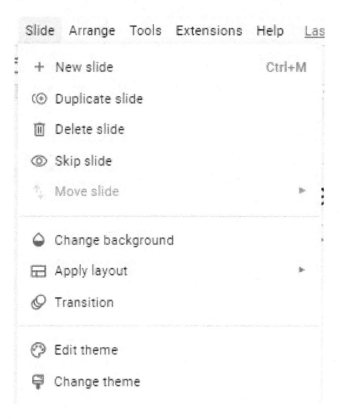

- **Menü Anordnen:** In diesem Menü können Sie den Text auf Ihrer Folie mit den folgenden Optionen beliebig anordnen.

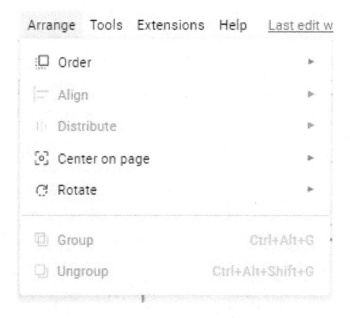

- **Menü Tools:** Die folgenden Optionen in der Abbildung unten zeigen die Befehle des Menü Tools. Sie können Ihre Rechtschreibung überprüfen, Wörter zu Ihrem Wörterbuch hinzufügen, Spracheingabe für Vortragsnotizen usw.

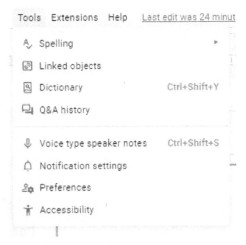

- **Menü Erweiterungen / Add-Ons:** Es hat die folgenden Optionen, wie unten gezeigt. Sie wurden von Drittentwicklern erstellt und erhöhen die Funktionalität.

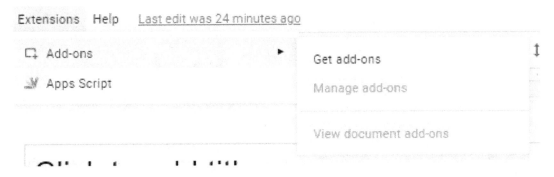

- **Menü Hilfe:** Das letzte Menü in der Menüleiste ist das Hilfe-Menü, in dem Sie Hilfe zu allen Fragen rund um Folien erhalten können.

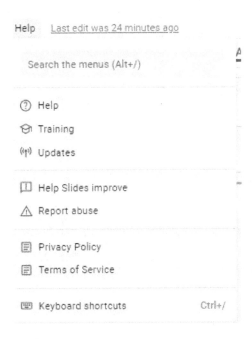

Symbolleiste für den Schnellzugriff

Dieses Menü enthält die Abkürzung zu verschiedenen Befehlen. Es enthält die folgenden Werkzeuge:

- Mit dem +-Zeichen können Sie eine neue Folie beginnen; der Pfeil daneben steht für eine neue Folie mit einem Layout.
- Daneben befinden sich die Menüs "Rückgängig machen", "Wiederholen", "Drucken", "Zoom", "Auswählen", "Textfeld", "Bild einfügen", "Auswählen", "Hintergrund", "Layout", "Thema" und "Übergang".

Hinweis: Mit dem Themenmenü können Sie verschiedene Designs auf Ihre Folie anwenden.

- **Filmstreifenansicht und Rasteransicht:** Hier können Sie eine Vorschau auf alle Ihre Folien und deren Aussehen sehen.

- **Spracheingabe:** Sie können auch eine Spracheingabe zu Ihrer Präsentation hinzufügen, indem Sie auf die Schaltfläche im Diagramm unten klicken.
- **Erkundungssymbol:** Damit können Sie Ihre Folie aufpeppen und ihr ein anderes Aussehen und Design verleihen. Es befindet sich in der unteren rechten Ecke Ihrer Folie.

Alternativ können Sie auch auf das Werkzeugmenü klicken, um die Option Erkunden aufzurufen.

Daraufhin wird das Erkundungsfenster angezeigt, in dem Sie Stile und Designs auswählen können, die zu Ihrer Folie hinzugefügt werden können.

KAPITEL 1

ERSTELLEN EINER NEUEN PRÄSENTATION

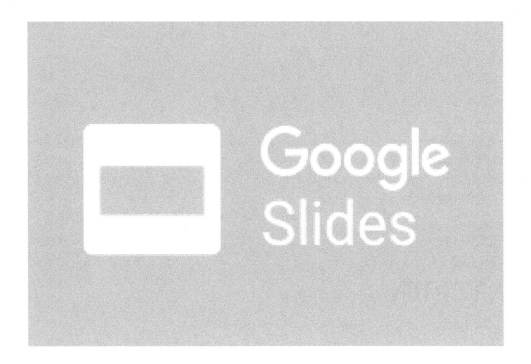

Wenn Sie auf das Waffelmenü klicken, erscheint die unten abgebildete Seite.

Sie können auf Leer oder auf eine Vorlagengalerie klicken, um eine neue Präsentation zu starten.

Hinweis: Wenn Sie Änderungen an Ihrer Präsentation vornehmen, werden diese automatisch in der Cloud gespeichert. Um Ihrer Präsentation einen Namen zu geben, klicken Sie oben links auf "Unbenannte Präsentation" und wählen Sie nun einen Namen für Ihre Präsentation.

FOLIE HINZUFÜGEN

1. Um eine neue Folie hinzuzufügen, klicken Sie auf das Pluszeichen + ganz links in der Symbolleiste; dadurch wird eine neue Folie erstellt.

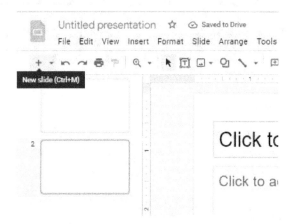

2. Um eine neue Folie mit einer anderen Vorlage hinzuzufügen, klicken Sie auf den Dropdown-Pfeil neben der Schaltfläche Hinzufügen, und wählen Sie die Vorlage aus.
3. Um die Folien in Ihrer Präsentation neu anzuordnen, klicken Sie einfach auf eine ausgewählte Folie und ziehen Sie sie an die gewünschte Stelle.
4. Um eine Folie zu löschen, markieren Sie die zu löschende Folie, klicken Sie mit der rechten Maustaste und wählen Sie dann Löschen.

FOLIE EINRICHTEN

Vielleicht möchten Sie Ihre Folie auf eine bestimmte Größe einstellen.

1. Klicken Sie dazu auf Datei und scrollen Sie nach unten zu Seiteneinrichtung.
2. In einem Dialogfeld werden verschiedene Größen angezeigt, aus denen Sie je nach Art der Präsentation wählen können. Z. B., ob es sich um eine Keynote-Präsentation handelt oder nur zum Drucken usw. Wählen Sie eine Größe, die am besten passt.

3. Klicken Sie dann auf Übernehmen.

HINZUFÜGEN WEITERER FOLIEN

- Sie können dies auf verschiedene Arten tun. Sie können zum Menü "Einfügen" gehen und auf "Neue Folie" klicken.
- Sie können das Menü Folie aufrufen und auf Neue Folie klicken.
- Sie können auf das +-Zeichen oben links auf dem Bildschirm klicken, um eine neue Folie hinzuzufügen.

  Hinweis: Die erste Folie ist immer die Titelfolie, aber andere Folien sind Titel- und Inhaltsfolien, wobei Sie einen Titel und einen Inhalt haben können.

- So sehen Sie die verschiedenen Layouts von Folien. Gehen Sie zur Schnellzugriffsleiste und klicken Sie auf Neue Folie mit Layout.

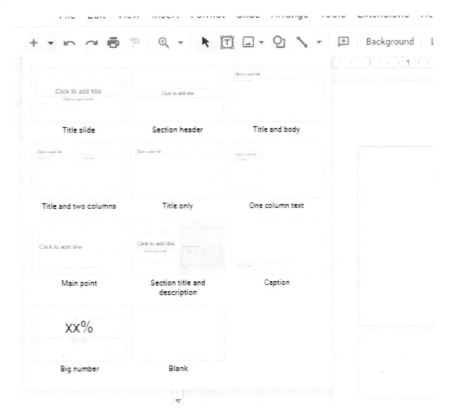

- Sie können die Titelfolie, die Abschnittsüberschrift, den Titel, den Hauptteil usw. sehen. Wählen Sie einfach eine Folie aus, je nachdem, was Sie tun möchten.

EINFÜGEN VON TEXT AUF IHRER FOLIE

- Sie können entweder auf die Registerkarte "Einfügen" klicken und das Textfeld auswählen.
- Alternativ können Sie auch auf das Textsymbol in der Schnellzugriffsleiste klicken.
- Es erscheint ein +-Zeichen, mit dem Sie das Textfeld auf die gewünschte Größe ziehen und dann loslassen. Auf dem Bildschirm wird das Symbol angezeigt, mit dem Sie die Eingabe beginnen können.

FOLIE FORMATIEREN

Nachdem Sie Ihren Text eingegeben haben, sind die Formatierungswerkzeuge aktiv, mit denen Sie Ihren Text bearbeiten und ansehnlich gestalten können.

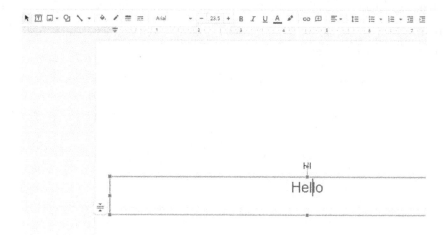

- Sie können auch auf das Formatierungsmenü klicken, woraufhin die Formatierungswerkzeuge erscheinen.
- Sie können Ihren Text einfärben, die Schriftgröße erhöhen, rechts, links oder zentriert ausrichten, die Schriftart ändern, Aufzählungslisten oder nummerierte Listen erstellen usw.

DATEIEN IN GOOGLE SLIDES IMPORTIEREN

Wenn Sie Folien importieren möchten, die Sie anderswo erstellt haben:

- Klicken Sie auf Datei und wählen Sie dann Folien importieren.
- Sie können entweder Folien aus einer früheren Präsentation importieren oder sie hochladen. So können Sie auch Folien aus anderen Programmen wie PowerPoint hochladen.

- Wenn Sie Ihre Präsentation herunterladen möchten, gehen Sie zum Dateidownload und wählen Sie dann das gewünschte Format aus.

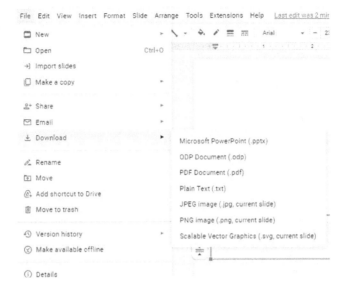

- Sie haben auch die Möglichkeit, Ihre Folien im Internet zu veröffentlichen. Dadurch wird eine webbasierte Version Ihrer Präsentation erstellt, die Sie für andere Personen freigeben können, damit diese Ihre Präsentation ansehen, aber nicht bearbeiten können.

ÜBERGÄNGE AUF GOOGLE SLIDES ANWENDEN

Sie können einen Übergang zwischen Ihren Folien einfügen und Objekte innerhalb Ihrer Folie animieren. Beginnen wir mit dem Hinzufügen eines Übergangs zwischen Folien.

- Zum Dia-Menü gehen.
- Klicken Sie auf Folienübergang.
- Wählen Sie die Art des Übergangs aus der Dropdown-Liste im sich öffnenden Fenster.

- Sie können die Dauer des Übergangs einstellen.
- Wählen Sie Auf alle Folien anwenden, wenn der Übergang auf alle Folien angewendet werden soll.
- Sie können sehen, auf welche Folien Übergänge angewendet wurden, indem Sie auf jeder Folie nach diesen drei Kreissymbolen suchen.

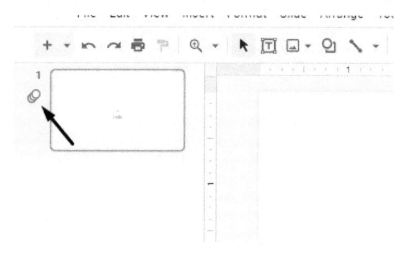

- Wenn Sie eine Vorschau Ihres Übergangs sehen möchten, klicken Sie auf "Abspielen", und Sie sehen eine Vorschau.

ANIMATIONEN AUF GOOGLE SLIDES ANWENDEN

- Um eine Animation anzuwenden, klicken Sie auf Einfügen und wählen dann Animation.
- Auf der linken Seite der Seite erscheint ein Dialogfeld.

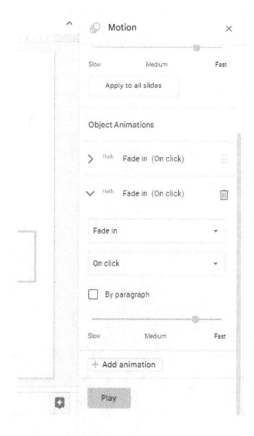

- Sie werden sehen, dass wir Objektanimationen haben. Sie können die Art der Animation aus dieser Dropdown-Liste auswählen.

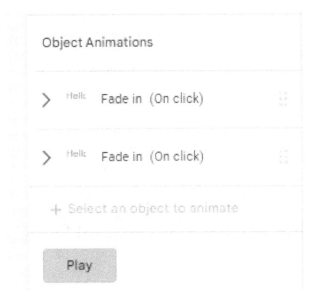

- Wählen Sie eine beliebige Auswahl aus. Sie können auch wählen, ob die Animation wort- oder absatzweise erfolgen soll. Sie können auch die Geschwindigkeit des Übergangs einstellen.
- Wenn Sie auf Abspielen klicken, sehen Sie eine Vorschau Ihrer Animation.

FREIGEBEN EINER PRÄSENTATION IN GOOGLE SLIDES

Nehmen wir an, Sie sind mit Ihrer Präsentation fertig und möchten sie freigeben.

- Gehen Sie einfach auf die Schaltfläche "Freigeben", die sich oben rechts befindet.
- Klicken Sie darauf, und es öffnet sich ein Fenster mit Optionen für Sie.

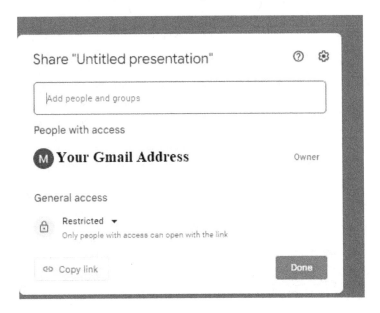

- Um Personen hinzuzufügen, geben Sie einfach deren E-Mail-Konten genau dort ein, wo es heißt: "Personen und Gruppen hinzufügen". Geben Sie sie ein, wenn Sie eine Gruppen-E-Mail haben, auf die mehrere Personen zugreifen können.

- Wenn Sie das Kästchen "Personen benachrichtigen" ankreuzen, bedeutet dies lediglich, dass die Personen, für die Sie Ihre Präsentation freigeben, eine E-Mail-Benachrichtigung erhalten, die sie darüber informiert, dass Sie eine Präsentation freigegeben haben. Sie können auch eine Nachricht hinzufügen, wenn Sie möchten.

  Hinweis: Sie können die Rechte, die diese Person für diese Präsentation hat, ändern, z. B. wenn Sie diese Präsentation freigeben und dieser Person nur das Recht zum Kommentieren geben möchten, wählen Sie dann Kommentator.

- Sie können die Präsentation auch nur mit Ansichtsrechten freigeben, sodass andere Personen die Präsentation sehen können, aber keine Kommentare abgeben oder Bearbeitungsrechte haben, und dann Betrachter auswählen.

- Wenn Sie möchten, dass andere Personen Ihre Präsentation bearbeiten oder Änderungen daran vornehmen, klicken Sie auf das Symbol Editor. Sie können eine der drei Optionen wählen, die Sie dort auswählen möchten, Ihre Wahl treffen und dann als Letztes einfach auf Senden klicken.

VERÖFFENTLICHEN EINER PRÄSENTATION AUF GOOGLE SLIDE

Um Ihre Präsentation zu veröffentlichen:

- Klicken Sie auf Datei und dann auf Freigeben, wählen Sie Im Web veröffentlichen.

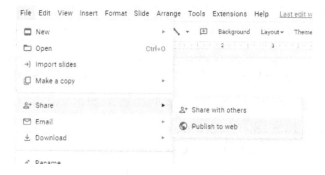

- Es öffnet sich ein Dialogfeld, in dem Sie einstellen können, wie oft die Folien abgespielt werden sollen.

- Sie können verschiedene Optionen aus der Dropdown-Liste auswählen, etwa alle 30 Sekunden oder jede Minute. Mit den Pfeiltasten können Sie bei der Anzeige vor- und zurückblättern.
- Eine weitere Möglichkeit ist, die Diashow zu starten, sobald der Player geladen ist, oder die letzte Show nach dem letzten Dia neu zu starten.
- Wählen Sie eine aus und klicken Sie auf Veröffentlichen.
- Es wird ein Feld angezeigt, in dem Sie bestätigen müssen, ob Sie veröffentlichen möchten. Klicken Sie auf OK.

Hinweis: Es besteht die Möglichkeit, den Link per E-Mail und über soziale Medien weiterzugeben.

KAPITEL 2
TASTATURKURZBEFEHLE

GEMEINSAME AKTIONEN

- Neue Folie: Strg + m
- Folie duplizieren: Strg + d
- Rückgängig machen: Strg + z
- Wiederholen: Strg + y oder Strg + Umschalttaste + z
- Kopieren: Strg + c
- Ausschneiden: Strg + x
- Einfügen: Strg + v
- Format des ausgewählten Textes oder der Form kopieren: Strg + Alt + c
- Format des ausgewählten Textes oder der Form einfügen: Strg + Alt + v

- Link einfügen oder bearbeiten: Strg + k
- Link öffnen: Alt + Enter
- Löschen: Rücktaste
- Alles auswählen: Strg + a
- Suchen: Strg + f
- Suchen und ersetzen: Strg + h
- Erneut suchen: Strg + g
- Vorherige Suche: Strg + Umschalttaste + g
- Drucken: Strg + p
- Speichern (jede Änderung wird automatisch in Drive gespeichert): Strg + s
- Keine auswählen: Strg + Alt gedrückt halten, dann u und dann a
- Gemeinsame Tastenkombinationen anzeigen: Strg + /
- Durchsuchen der Menüs: Alt + / oder Alt + z
- Menüs ein- oder ausblenden: Strg + Umschalttaste + f
- Untertitel während der Präsentation einschalten: Strg + Umschalttaste + c
- Alt-Text: Strg + Alt + y

NAVIGATION

- Vergrößern: Strg + Alt und +
- Verkleinern: Strg + Alt und -
- Zum Filmstreifen: Strg + Alt + Umschalttaste + f
- Zur Leinwand: Strg + Alt + Umschalttaste + c
- Öffnen der Spracheingabe: Strg + Alt + Umschalttaste + s
- Wechseln zur HTML-Ansicht der Präsentation: Strg + Alt + Umschalttaste + p
- Öffnen Animationsbedienfeld: Strg + Alt + Umschalttaste + b
- Weiter in der Animationsvorschau: Enter
- Zellrandauswahl öffnen: Strg + Alt gedrückt halten, dann e drücken und dann p
- Ausgewählte Wort im Erkundungswerkzeug definieren: Strg + Umschalttaste + y
- Zur Seitenleiste gehen: Alt + Umschalttaste + .
- Folien präsentieren: Strg + Umschalttaste + 5
- Beenden aktueller Modus: Esc

KOMMENTARE

- Kommentar einfügen: Strg + Alt + m
- Aktuellen Kommentar eingeben: Strg + Enter
- Kommentar-Diskussionsfaden öffnen: Strg + Alt + Umschalttaste + a

TEXT

- Fett: Strg + b
- Kursiv: Strg + i
- Unterstreichen: Strg + u
- Tiefgestellt: Strg + ,
- Hochgestellt: Strg + .
- Durchgestrichen: Alt + Umschalttaste + 5
- Formatierung löschen: Strg + Leertaste oder Strg + \
- Schriftgröße vergrößern: Strg + Umschalttaste + >
- Schriftgröße verringern: Strg + Umschalttaste + <
- Rechtbündig: Strg + Umschalttaste + r
- Zentriert ausrichten: Strg + Umschalttaste + e
- Linksbündig: Strg + Umschalttaste + j
- Einzug vergrößern: Strg +]
- Einzug verringern: Strg + [
- Aufzählungsliste: Strg + Umschalttaste + 8
- Nummerierte Liste: Strg + Umschalttaste + 7
- Zum nächsten Rechtschreibfehler gehen: Strg + '
- Zum vorherigen Rechtschreibfehler gehen: Strg + ;

PRÄSENTIEREN

- Präsentation beenden: Esc
- Weiter: Pfeil nach rechts
- Zurück: Pfeil nach links
- Zu einer bestimmten Folie gehen: Nummer, gefolgt von der Eingabetaste
- Erste Folie: Pos1
- Letzte Folie: Ende
- Öffnen Sprachnotizen: s
- Öffnen Publikumswerkzeuge: a
- Laserzeiger umschalten: l
- Drucken: Strg + p
- Umschalten der Untertitel (nur Englisch): Strg + Umschalttaste + c
- Vollbildmodus umschalten: F11
- Leeres weißes Dia anzeigen: w
- Leeres schwarzes Dia anzeigen: b
- Von einer leeren Folie zur Präsentation zurückkehren: beliebige Taste

VIDEOPLAYER

- Umschalten zwischen Wiedergabe/Pause: k
- 10 Sekunden zurückspulen: u
- 10 Sekunden vorspulen: o

- Vorherige Bild (im angehaltenen Zustand): Umschalttaste + .
- Nächstes Bild (im angehaltenen Zustand): Umschalttaste + .
- Wiedergaberate verringern: Strg + Umschalttaste + .
- Wiedergaberate erhöhen: Strg + Umschalttaste + .
- Bestimmten Punkt im Video suchen: Umschalttaste + 0..9 (Umschalttaste + 7 geht zu 70 % der Gesamtdauer)
- Untertitel ein-/ausschalten: c
- Vollbildmodus umschalten: f
- Stummschaltung umschalten: m

UNTERSTÜTZUNG FÜR BILDSCHIRMLESER

- Auswahl verbalisieren: Strg + Alt + x
- Braille-Unterstützung aktiveren: Strg + Alt + h
- Verbalisieren ab Cursorposition: Strg + Alt + r

BUCH 9

—

GOOGLE FORMS

EINFÜHRUNG

In diesem Kapitel erfahren Sie alles über Google Forms und wie Sie Google Forms verwenden können. Google Forms kann zum Erstellen von Tests und Umfragen verwendet werden. Der Zugang und die Verwendung von Google Forms ist völlig kostenlos. Sie benötigen ein Google-Konto und schon können Sie Ihre Formulare erstellen.

Es ist eines der in Google Drive enthaltenen Tools zur einfachen Erstellung von Umfragen, Tests, Quiz usw. Damit kann jeder ein benutzerfreundliches Formular erstellen, die Ergebnisse in einer Tabelle analysieren und sie mit anderen teilen.

VORTEIL DER VERWENDUNG VON GOOGLE FORM

- Es gibt verschiedene Vorlagen, die Sie bearbeiten können, um Ihr Formular zu erstellen.
- Sie können mit anderen zusammenarbeiten, um an demselben Formular zu arbeiten, und es lässt sich leicht weitergeben.
- Sie können Ihre Umfrage in jedem gewünschten Design gestalten.
- Sie können sich per E-Mail benachrichtigen lassen, wenn jemand seine Antwort einreicht.

WIE MAN ANFÄNGT

Um auf Google Forms zuzugreifen, geben Sie forms.google.com ein und klicken Sie auf Enter. So gelangen Sie auf die Startseite von Google Forms.

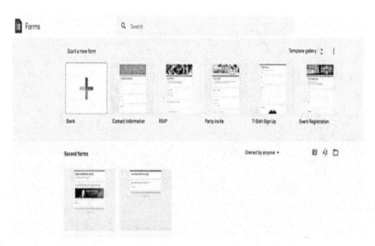

Beachten Sie, dass Google für alle verschiedenen Layouts dasselbe Layout in der oberen linken Ecke verwendet. Sie können mit einem leeren neuen Formular beginnen, das heißt, Sie müssen es von Grund auf neu entwerfen oder mehrere Vorlagen verwenden.

Denken Sie auch daran, dass es ratsam ist, zu prüfen, ob eine Vorlage dem entspricht, was Sie erreichen wollen, um Zeit zu sparen. Es ist daher empfehlenswert, alle Vorlagengalerien durchzugehen.

Sie können auch alle Ihre letzten Formulare sehen, und Sie können verschiedene Filter und Auswahlmöglichkeiten verwenden, um die Anzeige dieser Formulare anzupassen. Angenommen, Sie haben eine große Anzahl von Formularen; Sie können auch die Suche verwenden, um genau das Formular zu finden, das Sie suchen.

KAPITEL 1
ÜBERBLICK ÜBER DIE GOOGLE-FORMS-BENUTZEROBERFLÄCHE

Google Forms bietet eine recht einfache und leicht zu bedienende Schnittstelle mit leichtem Verständnis. Lassen Sie uns die verschiedenen Tools und Funktionen von Google Forms besprechen:

- **Hauptseite:** Sie besteht aus zwei Bereichen - der leeren Seite auf der rechten Seite und dem Bereich Vorlagen auf der linken Seite. Außerdem gibt es den Abschnitt "Neueste Formulare", der nach Eigentümer, bereits geöffneten Formularen, Titel usw. sortiert werden kann. Über die Schaltfläche "Suchen" können Sie schnell nach einem Formular suchen, indem Sie den Namen des Formulars eingeben. Wenn Sie auf ein leeres Formular klicken, können Sie verschiedene Werkzeuge und Navigationsoptionen verwenden.

- **Titelseite und Formularbeschreibung**: Hier können Sie Ihrem Formular einen Titel geben. Geben Sie Ihren Titel in das Feld Titel ein. Sie können auch eine Beschreibung des Formulars eingeben, die mehr über den Inhalt der Umfrage aussagt. Sie bietet einen Rahmen für den Inhalt der Umfrage.

  Wenn Sie auf Ihr Formular klicken, um mit der Arbeit zu beginnen, öffnet sich eine Seite, auf der Sie Ihre Arbeit speichern können, und ein Ordnersymbol erscheint. Sie können Ihr Formular in einem beliebigen Ordner speichern, wenn Sie darauf klicken.

  Als nächstes wird ein Stern angezeigt. Sie können das Formular auch mit einem Stern versehen. Auf diese Weise ist es einfacher, innerhalb von Google Drive darauf zurückzugreifen.

In der oberen rechten Ecke:

- **Designsymbol**: Hier können Sie Ihr Formular individuell gestalten. Sie können ein Bild als Kopfzeile einfügen, wenn Sie auf das Symbol klicken. Wählen Sie ein Bild von Ihrem Laptop oder ein Standard-Google-Bild und klicken Sie auf Einfügen. Sie können ein Thema und eine Hintergrundfarbe wählen und den Schriftstil ändern.

- **Vorschausymbol (Auge)**: Hier können Sie eine Vorschau Ihres Formulars anzeigen und sehen, wie Ihr Formular außerhalb des Bearbeitungsmodus aussieht, nachdem Sie alle Fragen, Designs usw. eingegeben haben.

- **Einstellungssymbol**: Hier nehmen Sie die Grundeinstellungen für Ihr Formular vor. Wenn Sie darauf klicken, erhalten Sie etwas mehr Details mit drei Abschnitten.

  o **Allgemein**: In diesem Abschnitt können Sie E-Mail-Adressen erfassen, Ihre Beantwortungen einschränken und den Befragten erlauben, diese nach dem Absenden zu bearbeiten oder Zusammenfassungsdiagramme und Textbeantwortungen anzuzeigen. Es gibt verschiedene Optionen, wie in der Abbildung unten gezeigt:

o **Präsentation:** Wir haben auch einige verschiedene Präsentationseinstellungen, die Sie konfigurieren können. Eine der interessantesten ist, dass Sie die Reihenfolge der Fragen mischen können, sodass die erste Frage nicht immer die erste ist, was dazu beiträgt, eine gewisse Verzerrung zu vermeiden.

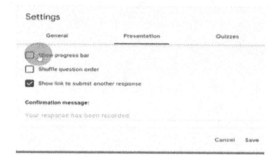

o **Quizze:** Wenn Sie das Quiz-Symbol aktivieren, haben Sie die folgenden Optionen. Sie können Ihr Google Forms in ein Quiz verwandeln und auf das Symbol klicken, um es in ein Quiz zu verwandeln. Es gibt verschiedene Einstellungen für Quiz, die Sie sich ansehen können, um herauszufinden, welche davon für Sie sinnvoll sind. Sobald Sie fertig sind, klicken Sie auf Speichern.

- **Sende-Symbol:** Als nächstes folgt das Sende-Symbol, mit dem Sie Ihre Arbeit mit anderen teilen können. Mit diesem Symbol können Sie Ihr ausgefülltes Formular weitergeben. Sie können es per E-Mail, Link, eingebettetem Code oder über soziale Medien (Facebook oder Twitter) versenden.
- **Mehr-Symbol (Drei-Punkte-Symbol):** Es enthält die folgenden Optionen, mit denen Sie Ihre Präferenzen anpassen können.
    o **Rückgängig:** Damit können Sie zu Ihrer letzten Änderung in Ihrem Formular zurückkehren.
    o **Kopie erstellen:** Klicken Sie auf dieses Symbol, um eine Kopie zu erstellen.
    o **In Papierkorb verschieben:** Zum Entfernen des aktuellen Formulars.
    o **Link für vorausgefülltes Formular abrufen:** Öffnen Sie eine neue Registerkarte und füllen Sie die Formularfragen mit Musterantworten aus, bevor Sie sie abschicken.
    o **Drucken:** Mit diesem Symbol können Sie Ihr Formular ausdrucken.
    o **Mitbearbeiter hinzufügen:** Hier können Sie einen Link für andere freigeben, die mit Ihnen an demselben Formular arbeiten.
    o **Skripteditor:** Dieser Editor ist hauptsächlich für Entwickler gedacht und wird in einem separaten Fenster geöffnet.
    o **Add-ons aufrufen:** Dies sind Tools, mit denen Sie Ihre Google-Forms-Formulare verbessern können.
    o **Voreinstellungen:** Mit dieser Option können Sie die Standardeinstellungen für die E-Mail-Adresse und die Quizfragen anpassen.

Unten auf der Seite:

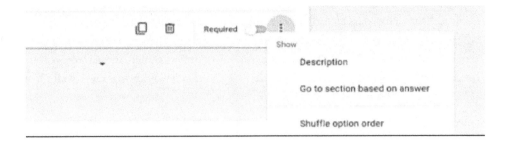

- **Duplizieren-Symbol:** Zum Erstellen einer weiteren Kopie einer Frage oder eines Abschnitts.
- **Löschen-Symbol:** Hier können Sie jede Frage löschen.
- **Pflichtfrage-Symbol:** Wenn dieses Symbol aktiviert ist, zeigt es an, dass die Fragen beantwortet werden müssen, bevor Sie zu einem anderen Abschnitt wechseln können.
- **3-Punkte-Symbol:** Hier finden Sie weitere Optionen zum Hinzufügen von Beschreibungen oder zur Validierung von Antworten. Hier schalten wir den auf Antworten basierenden Abschnitt ein, Sie können Ihrem Formular eine Beschreibung hinzufügen, und mit der Option Reihenfolge der Optionen ändern wird die Anordnung Ihrer Optionen gemischt.

Am Rand der Seite:

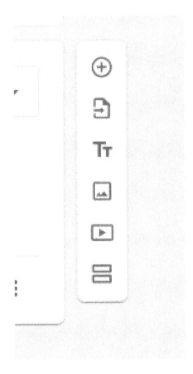

- Mit dem ersten Symbol (+) können Sie eine weitere Frage hinzufügen.
- Mit dem zweiten Symbol können Sie eine Frage aus einem anderen Formular importieren.
- Mit dem dritten Symbol können Sie einen Titel und eine Beschreibung hinzufügen.
- Mit dem vierten Symbol können Sie ein Bild hinzufügen.
- Mit dem fünften Symbol können Sie ein Video hinzufügen.
- Das letzte Symbol dient zum Hinzufügen eines Abschnitts.

WIE MAN EIN GOOGLE-FORMS-FORMULAR ERSTELLT

- Vergewissern Sie sich zunächst, dass Sie bei Google mit Ihrem Konto angemeldet sind.
- Klicken Sie dann auf ein leeres Formular, das Sie zu einem leeren neuen Google-Forms-Formular führt, und wir können mit der Erstellung unserer Umfrage, unseres Quiz oder was auch immer Sie veröffentlichen möchten, beginnen. Standardmäßig befindet es sich auf der Registerkarte "Fragen"; eine weitere Registerkarte heißt "Antworten".

Es erscheint ein Feld wie unten abgebildet:

- Geben Sie Ihrem Formular einen Titel. Geben Sie Ihren Titel in das Feld Titel ein. Sie können auch eine Formularbeschreibung eingeben, die etwas mehr Kontext zur Umfrage liefert. Sie bietet einen Rahmen für die Umfrage.
- Jetzt können Sie mit dem Hinzufügen einiger Fragen beginnen. Sie haben ein Textfeld im Dialogfeld, in das Sie Ihre erste Frage eingeben können.
- In der folgenden Abbildung können Sie entscheiden, ob Sie eine Kurzantwort, eine Multiple-Choice-Frage, Kästchen oder eine Drop-down-Option wünschen.

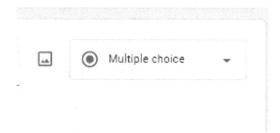

- Wählen Sie eine Option aus der angezeigten Liste.

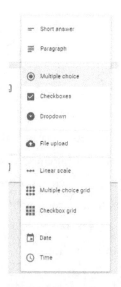

Multiple-Choice-Frage

1. Klicken Sie in der Seitenleiste auf das Symbol Frage hinzufügen.
2. Wählen Sie den gewünschten Fragentyp aus dem Dropdown-Menü aus.
3. Füllen Sie das Frageformular mit Ihrer Frage aus.
4. Klicken Sie auf Option 1 und geben Sie eine Antwort ein, um sie zugänglich zu machen, und drücken Sie dann die Eingabetaste, um eine weitere hinzuzufügen. Wiederholen Sie diesen Vorgang, bis Sie die gewünschte Anzahl von Antworten erhalten haben.
5. Klicken Sie auf das Symbol Vorschau im oberen rechten Bereich, um eine Vorschau Ihres Formulars und der darin enthaltenen Fragen anzuzeigen. Auf diese Weise können Sie sich ansehen, wie das Formular bei Ihren Empfängern aussehen wird.

ANPASSEN IHRER EINSTELLUNGEN

Nachdem Sie Ihr Formular erstellt haben, sollten Sie es anpassen. Google Forms bietet eine Reihe von Optionen, mit denen Sie die Verwendung Ihrer Formulare und die Interaktion mit den Empfängern anpassen können. In dieser Sitzung werden wir uns die verschiedenen verfügbaren Einstellungen ansehen.

Um auf die Optionen Ihres Formulars zuzugreifen, klicken Sie auf das Symbol Einstellungen in der oberen rechten Ecke.

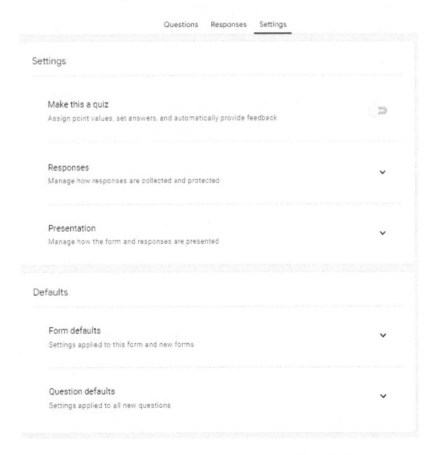

Daraufhin wird das Menü Einstellungen geöffnet, das eine Reihe von Auswahlmöglichkeiten bietet. Sie können diese je nach Ihren Vorlieben ein- und ausschalten.

Unter Präsentation

Mit der Option Präsentation können Sie die Reihenfolge der Fragen ändern, eine Fortschrittsanzeige zu Ihrem Formular hinzufügen und vieles mehr.

- **Präsentation:**
  - Den Fortschrittsanzeige anzeigen; Sie können ihn ein- oder ausschalten, indem Sie auf die Schaltfläche vor ihm klicken.
  - Zufällige Reihenfolge der Fragen; Sie können diese Funktion ein- oder ausschalten, indem Sie auf die Schaltfläche vor der Frage klicken.
- **Nach Absenden der Antwort:**
  - Bestätigungsnachricht (Ihre Antwort wurde aufgezeichnet; Sie können Ihre Bestätigungsmeldung hier ändern).
  - Link zum Einsenden einer weiteren Antwort anzeigen; Sie können ihn aus- oder einschalten.
  - Ergebnisübersicht anzeigen; Sie können wählen, ob Sie die Zusammenfassung der Ergebnisse mit den Befragten teilen möchten.
- **Einschränkungen:**
  - Automatisches Speichern für alle Teilnehmer deaktivieren; diese Einstellung kann aus- oder eingeschaltet werden.

Unter Antworten

Sie werden die folgenden Einstellungen sehen, wie in der Abbildung gezeigt.

Unter Standardwerte

Darunter finden Sie zwei Einstellungen.

- **Standardeinstellungen für Formulare:** Wenn Sie diese Einstellung aktivieren, können Sie E-Mail-Adressen von Befragten standardmäßig erfassen.

- **Standardeinstellungen für Fragen:** Wenn Sie diese Einstellung aktivieren, können Sie die Fragen standardmäßig als erforderlich festlegen.

FRAGEN ZUM IMPORT

- Um eine Frage zu importieren, klicken Sie auf die Option "Fragen importieren" auf diesem Bildschirm.

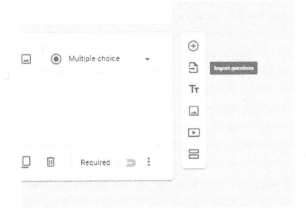

- Sie können alle anderen Formulare sehen, wenn Sie sie anklicken. Wählen Sie das Formular, das Sie importieren möchten.
- Wenn Sie das Formular auswählen, erscheint ein Feld, in dem Sie entweder alles auswählen oder weitere Rückmeldungen hinzufügen können, die Sie mitteilen möchten.
- Klicken Sie dann auf Fragen importieren.

ANTWORTEN ÜBERPRÜFEN

Google Forms ist in zwei Bereiche unterteilt: Fragen und Antworten. Im Bereich "Fragen" können Sie Ihr Formular aufbauen und erstellen, und im Bereich "Antworten" können Sie die Antworten der Teilnehmer anzeigen

Hinweis: Sie können das Google-Forms-Formular auch mit Google Sheets verknüpfen, wo Sie einen detaillierten Blick auf die Antworten werfen können.

Zum Anzeigen von Antworten

Klicken Sie auf Antworten, und Sie sehen die verschiedenen Optionen.

- Die erste ist die Zusammenfassung, die Ihnen einen Überblick über die verschiedenen Antworten gibt.
- Sie können die einzelnen Fragen durchgehen, um zu sehen, wie die verschiedenen Antworten lauten.
- Oder klicken Sie auf eine Person, um einzelne Antworten zu sehen.
- Alternativ können Sie auch eine Tabellenkalkulation verwenden, um Ihre Antworten durchzugehen. Klicken Sie auf das eingekreiste Symbol in der Abbildung unten.

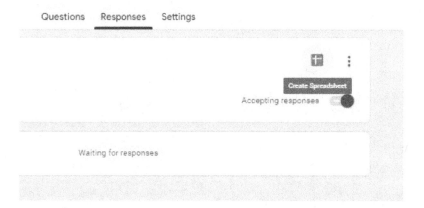

- Damit können Sie ein Arbeitsblatt erstellen. Es zeigt Ihnen alle Ihre einzelnen Beantwortungen einer Umfrage in einer anderen Zeile und Ihre Frage in jeder Spalte.
- Wenn Sie Google Sheets nicht zum Anzeigen Ihrer Ergebnisse verwenden möchten, können Sie auf das 3-Punkte-Symbol klicken und die Option Antworten herunterladen (CSV) wählen, die von Personen verwendet wird, die Microsoft Excel bevorzugen.

Außerdem können Sie sich per E-Mail benachrichtigen lassen, wenn es neue Antworten gibt. Sie können Ihr Beantwortungsziel auswählen, Ihre Beantwortungen drucken oder löschen, je nachdem, was Sie möchten.

Hinweis: Ihre Umfrage muss aktiviert sein, damit jeder teilnehmen und Beantwortungen abgeben kann. Sie können sie ausschalten, wenn Sie keine weiteren Beantwortungen benötigen.

SENDEN UND WEITERGEBEN

Sie können Ihr Formular in verschiedenen Formen verschicken.

- **Per E-Mail:** Wenn Sie auf die Option E-Mail klicken, können Sie so viele E-Mail-Adressen wie möglich eingeben, um Personen zum Ausfüllen des Formulars einzuladen. Wenn Sie fertig sind, klicken Sie auf "Senden".

Hinweis: In der E-Mail können Sie auch Mitwirkende hinzufügen. Manchmal kann Ihr Team seine Kommentare hinzufügen oder Änderungen vornehmen. Das bedeutet einfach, dass viele Personen an dem Formular arbeiten können.

- **Über einen Formular-Link:** Wenn Sie auf dieses Symbol klicken, wird ein Link generiert, den Sie kopieren und weitergeben können.

Hinweis: Sie können den Link kürzen, indem Sie auf das Feld URL kürzen klicken.

- **Durch einen eingebetteten Link:** Wenn Sie auf dieses Symbol klicken, wird ein Website-Link für Ihren Blog oder Ihre Website erstellt. Sie können die Breite und Höhe anpassen und dann zum Teilen kopieren.
- **Über soziale Medien (Facebook und Twitter)**

BUCH 10

—

GOOGLE SITES

EINFÜHRUNG

Google Sites ist eine kostenlose und benutzerfreundliche Plattform zum Erstellen und Hosten von Websites. Sie ist Teil der Google-Workspace-Suite, zu der auch Gmail, Google Drive und andere Produktivitätstools gehören.

Damit können Sie eine Website für den persönlichen oder beruflichen Gebrauch erstellen, z. B. ein Portfolio, eine Team- oder Vereinsseite oder eine Projektseite. Sie können das Erscheinungsbild Ihrer Website mit verschiedenen Themen und Layouts anpassen und Text, Bilder, Videos und andere Medien zu Ihren Seiten hinzufügen. Sie können auch andere Personen einladen, an Ihrer Website mitzuarbeiten, sodass Sie gemeinsam an Inhalt und Design arbeiten können.

Google Sites ist ein nützliches Tool für die Erstellung und den Austausch von Informationen, ganz gleich, ob Sie ein Student, ein Geschäftsinhaber oder eine Gemeindegruppe sind. Es ist eine einfache Möglichkeit, eine Website zu erstellen und kann mit einem Google-Konto kostenlos genutzt werden.

KAPITEL 1

ÜBERBLICK ÜBER DIE GOOGLE-SITES-BENUTZEROBERFLÄCHE

Google Sites ist eine Plattform für die Erstellung und das Hosting von Websites, die Teil der Google-Workspace-Suite von Produktivitätswerkzeugen ist. Sie ermöglicht es Nutzern, auf einfache Weise professionell aussehende Websites zu erstellen, ohne dass sie über Design- oder Programmierkenntnisse verfügen müssen.

Die Google-Sites-Benutzeroberfläche besteht aus mehreren Schlüsselelementen:

- **Symbolleiste:** Die Symbolleiste befindet sich oben auf der Seite und bietet Zugriff auf alle Werkzeuge und Funktionen, die Sie zum Erstellen und Bearbeiten Ihrer Website benötigen. Dazu gehören Optionen zum Hinzufügen von Text, Bildern, Videos und anderen Medien zu Ihrer Website.
- **Seitenpanel:** Auf der linken Seite der Seite können Sie über die Seitenleiste auf die verschiedenen Seiten und Inhalte Ihrer Website zugreifen und diese verwalten. Sie können über das Seitenpanel neue Seiten erstellen, die Reihenfolge Ihrer Seiten ändern und die Eigenschaften Ihrer Website bearbeiten.

- **Inhaltsbereich:** Dies ist der Hauptbereich der Seite, in dem Sie Inhalte für Ihre Website hinzufügen und bearbeiten können. Sie können die verschiedenen Werkzeuge und Funktionen in der Symbolleiste verwenden, um Text, Bilder, Videos und andere Medien zu Ihrer Website hinzuzufügen.
- **Schaltfläche Vorschau:** Sie befindet sich in der Symbolleiste und zeigt Ihnen, wie Ihre Website nach der Veröffentlichung aussehen wird. Sie können die Schaltfläche "Vorschau" verwenden, um sicherzustellen, dass Ihre Website so aussieht, wie Sie es wünschen, bevor Sie sie live schalten.
- **Schaltfläche Veröffentlichen:** Die Schaltfläche "Veröffentlichen" befindet sich in der Symbolleiste und ermöglicht es Ihnen, Ihre Website live zu schalten und der Öffentlichkeit zugänglich zu machen. Wenn Sie mit Ihrer Website zufrieden sind, können Sie auf die Schaltfläche "Veröffentlichen" klicken, um sie live zu schalten.

Hier finden Sie einen visuellen Überblick über die Google-Sites-Benutzeroberfläche:

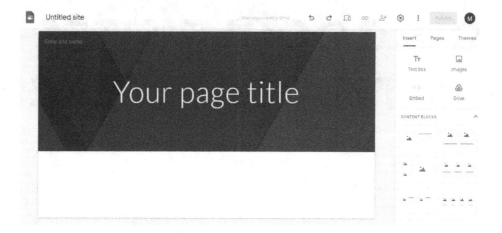

WIE MAN GOOGLE SITES VERWENDET

Um eine neue Website zu erstellen, gehen Sie zu sites.google.com und wählen Sie eine der Optionen am oberen Rand: eine Vorlage verwenden oder von Grund auf neu beginnen. Sie können unten links auf dieser Seite zum herkömmlichen Editor von Google Sites wechseln, aber dieser Artikel zeigt Ihnen, wie Sie den neuen Editor verwenden.

Verwenden Sie die Vorschaufunktion im Menü oben rechts, um zu sehen, wie eine Website auf verschiedenen Geräten aussehen wird, während Sie sie erstellen.

EINE ÜBERSCHRIFT ERSTELLEN

Jede neue Google-Sites-Seite beginnt mit einer vordefinierten Kopfzeile. Oben links in dieser Kopfzeile befindet sich ein Formular mit der Aufschrift Name der Website eingeben. Der Name, den Sie hier eingeben, wird auf Ihrer Website angezeigt, Sie können ihn jedoch auf der Google-Sites-Hauptseite ändern, auf der Sie Ihre Websites verwalten.

Wenn Sie mit dem Mauszeiger über den Namen der Website fahren, können Sie links neben dem Namen ein Logo hinzufügen. Da es klein erscheint, wählen Sie ein einfaches und klares Bild.

Um Ihre Kopfzeile zu bearbeiten, gehen Sie in die untere linke Ecke des Kopfzeilenbereichs. Wählen Sie ein Bild für Ihren Hintergrund und dann einen von vier Kopfzeilenstilen: Bildüberschrift, großes Banner, Banner oder Nur Titel. Bei den ersten drei Optionen wird Ihr Hintergrundbild in verschiedenen Größen angezeigt, während bei der letzten Option nur der Text der Kopfzeile angezeigt wird.

In der unteren rechten Ecke des Abschnitts können Sie das Bild für eine bessere Lesbarkeit der Kopfzeile anpassen und entscheiden, wo Ihr Bild verankert (zentriert) werden soll. Für Google Sites gibt es keine Standardgröße für die Kopfzeile. Stattdessen wird Ihr Bild auf verschiedene Auflösungen eingestellt, je nachdem, wo Sie es anbringen. Ich empfehle, die höchstmögliche Auflösung zu wählen und dann die Vorschauoption zu nutzen, um zu sehen, wie Ihre Kopfzeile auf verschiedenen Geräten aussieht.

Bearbeiten Sie den Kopfzeilentext, nachdem Sie sich für die Größe des Banners und das Hintergrundbild entschieden haben. Klicken Sie darauf, um den Stil, die Größe, die Schriftart und die Ausrichtung zu ändern. Um das Textfeld nach links oder rechts zu verschieben, ziehen Sie die Punkte am oberen Rand des Feldes (aber nicht nach oben oder unten). Wenn Sie keinen Text wünschen, löschen Sie ihn einfach.

Möchten Sie ein Bild zu Ihrem Header-Bild hinzufügen? Doppelklicken Sie auf eine beliebige Stelle des Banners und wählen Sie dann im runden Menü die Option Von einer URL, Google Drive oder Ihrem PC hinzufügen. Sie können weitere Textfelder hinzufügen, indem Sie die mittlere Schaltfläche des Menüs verwenden.

WÄHLEN SIE EIN DESIGN

Um das Erscheinungsbild Ihrer Website zu ändern, wählen Sie die Option "Designs" oben im rechten Menü. Jedes Design enthält eine Reihe von Farbpaletten und Schriftarten.

Möchten Sie mehr Kontrolle? Um ein eigenes Design zu erstellen, das Google Sites für später aufbewahrt, klicken Sie auf das +-Symbol unter der Kategorie Benutzerdefiniert. Sie können die Schriftarten und Farben nach Ihren Wünschen ändern.

TEXT UND MEDIEN HINZUFÜGEN

Es ist an der Zeit, sich mit den Funktionen zur Website-Erstellung von Google Sites zu beschäftigen. Um die folgenden Elemente zu Ihrer Website hinzuzufügen, klicken Sie auf die Registerkarte Einfügen in der rechten Leiste:

- **Grundlegende Elemente:** Im oberen Bereich des Menüs Einfügen können Sie Textfelder oder Fotos einfügen, HTML-Code integrieren oder Google-Drive-Dateien hochladen. Sie können auf diese Optionen auch zugreifen, indem Sie auf eine beliebige Stelle Ihrer laufenden Website doppelklicken, um das Kreismenü aufzurufen.
- **Inhaltsblöcke:** Diese vorbereiteten Text- und Grafikblöcke sparen Ihnen Zeit beim Hinzufügen und Organisieren einzelner Elemente.
- **Ausklappbare Gruppe:** Eine ausklappbare Gruppe besteht aus einer Überschrift und ausklappbaren Textzeilen darunter. Wenn Sie beim Anklicken der Textfelder die Option "Klappbar" wählen, können Sie jede beliebige Kombination aus Kopf- und Fließtext in eine klappbare Gruppe umwandeln.
- **Inhaltsverzeichnis:** Inhaltsverzeichnisse erzeugen auf der Grundlage des Textes in den einzelnen Abschnitten Verbindungen zu verschiedenen Bereichen der Website. Elemente können entfernt, aber nicht hinzugefügt werden.
- **Bilderkarussell:** Fügen Sie zu einem Bilderkarussell zwei oder mehr Bilder hinzu, durch die Sie mit den Punkten darunter navigieren können, oder lassen Sie es automatisch durch die Bilder laufen.
- **Schaltfläche:** Erstellen Sie einen Link-Button mit der Schriftart und den Farben Ihres Themas.
- **Trennlinie:** Google Sites erstellt einfache Trennblätter mit einem Design, das zu Ihrem Thema passt.
- **Platzhalter:** Ein Platzhalterbereich speichert ein Bild, ein YouTube-Video, einen Google-Kalender oder eine Google-Karte.

Jedes Textfeld, das Sie mit diesen Komponenten hinzufügen, verfügt wie der Kopfzeilentext über Format- und Größenauswahlmöglichkeiten. Um den Zeilenabstand zu ändern, einen Einzug hinzuzufügen oder eine Formatierung im Code-Stil zu erzeugen, klicken Sie auf die drei Punkte am rechten Ende der Bearbeitungsleiste. Die Tastenkombinationen, die Sie zum Bearbeiten des Textes in Google Docs verwenden, funktionieren auch in Google Sites.

GOOGLE-ELEMENTE EINBINDEN

Es wäre nicht Google, wenn es sich nicht effektiv mit anderen Google-Programmen verbinden ließe. Google Sites bietet genau das und ermöglicht es Ihnen, Informationen aus anderen Google-Produkten über das Menü "Einfügen" hochzuladen. Jede Google-bezogene Auswahl führt Sie zu einem Menü, in dem Sie die zu teilende Datei oder das interaktive Element auswählen können. Wählen Sie aus den folgenden Optionen:

- **YouTube:** Binden Sie ein YouTube-Video in Ihre Website ein.
- **Kalender:** Sie können Ihren Kalender in der Wochen-, Monats- oder Agenda-Ansicht freigeben.
- **Karte:** Fügen Sie eine interaktive Google-Karte der von Ihnen ausgewählten Adresse ein.
- **Dokumente, Präsentationen, Tabellen und Diagramme:** Fügen Sie eine Google-Datei im Ansichtsmodus auf Ihrer Seite ein.
- **Formulare:** Zeigen Sie ein Google-Formular auf Ihrer Website an, das Besucher ausfüllen können.

EINFÜGEN EINES GOOGLE-SITES-KONTAKTFORMULARS

Google Sites verfügt nicht über ein eigenes Kontaktformular. Stattdessen haben Sie zwei Möglichkeiten, eines aus einer anderen Quelle einzufügen:

- **Google Forms:** Erstellen Sie ein Kontaktformular in Google Forms und fügen Sie es dann über das Menü Einfügen oder Rundschreiben zu Google Sites hinzu.
- **Code von einer App eines Drittanbieters einbetten:** Wenn Ihre bevorzugte Buchungs- oder Formular-App eine Option zum Einbetten von Codes enthält, verwenden Sie die Option Einbetten im Menü Einfügen oder Rundschreiben.

SPALTEN UND ABSCHNITTE ANORDNEN

Gehen Sie folgendermaßen vor, um Spalten und Abschnitte in Google Sites anzuordnen:

1. Gehen Sie zu der Seite auf Google Sites, auf der Sie die Spalten oder Abschnitte neu anordnen möchten.
2. Klicken Sie auf die Schaltfläche "Bearbeiten" oben rechts auf der Seite. Dadurch wird die Seite im Bearbeitungsmodus geöffnet.
3. Klicken Sie auf den Abschnitt oder die Spalte, die Sie verschieben möchten. Dadurch wird sie blau markiert.
4. Klicken Sie auf den blauen Balken am oberen Rand des Abschnitts oder der Spalte, halten Sie ihn gedrückt und ziehen Sie ihn dann an die neue Position. Sie können auch die Pfeiltasten auf einer Tastatur verwenden, um den Abschnitt oder die Spalte zu verschieben.
5. Lassen Sie die Maustaste los oder lassen Sie die Pfeiltaste los, um den Abschnitt oder die Spalte an der neuen Stelle zu platzieren.
6. Wenn Sie die Reihenfolge der Spalten innerhalb eines Abschnitts ändern möchten, klicken Sie auf die Spalte, die Sie verschieben möchten, und verschieben Sie sie durch Ziehen und Ablegen oder mit den Pfeiltasten an ihre neue Position.
7. Wenn Sie mit der Neuanordnung der Spalten und Abschnitte fertig sind, klicken Sie auf die Schaltfläche "Speichern" oben rechts auf der Seite, um Ihre Änderungen zu speichern.

HINZUFÜGEN UND VERWALTEN VON SEITEN

Gehen Sie folgendermaßen vor, um Seiten auf Ihrer Seite in Google Sites hinzuzufügen und zu verwalten:

1. Rufen Sie die Startseite Ihrer Seite auf Google Sites auf.
2. Klicken Sie auf die Schaltfläche "Hinzufügen" oben rechts auf der Seite.
3. Wählen Sie "Seite" aus dem angezeigten Menü.
4. Geben Sie in das Feld "Name" einen Namen für Ihre neue Seite ein. Dies wird der Titel der Seite und der Text sein, der im Navigationsmenü erscheint.
5. Wählen Sie ein Layout für Ihre Seite aus dem Dropdown-Menü "Layout". Dies bestimmt die Anzahl und Anordnung der Spalten auf der Seite.
6. Klicken Sie auf die Schaltfläche "Erstellen", um Ihre neue Seite zu erstellen.

Um Ihre Seiten zu verwalten, gehen Sie folgendermaßen vor:

1. Rufen Sie die Startseite Ihrer Seite in Google Sites auf.
2. Klicken Sie auf die Schaltfläche "Mehr" oben rechts auf der Seite.
3. Wählen Sie aus dem angezeigten Menü "Website verwalten".
4. Klicken Sie auf die Registerkarte "Seiten" auf der linken Seite des Bildschirms.
5. Sie können eine Liste aller Seiten auf Ihrer Website anzeigen, den Seitennamen oder das Layout bearbeiten, Seiten an andere Stellen im Navigationsmenü verschieben und Seiten löschen.
6. Wenn Sie mit den Änderungen fertig sind, klicken Sie auf die Schaltfläche "Speichern", um Ihre Änderungen zu speichern.

VERÖFFENTLICHEN UND ZUSAMMENARBEITEN

Gehen Sie folgendermaßen vor, um eine Google-Site zu veröffentlichen und daran mitzuarbeiten:

1. Gehen Sie zu Ihrer Seite in Google Sites, die Sie veröffentlichen möchten.
2. Klicken Sie auf die Schaltfläche "Veröffentlichen" oben rechts auf der Seite.
3. Wenn Sie die Seite für alle sichtbar machen möchten, wählen Sie die Option "Veröffentlichen". Wenn Sie die Seite nur für bestimmte Personen sichtbar machen möchten, wählen Sie die Option "Eingeschränkt" und geben Sie die E-Mail-Adressen der Personen ein, die Zugriff haben sollen.
4. Klicken Sie auf die Schaltfläche "Veröffentlichen", um Ihre Änderungen wirksam werden zu lassen.

Um an einer Seite in Google Sites mitzuarbeiten, können Sie andere Personen zur Bearbeitung der Seite einladen, indem Sie die folgenden Schritte ausführen:

1. Rufen Sie die Startseite Ihrer Seite in Google Sites auf.
2. Klicken Sie auf die Schaltfläche "Mehr" oben rechts auf der Seite.
3. Wählen Sie aus dem angezeigten Menü "Website verwalten".
4. Klicken Sie auf die Registerkarte "Mitwirkende" auf der linken Seite des Bildschirms.
5. Geben Sie die E-Mail-Adressen der Personen ein, die Sie zur Bearbeitung der Website einladen möchten, und klicken Sie dann auf die Schaltfläche "Hinzufügen".
6. Sie können auch die Zugriffsrechte der einzelnen Mitarbeiter festlegen, indem Sie im Dropdown-Menü neben der jeweiligen E-Mail-Adresse "Kann anzeigen", "Kann bearbeiten" oder "Ist Eigentümer" auswählen.
7. Wenn Sie alle Mitwirkenden hinzugefügt haben, klicken Sie auf die Schaltfläche "Speichern", um Ihre Änderungen zu speichern.

Hinweis: Alle Nutzer müssen über ein Google-Konto verfügen, um an einer Seite in Google Sites mitzuarbeiten.

BUCH 11

—

GOOGLE KEEP

EINFÜHRUNG

In diesem Buch werden wir uns mit Google Keep beschäftigen. Es behandelt das Erstellen von Notizen, das Einstellen von Erinnerungen, die Suche nach Notizen, das Teilen von Notizen und die Verwendung der Google-Keep-Chrome-Erweiterung.

Google Keep ist ein cloudbasiertes Programm für Notizen, mit dem Sie Notizen erstellen, freigeben, Erinnerungen erstellen und mit all Ihren Google-fähigen Geräten synchronisieren können. Mit Google Keep können Nutzer eine Vielzahl von Notizen erstellen, darunter Text, Listen, Bilder und Audio. Nutzer können Erinnerungen für Zeit und Ort festlegen, die mit Google Now verknüpft sind.

VORTEILE DER VERWENDUNG VON GOOGLE KEEP

- Google Keep ist kostenlos und wird über Desktop- und Mobilgeräte synchronisiert, sofern Sie über ein Google-Konto verfügen.
- Google Keep ist mit dem Desktop mit Google Docs, Google Kalender und Gmail verbunden.
- Sie können Fotos und Bilder, Zeichnungen, Skizzen, handschriftliche Notizen, Sprachaufnahmen und andere Medien in Ihre Notizen aufnehmen.
- Mit der Chrome-Erweiterung können Sie Webseiten zu Ihren Notizen hinzufügen.
- Sie können andere Personen als Mitarbeiter zu Ihrer Liste hinzufügen, damit sie diese lesen und ergänzen können.
- Mit Google Keep können Sie Ihre Listen und Notizen benennen und farblich kennzeichnen, damit Sie sie leichter wiederfinden.

WIE MAN AUF GOOGLE KEEP ZUGREIFT

Sie können mehrmals darauf zugreifen, wenn Sie mit Ihrem Google-Konto verbunden sind.

- Sie können die Startseite von Google Keep öffnen, indem Sie in Ihrem App-Launcher auf Google Keep klicken. Denken Sie daran, dass Sie es an einen beliebigen Ort ziehen können.
- Eine andere Möglichkeit, zu Google Keep zu gelangen, ist die Eingabe von keep.google.com, die Sie zur Hauptseite führt.
- Eine andere Möglichkeit ist, Google Drive aufzurufen und nach dem Google-Keep-Symbol auf der rechten Seite des Bildschirms zu suchen. Sie können darauf zugreifen und alles sehen, was mit den Notizen verbunden ist.

KAPITEL 1

ÜBERBLICK ÜBER DIE GOOGLE-KEEP-BENUTZEROBERFLÄCHE

Google Keep hat eine bemerkenswert einfache und übersichtliche Benutzeroberfläche, die leicht zu navigieren ist.

- Beginnend mit der linken Seite haben wir die folgenden Optionen:

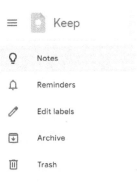

- **Notizen:** Hier klicken Sie, um eine neue Notiz zu beginnen
- **Erinnerungen:** So erstellen Sie Erinnerungen an eine bestimmte Notiz oder eine Aufgabenliste
- **Kategorie:** Damit können Sie Ihre Notizen in verschiedene Kategorien einteilen
- **Archiv:** Mit dieser Funktion können Sie Ihre Notizen ausblenden oder aufbewahren, um den Startbildschirm sauber und ordentlich zu gestalten.
- **Papierkorb:** Hier sehen Sie alle gelöschten Notizen.

Im oberen Bereich des Bildschirms haben wir folgende Optionen

- **Suchleiste**: Hilft Ihnen bei der schnellen Suche nach einer Notiz.
- **Aktualisieren**: Hilft Ihnen, neu hinzugefügte Notizen zu sehen.
- **Listenansicht**: Hilft Ihnen, Ihre Liste vertikal anzuordnen.
- **Einstellungen:** Es bietet die folgenden Optionen.

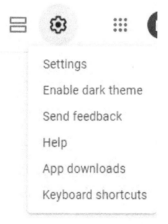

     o   Wenn Sie in der Dropdown-Liste auf **Einstellungen** klicken, haben Sie die folgenden Optionen:

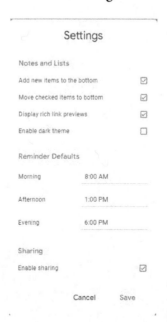

o Mit der obigen Option können Sie neue Einträge am Ende Ihrer Notiz hinzufügen, abgehakte Elemente ans Listenende verschieben, Rich-Link-Vorschauen anzeigen, ein dunkles Design aktivieren und Ihre Erinnerungseinstellungen anpassen.

o Während Sie eine Notiz erstellen, wird unten auf der Seite das folgende Symbol angezeigt.

- **Erinnern**
- **Mitbearbeiter**
- **Hintergrundoptionen**
- **Bild hinzufügen**
- **Speichern Sie Ihre Notiz**
- **Rückgängig machen und Wiederherstellen**
- Das **Mehr-Symbol mit den** folgenden Optionen:

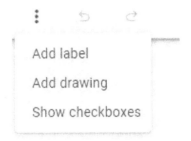

ERSTELLEN UND BEARBEITEN VON NOTIZEN

Sie können in Google Keep schnell Notizen und Listen erstellen und bearbeiten.

1. Es ist so einfach mit einem Klick auf "Notiz schreiben".
2. Dann können Sie alles eingeben und speichern.

3. Es erscheint ein kleiner Kasten mit Ihrem Inhalt, wie unten dargestellt.

Sie können weiteren Text hinzufügen; klicken Sie einfach auf das Feld, und wenn es sich öffnet, fügen Sie einen Titel hinzu.

Eine Liste erstellen

Sie können auch eine einfache Liste erstellen, wenn Sie eine Liste erstellen möchten.

1. Klicken Sie auf das Feld im Bild unten, um Ihre Liste zu erstellen.

2. Wenn Sie auf das Kontrollkästchen klicken, öffnet sich ein Dialogfeld, wie unten abgebildet.

3. Sie können mit der Eingabe Ihrer Liste beginnen. Sie können ihr auch einen Titel geben.

Zeichnung anfertigen

Wie unten gezeigt, können Sie in diesen Notizen auch eine neue Notiz mit Zeichnung oder mit Bild anfertigen.

1. Klicken Sie auf das Symbol, das wie ein Stift aussieht, um eine Zeichnung zu erstellen.

2. Wenn Sie darauf klicken, können Sie eine einfache Zeichnung erstellen

Hinweis: Sie können dieses Bild mit einigen Werkzeugen bearbeiten. Sie können die Farbe in eine beliebige Farbe Ihrer Wahl ändern

Sie können die Größe Ihrer Markierung erhöhen. Außerdem können Sie dem Hintergrund Dinge hinzufügen, wenn das für Sie hilfreich ist.

Hinweis: Oben rechts befindet sich die Schaltfläche "Rückgängig", mit der die letzten Änderungen entfernt werden können, wenn sie nicht passen.

Sie können ein Bild auch exportieren, indem Sie auf die drei Punkte in der rechten Ecke klicken und diese Optionen anzeigen lassen.

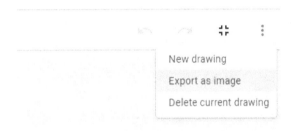

Sie können ein neues Bild beginnen, es aus einem anderen Ordner exportieren oder eine aktuelle Zeichnung löschen.

Hinweis: Sie können Ihrer Zeichnung noch einen Titel und eine Notiz hinzufügen.

Erstellen einer neuen Notiz mit einem Bild

1. Klicken Sie auf dieses Symbol, um eine neue Notiz mit einem Bild hinzuzufügen.
2. Dann können Sie auswählen, woher das Bild kommen soll, und das Bild auf Ihre Notiz hochladen.

Hinweis: Sie können jederzeit zurückgehen, um einen Editor zu veranlassen, weitere Bilder oder Texte zu einer Notiz hinzuzufügen, die Reihenfolge zu ändern usw.

NOTIZEN ORGANISIEREN

Sie können Ihre Liste auf verschiedene Weise organisieren:

- Sie können es an eine beliebige Stelle ziehen. Klicken Sie einfach darauf, halten Sie es gedrückt und ziehen Sie es, um die Reihenfolge zu ändern.
- Sie können die Farbe der Notiz ändern.

- Sie können ein Label hinzufügen. Wenn Sie ein Label erstellen, wird es mit einem Symbol versehen, das in der Abbildung unten dargestellt ist:

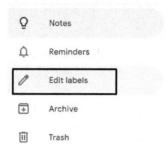

- Ein wichtiger Punkt ist das Anheften von Notizen, damit sie ganz oben stehen und leicht zu finden sind.

Hinweis: Wenn Sie auf die drei Punkte klicken, sehen Sie eine Option zum Löschen einer nicht mehr benötigten Notiz. Es gibt auch ein Archivsymbol, in dem Sie Notizen aufbewahren können, die Sie nicht löschen möchten.

NOTIZEN FREIGEBEN UND ZUSAMMENARBEITEN

Google Keep verfügt über eine Funktion, mit der Sie eine Notiz freigeben und mit anderen zusammenarbeiten können.

Um dies zu tun:

1. Öffnen Sie Google Keep und navigieren Sie zu der betreffenden Notiz.
2. Am unteren Rand der Notiz sehen Sie eine Reihe von Symbolen. Klicken Sie auf das Symbol für den **Mitbearbeiter**, das zweite von links im sich öffnenden Fenster.

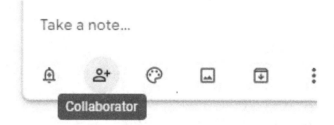

3. Schreiben Sie die E-Mail-Adresse der Person, mit der Sie zusammenarbeiten möchten, in das Feld. Wenn Sie mit mehr als einer Person zusammenarbeiten müssen, setzen Sie deren Namen oder E-Mail-Adresse an den Anfang, gefolgt von einem Komma, um Platz für einen weiteren Namen oder eine weitere E-Mail-Adresse zu schaffen.
4. Wenn Sie alle Mitarbeiter hinzugefügt haben, mit denen Sie zusammenarbeiten möchten, klicken Sie auf "Speichern", und die Nachricht wird Ihren Mitarbeitern hinzugefügt.

Bei dieser Funktion ist zu beachten, dass Sie keine Kontrolle über den Grad des Zugriffs eines Benutzers haben. Da jeder, den Sie als Mitbearbeiter zu einer Notiz hinzufügen, Einträge hinzufügen, entfernen und ändern kann, sollten Sie nur mit Personen zusammenarbeiten, denen Sie vertrauen. Denken Sie daran, dass Ihr Mitarbeiter ein Google-Konto benötigt, um Google Keep nutzen zu können, also stellen Sie sicher, dass er eines hat.

ARCHIV UND ERINNERUNG

Schauen wir uns zwei Funktionen von Google Keep an: die Archivierungsfunktion und die Erinnerungsfunktion. In diesem Abschnitt wird erklärt, wie Sie diese Tools nutzen können, um mehr aus Ihren Notizen zu machen und Ihre Informationen in Google Keep zu organisieren.

Mit der Option "Archivieren" haben Sie eine viel effektivere Möglichkeit, Ihren Startbildschirm ordentlich und übersichtlich zu halten. Wenn Sie eine Notiz in Google Keep archivieren, wird sie effektiv vom Startbildschirm entfernt und nicht an einem geheimen oder schwer zugänglichen Ort abgelegt.

1. Öffnen Sie dazu eine Notiz und wählen Sie das Archivieren-Symbol.

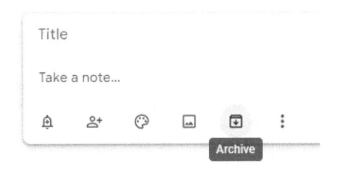

2. Und schon wird die ausgewählte Notiz aus der Startansicht entfernt.
3. Um die Notiz schnell rückgängig zu machen oder aus dem Archiv zu entfernen, wird sofort eine Benachrichtigung angezeigt, und Sie können schnell auf Rückgängig klicken. Oder klicken Sie auf die Notiz und tippen Sie auf das Archivsymbol, um die Archivierung aufzuheben.

So bleibt Ihr Startbildschirm schön übersichtlich. Sie können sie in Ihrem Archiv finden oder beschriften, wenn die Notiz beschriftet wurde.

Erinnerungen

Einer der großen Vorteile des Anlegens einer Erinnerung in Google Keep ist, dass diese auch in Ihrem Google Kalender angezeigt wird, sodass Sie sie sehen und die Notiz in Google Kalender lesen und bearbeiten können.

1. Um einer beliebigen Notiz eine Erinnerung hinzuzufügen, wählen Sie diese Notiz aus und klicken Sie auf das Erinnern-Symbol.

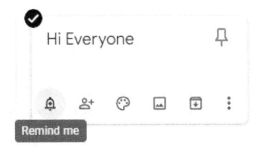

2. Wenn Sie darauf klicken, können Sie die für Sie am besten geeigneten Optionen auswählen.

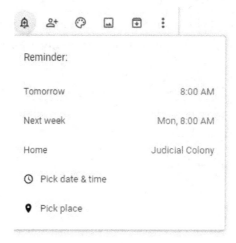

3. Sie können jedoch ein Datum auswählen, wenn das von Ihnen gewünschte Datum nicht in der Liste enthalten ist.
4. Die letzte Option lautet "Einmalig", aber wenn Sie möchten, dass es sich wiederholt, z. B. wöchentlich, täglich oder jährlich, wählen Sie eine beliebige Option aus dem Dropdown-Menü.
5. Wenn Sie fertig sind, wird das Erinnern-Symbol auf der Notiz unten angezeigt.

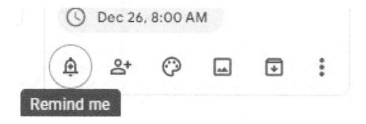

Sie können die Option "Erinnerung" im Menü auswählen, um alle Notizen zu filtern, die mit einer Erinnerung versehen sind.

SUCHE UND EXPORT

So suchen Sie nach einer Notiz in Google Keep:

1. Klicken Sie auf die Suchleiste. Es werden verschiedene Symbole angezeigt, mit denen Sie Ihr Suchergebnis filtern können.
2. Sie können nach Typen (Bilder, Zeichnungen, Listen), Beschriftungen, nach Personen und farbigen Notizen usw. filtern.
3. Klicken Sie einfach auf ein Symbol, um Ihr Suchergebnis zu filtern.

So exportieren Sie Ihre Google-Keep-Notiz:

1. Klicken Sie auf die Notiz und das 3-Punkte-Symbol (weitere Optionen).
2. Klicken Sie auf In Docs kopieren, und die Notiz wird in Google Docs kopiert. Wenn Sie Google Docs öffnen, wird die Notiz dort angezeigt.

CHROME-ERWEITERUNG

Speichern Sie wichtige Dinge mit der Google-Keep-Chrome-Erweiterung in Google Keep, und sie werden über Ihre Plattformen hinweg synchronisiert, einschließlich Web, Android und iOS.

Mit der Google-Keep-Chrome-Erweiterung ist es ganz einfach, beim Surfen Notizen zu machen. Sie kann Online-Notizen ausschneiden und sie in Google Keep speichern. Verwenden Sie einfach die Chrome-Erweiterung, um eine schnelle Notiz zu machen, ohne Ihren Browser zu verlassen.

- URL, Text und Bilder können alle gespeichert werden
- Notizen zu gespeicherten Inhalten machen
- Beschriften Sie Ihre Notizen
- Speichert automatisch in Google Keep

Die Chrome-Erweiterung unterstützt diese Funktion bei der Anzeige einer Website oder einer Online-Datenbank.

So installieren Sie die Chrome-Erweiterung:

1. Öffnen Sie einen neuen Browser, navigieren Sie auf der Website und klicken Sie auf Ihre Google-Apps.
2. Daraufhin öffnet sich automatisch eine Seite, klicken Sie also auf Erweiterung.
3. Nach der Installation sehen Sie Google Keep, oder Sie können im Suchfeld danach suchen.
4. Wenn Sie es auswählen, werden Sie in einem Dialogfenster in der rechten Ecke aufgefordert, es zu Chrome hinzuzufügen.

5. Es wird geprüft, ob Sie über die erforderlichen Berechtigungen verfügen, bevor Sie mit Ihrer Version des Chrome-Browsers arbeiten.
6. Dann wird sie zu Ihrer Liste der Erweiterungen hinzugefügt. Sie wird als kleiner Pop-up-Hinweis neben der URL-Adresse in dieser Leiste erscheinen.

So deaktivieren Sie Chrome-Erweiterungen

1. Um eine Erweiterung in Chrome zu deaktivieren, klicken Sie auf das Mehr-Symbol (Drei-Punkte-Symbol) in der oberen rechten Ecke des Browserfensters.
2. Klicken Sie auf das Menü Tool und wählen Sie die Erweiterung aus dem Dropdown-Menü.
3. Klicken Sie auf den blauen Schieberegler, um ihn zu deaktivieren.

Hinweis: Um sie zu aktivieren, klicken Sie erneut auf den blauen Schieberegler.

Mit der Google-Keep-Chrome-Erweiterung können Sie manuell neue Notizen erstellen, indem Sie einfach auf das Symbol der Google-Keep-Erweiterung klicken und eine neue Notiz erstellen, der Sie ein Label, einen Titel und so weiter hinzufügen können. Sie wird auch zum Erstellen von Notizen mit einem einzigen Klick verwendet. Wenn Sie Text aus einer Internetquelle kopieren möchten, wählen Sie ihn einfach aus, klicken Sie mit der rechten Maustaste darauf und speichern Sie die Auswahl in Google Keep. Dadurch wird eine neue Notiz erstellt, auf die Sie jederzeit und von jedem Ort aus zugreifen können. Denken Sie daran, dass Google Keep mit anderen Google-Anwendungen verbunden werden kann, sodass Sie die in Docs, Sheets und Slides gesammelten Daten nutzen können.

BUCH 12

—

GOOGLE
APPS SCRIPT

EINFÜHRUNG

Google Apps Script ist eine auf JavaScript basierende Skriptsprache, mit der Sie Google Apps anpassen und automatisieren können. Sie können damit benutzerdefinierte Anwendungen erstellen oder Aufgaben im Google-Ökosystem automatisieren, z. B. das Senden von E-Mails, das Erstellen von Dokumenten und das Lesen und Schreiben von Daten in Tabellenkalkulationen.

Mit Google Apps Script können Sie die Google Workspace Suite (früher bekannt als G Suite) von Tools effizienter und effektiver nutzen. Sie können benutzerdefinierte Menüs und Dialoge erstellen, sich wiederholende Aufgaben automatisieren und benutzerdefinierte Integrationen mit anderen Diensten erstellen.

Um mit Google Apps Script zu beginnen, benötigen Sie ein Google-Konto und ein grundlegendes Verständnis von JavaScript. Sie können über die Google- Drive-Weboberfläche auf Google Apps Script zugreifen, indem Sie ein neues Skript erstellen oder ein vorhandenes Skript öffnen. Sie können auch über den Google Workspace Marketplace darauf zugreifen, wo Sie Skripte und Bibliotheken von Drittanbietern finden und installieren können.

Google Apps Script ist ein vielseitiges Tool, das Ihnen helfen kann, Ihre Arbeit zu rationalisieren und die Produktivität zu steigern. Egal ob Sie Anfänger oder erfahrener Entwickler sind, es gibt viele Ressourcen, die Ihnen helfen, Google Apps Script zu erlernen und effektiv zu nutzen.

ÜBERSICHT ÜBER DIE GOOGLE-APPS-SCRIPT-BENUTZEROBERFLÄCHE

Google Apps Script ist eine auf JavaScript basierende Skriptsprache, mit der Sie neue und coole Dinge mit Google Apps wie Docs, Sheets und Forms tun können. Sie können damit benutzerdefinierte Anwendungen erstellen oder Aufgaben im Google-Ökosystem automatisieren.

Die Google-Apps-Script-Benutzeroberfläche besteht aus einem Skripteditor, einer Ausführungsumgebung und einem Debugger. Im Skripteditor können Sie Ihren Code schreiben, bearbeiten und testen. Die Ausführungsumgebung ist der Ort, an dem Ihr Code ausgeführt wird. Mit dem Debugger können Sie Haltepunkte in Ihrem Code setzen und ihn Zeile für Zeile durchgehen, um Fehler zu erkennen und zu beheben.

Google Apps Script bietet eine Reihe von integrierten Funktionen und Bibliotheken, die Sie in Ihrem Code verwenden können. Sie können z. B. die Spreadsheet-App-Klasse verwenden, um Daten in einer Google-Sheets-Tabelle zu lesen/schreiben, oder die Gmail-App-Klasse, um E-Mails über Gmail zu senden.

Sie können über die Google-Drive-Weboberfläche auf Google Apps Script zugreifen, indem Sie ein neues Skript erstellen oder ein vorhandenes Skript öffnen. Sie können auch über den Google Workspace Marketplace darauf zugreifen, wo Sie Skripte und Bibliotheken von Drittanbietern finden und installieren können.

Google Apps Script ist ein leistungsstarkes Tool, mit dem Sie Aufgaben automatisieren und Google Apps besser an Ihre Bedürfnisse anpassen können. Es ist eine großartige Möglichkeit, die Funktionalität der Google-Suite von Tools zu erweitern und Ihre Arbeit effizienter zu gestalten.

KAPITEL 1

GRUNDLAGEN DER PROGRAMMIERUNG UND WIE MAN SIE AUF GOOGLE SHEETS ANWENDET

Google Apps Script

Home   Start Scripting

Build web apps and automate tasks with Google Apps Script

Apps Script is a rapid application development platform that makes it fast and easy to create business applications that integrate with G Suite.

Start Scripting

Build with Google

Feature-rich APIs let you extend Google

Code on the Web

A web browser is all you need to build with Google Apps Script.

Share your App

Store and share your projects in Google Drive or publish on

Watch an overview of Google Apps Script

WAS SIND ALGORITHMEN IN DER PROGRAMMIERUNG?

In der Programmierung ist ein Algorithmus ein schrittweises Verfahren zur Lösung eines Problems oder zum Erreichen eines bestimmten Ziels. Algorithmen sind ein wichtiger Bestandteil der Informatik und werden in vielen verschiedenen Bereichen der Datenverarbeitung eingesetzt, darunter Softwareentwicklung, Datenanalyse und maschinelles Lernen.

Ein Algorithmus ist eine Reihe von Anweisungen, die in einer bestimmten Reihenfolge befolgt werden, um eine Aufgabe zu erfüllen oder ein Problem zu lösen. Ein Algorithmus ist in der Regel so konzipiert, dass er effizient ist und das richtige Ergebnis liefert, aber es ist auch wichtig, dass ein Algorithmus leicht zu verstehen und umzusetzen ist.

Es gibt verschiedene Algorithmen, und das Problem und das angestrebte Ergebnis bestimmen die genaue Methode, die zur Lösung eines Problems verwendet wird. Einige gängige Arten von Algorithmen sind Sortieralgorithmen, Suchalgorithmen und Optimierungsalgorithmen.

Hier ist ein Beispiel für einen einfachen, in Google Apps Script geschriebenen Algorithmus zur Berechnung der Summe zweier Zahlen:

```
Funktion Summe(x, y) {

// Schritt 1: Deklarieren Sie eine Variable zur Aufnahme des Ergebnisses

var Ergebnis;

// Schritt 2: Addieren von x und y und Zuweisen des Ergebnisses an die Ergebnisvariable

Ergebnis = x + y;

// Schritt 3: Rückgabe des Ergebnisses

Ergebnis zurückgeben;

}
```

Dieser Algorithmus nimmt zwei Zahlen als Eingabe (x und y) und gibt die Summe dieser Zahlen zurück. Er besteht aus drei Schritten: Deklarieren einer Variablen, die das Ergebnis enthält, Addieren der beiden eingegebenen Zahlen, Zuweisen des Ergebnisses an die Variable und Zurückgeben des Ergebnisses.

Algorithmen sind ein leistungsfähiges Werkzeug in der Programmierung, denn sie ermöglichen es, Probleme zu lösen und bestimmte Ziele systematisch und effizient zu erreichen. Wenn Sie verstehen, wie man Algorithmen entwirft und implementiert, können Sie Programme erstellen, die komplexe Aufgaben ausführen und viele Probleme lösen können.

WAS SIND VARIABLEN IN DER PROGRAMMIERUNG?

In der Programmierung ist eine Variable ein benannter Speicherplatz im Speicher des Computers, der einen Wert enthalten kann. Variablen werden verwendet, um Daten in Programmen zu speichern und zu manipulieren.

In den meisten Programmiersprachen, einschließlich JavaScript und Google Apps Script, müssen Variablen deklariert werden, bevor sie verwendet werden können. Dazu gehört die Angabe des Datentyps, den die Variable enthalten soll (z. B. Zahl, Zeichenkette, Boolescher Wert usw.) und die Vergabe eines Namens für die Variable.

Im Folgenden finden Sie ein Beispiel dafür, wie Sie eine Variable in Google Apps Script deklarieren:

```
var x; // Deklarieren Sie eine Variable namens x
```

In diesem Beispiel wird das Schlüsselwort **"var"** verwendet, um eine Variable namens **"x"** zu deklarieren. Der Typ der Daten, die **x** enthalten kann, ist nicht festgelegt, sodass es sich um eine "dynamische" oder "untypisierte" Variable handelt. Das bedeutet, dass **x** jede Art von Daten enthalten kann.

Nachdem eine Variable deklariert wurde, können Sie ihr mit dem Zuweisungsoperator '=' einen Wert zuweisen. Z. B.:

```
var x; // Deklarieren Sie eine Variable namens x
x = 5; // Zuweisung des Wertes 5 an x
```

In diesem Beispiel wird der Wert "**5**" **der** Variablen "**x**" zugewiesen. Der Datentyp, den "**x**" enthält, ist nun eine Zahl.

Sie können eine Variable auch in einer einzigen Codezeile deklarieren und ihr einen Wert zuweisen:

```
var x = 5; // Deklarieren Sie eine Variable namens x und weisen Sie ihr den Wert 5 zu
```

Variablen sind ein wichtiges Konzept in der Programmierung, denn sie ermöglichen es Ihnen, Daten in Ihren Programmen zu speichern und zu manipulieren. Mit Hilfe von Variablen können Sie Programme erstellen, die sich an veränderte Eingaben oder Anforderungen anpassen und je nach Bedingungen unterschiedliche Aktionen durchführen.

WAS SIND OBJEKTE IN DER PROGRAMMIERUNG?

In der Programmierung ist ein Objekt eine Datenstruktur, die eine reale Einheit oder ein Konzept darstellt. Objekte können Daten (sogenannte Eigenschaften) und Verhaltensweisen (sogenannte Methoden) enthalten, die die Merkmale und Aktionen des Objekts definieren.

Objekte werden in vielen Programmiersprachen verwendet, auch in JavaScript und Google Apps Script. In diesen Sprachen werden Objekte mithilfe der Objektliteralschreibweise erstellt, bei der eine Liste von Eigenschaften und Methoden in geschweifte Klammern {} eingeschlossen wird.

Im Folgenden finden Sie ein Beispiel dafür, wie Sie ein Objekt in Google Apps Script erstellen:

```
var person = {
Name: "John",
Alter: 30,
Begrüßung: function() {
Ergebnis: "Hallo, mein Name ist " + Name + " und ich bin " + Alter + " Jahre alt.";
}
};
```

In diesem Beispiel hat das Person-Objekt drei Eigenschaften: **Name**, **Alter** und **Begrüßung**. Die Eigenschaften **Name** und **Alter** enthalten Daten, während die Eigenschaft **Begrüßung** eine Funktion (auch Methode genannt) ist, die eine Grußbotschaft zurückgibt.

Objekte sind in der Programmierung nützlich, weil sie es ermöglichen, zusammengehörige Daten und Verhaltensweisen in einer einzigen Struktur zu gruppieren. Das erleichtert die Verwaltung und Organisation Ihres Codes und erleichtert auch die Wiederverwendung von Code durch die Erstellung mehrerer Objekte mit ähnlichen Eigenschaften und Methoden.

Sie könnten z. B. das oben definierte Person-Objekt verwenden, um mehrere Instanzen einer Person mit unterschiedlichen Namen und Alter zu erstellen, und die Begrüßungs-Methode verwenden, um eine Begrüßungsnachricht für jede Person zu erzeugen.

WAS IST DIE PUNKTSCHREIBWEISE IN DER PROGRAMMIERUNG?

Die Punktschreibweise ist eine Möglichkeit, in vielen Programmiersprachen, einschließlich JavaScript und Google Apps Script, auf die Eigenschaften oder Methoden eines Objekts zuzugreifen.

In der Punktschreibweise folgt auf den Namen des Objekts ein Punkt und der Name der Eigenschaft oder Methode, auf die Sie zugreifen möchten. Wenn Sie z. B. ein Objekt namens **Person** mit einer Eigenschaft namens **Name** haben, können Sie auf den Wert der Eigenschaft **Name** in Punktschreibweise wie folgt zugreifen:

Person.Name

Hier ist ein Beispiel für die Verwendung der Punktschreibweise in einem Google Apps Script:

```
var person = {
Name: "John",
Alter: 30,
Begrüßung: function() {
Ergebnis: "Hallo, mein Name ist " + this.name + " und ich bin " + this.age + " Jahre alt.";
}
};
Funktion: main() {
Logger.log(Person.Begrüßung());
Logger.log("Name: " + Person.Name);
Logger.log("Alter: " + Person.Alter);
}
```

In diesem Beispiel hat das Objekt "**Person**", eine Eigenschaft "**Name**", eine Eigenschaft "**Alter**" und eine Methode "**Begrüßung**". Die Funktion "**main**" verwendet die Punktschreibweise, um auf diese Eigenschaften und Methoden des Objekts "**Person**" zuzugreifen.

Die Punktschreibweise ist eine nützliche Methode, um auf die Eigenschaften und Methoden eines Objekts zuzugreifen, da sie prägnant und leicht zu lesen ist. Sie wird auch in vielen anderen Programmiersprachen verwendet. Wenn Sie also mit der Punktschreibweise in einer Sprache vertraut sind, können Sie sie wahrscheinlich auch in anderen Sprachen verwenden.

SYNTAXFEHLER: WIE MAN IHN BEHEBT

Ein Syntaxfehler in Google Apps Script tritt auf, wenn das Skript ungültigen Code enthält, den der Skriptinterpreter nicht verstehen kann. Syntaxfehler können durch verschiedene Probleme verursacht werden, z. B. Tippfehler, fehlende oder zusätzliche Zeichen oder nicht übereinstimmende Klammern.

Hier ist ein Beispiel für einen Syntaxfehler in einem Google Apps Script:

```
Funktion: gruss(name) {
Ergebnis: "Hallo, Name!";
}
```

In diesem Beispiel wird der Syntaxfehler durch die Verwendung eines **Namens** ohne Anführungszeichen verursacht, was den Skriptinterpreter dazu veranlasst, ihn für eine Variable und nicht für eine Zeichenfolge zu halten.

Um diesen Syntaxfehler zu beheben, müssen Sie den **Namen** in Anführungszeichen setzen, um anzuzeigen, dass es sich um eine Zeichenkette handelt:

Funktion: gruss(name) {

Ergebnis: "Hallo, " + Name + "!";

}

Um Syntaxfehler in Ihrem Google Apps Script zu finden und zu beheben, können Sie die folgenden Tipps verwenden:

1. Prüfen Sie auf Tippfehler: Vergewissern Sie sich, dass Sie alle Schlüsselwörter, Variablen und Funktionsnamen korrekt eingegeben haben.
2. Prüfen Sie auf fehlende oder zusätzliche Zeichen: Vergewissern Sie sich, dass Sie keine notwendigen Zeichen ausgelassen (z. B. fehlende schließende Klammer) oder zusätzliche Zeichen eingefügt haben (z. B. zusätzliche Kommas).
3. Prüfen Sie, ob die Klammern nicht richtig gesetzt sind: Vergewissern Sie sich, dass Sie alle Klammern richtig gesetzt haben.
4. Verwenden Sie die Debugging-Tools, die der Google-Apps-Script-Editor bietet: Der Editor enthält einen Debugger, der Ihnen helfen kann, Syntaxfehler zu finden und zu beheben, indem er Ihnen die Codezeile anzeigt, in der der Fehler aufgetreten ist, und eine Beschreibung des Fehlers liefert. Um den Debugger zu verwenden, können Sie Haltepunkte in Ihrem Code setzen und ihn Zeile für Zeile durchgehen, um die Ursache des Fehlers zu ermitteln.

Mit diesen Tipps können Sie Syntaxfehler in Ihrem Google Apps Script finden und beheben.

AUTOMATISIERUNGSSKRIPT ZUM FORMATIEREN VON GOOGLE SHEETS AUSFÜHREN

Hier finden Sie ein Beispielskript, das zeigt, wie Sie mit Google Apps Script ein Google-Sheets-Dokument formatieren können:

Automatisierungs-Skript

```
function formatSheet() {
var sheet = SpreadsheetApp.getActiveSheet();
// Setzen Sie die Schriftgröße aller Zellen auf 14.
var range = sheet.getDataRange();
range.setFontSize(14);
// Die oberste Zeile ist fett gedruckt.
var topRow = sheet.getRange(1, 1, 1, sheet.getLastColumn());
topRow.setFontWeight("fett");
// Setzen Sie die Hintergrundfarbe der ersten Spalte auf hellgrau.
var firstColumn = sheet.getRange(1, 1, sheet.getLastRow(), 1);
```

```
firstColumn.setBackground("#D3D3D3");
// Horizontale Ausrichtung der zweiten Spalte auf rechts setzen.
var secondColumn = sheet.getRange(1, 2, sheet.getLastRow(), 1);
secondColumn.setHorizontalAlignment("right");
}
```

Dieses Skript ruft das aktive Blatt ab und speichert es in einer Variablen namens **Blatt**. Anschließend verwendet es verschiedene Methoden der Klasse **Range**, um das Blatt zu formatieren.

Um dieses Skript auszuführen, können Sie im Google-Apps-Script-Editor die Funktion **formatSheet** auswählen und auf die Schaltfläche "Ausführen" klicken. Sie können das Skript auch über andere Skripte oder externe Anwendungen mithilfe der Google-Apps-Script-API ausführen.

Denken Sie daran, dass dies nur ein einfaches Beispiel ist und Sie die verschiedenen Methoden der Range-Klasse verwenden können, um Ihr Blatt auf viele verschiedene Arten zu formatieren. Weitere Informationen über diese Methoden finden Sie in der Google-Apps-Script-Dokumentation.

TESTSKRIPT 1

Eine einfache Begrüßungsfunktion

```
function gruss(name) {
return "Hallo, " + Name + "!";
}
Funktion main() {
var userName = "John";
var message = greeting(userName);
Logger.log(message);
}
```

Dieses Skript definiert eine **'greeting'**-Funktion, die einen Namen als Parameter annimmt und eine Begrüßungsnachricht zurückgibt. Es definiert auch eine Funktion **"main"**, die die Funktion **"greeting"** verwendet, um eine Nachricht zu erstellen und sie mit der Methode **"Logger.log"** auf der Konsole zu protokollieren.

TESTSKRIPT 2

Ein einfaches Objekt mit einer Methode

```
var point = {
x: 0,
y: 0,
move: function(dx, dy) {
this.x += dx;
this.y += dy;
}
};
```

```
Funktion testPoint() {
Logger.log("Punkt ist bei (" + Punkt.x + ", " + Punkt.y + ")");
point.move(5, 10);
Logger.log("Punkt ist jetzt bei (" + punkt.x + ", " + punkt.y + ")");
}
```

Dieses Skript definiert ein Objekt namens **"point"** mit den Eigenschaften **"x"** und **"y"** und einer Methode namens **"move"**. Die move-Methode aktualisiert die x- und y-Eigenschaften des Punktobjekts um die angegebenen Werte. Es definiert auch eine Funktion namens **testPoint** , die die aktuelle Position des Punktobjekts protokolliert und es dann mit der move-Methode verschiebt.

TESTSKRIPT 3

Eine Funktion, die eine for-Schleife zur Iteration über ein Array verwendet

```
function sumArray(Zahlen) {
var gesamt = 0;
for (var i = 0; i < numbers.length; i++) {
Summe += Zahlen[i];
}
Summe zurückgeben;
}
Funktion testSumArray() {
var numbers = [1, 2, 3, 4, 5];
var total = sumArray(numbers);
Logger.log("Gesamt: " + Gesamt);
}
```

Dieses Skript definiert eine sumArray-Funktion, die ein Array mit Zahlen als Parameter annimmt und die Summe aller Zahlen im Array zurückgibt. Es verwendet eine for-Schleife, um über das Array zu iterieren und die Werte zu addieren. Es definiert auch eine testSumArray-Funktion, die die sumArray-Funktion mit einem Array von Zahlen aufruft und das Ergebnis auf der Konsole protokolliert.

BUCH 13

—

GOOGLE CLOUD SEARCH

EINFÜHRUNG

Google Cloud Search ist eine Cloud-basierte Suchplattform für Unternehmen, die es Organisationen ermöglicht, alle ihre Daten zu durchsuchen, einschließlich Dokumente, E-Mails und andere Inhalte, die in verschiedenen Systemen und Repositorien gespeichert sind. Sie wurde entwickelt, um Nutzern zu helfen, schnell und einfach die benötigten Informationen zu finden, egal ob sie vor Ort oder in der Cloud gespeichert sind.

Eine der wichtigsten Funktionen von Google Cloud Search ist die Fähigkeit, strukturierte und unstrukturierte Daten aus verschiedenen Quellen zu indizieren und zu durchsuchen, darunter Google Drive, Google Docs, Google Sheets, Gmail, Google Kalender und andere Google-Workspace-Anwendungen. Sie lässt sich auch mit anderen Systemen und Repositorien wie SharePoint, Salesforce und Box integrieren, sodass Nutzer über eine einzige Schnittstelle eine Vielzahl von Datenquellen durchsuchen können.

Google Cloud Search enthält verschiedene Funktionen, die den Nutzern helfen, die gewünschten Informationen zu finden, wie z. B. erweiterte Suchoperatoren, facettierte Suche und natürliche Sprachverarbeitung. Sie umfasst auch Sicherheits- und Compliance-Funktionen, wie z. B. Schutz vor Datenverlust und Verschlüsselung, um Unternehmen beim Schutz sensibler Daten zu unterstützen.

Insgesamt ist Google Cloud Search ein leistungsstarkes Tool, das Unternehmen dabei helfen kann, die Produktivität und Zusammenarbeit zu verbessern, indem es den Nutzern das Auffinden und den Zugriff auf die benötigten Informationen erleichtert.

KAPITEL 1
ÜBERBLICK ÜBER DIE GOOGLE-CLOUD-SEARCH-BENUTZEROBERFLÄCHE

Google Cloud Search ist ein Dienst, mit dem Sie die G-Suite-Daten Ihres Unternehmens durchsuchen können, einschließlich Gmail, Google Drive, Google Kalender und mehr. Er bietet ein einheitliches Sucherlebnis, mit dem Sie die benötigten Informationen leicht finden können, unabhängig davon, in welchem G-Suite-Produkt sie gespeichert sind.

Hier finden Sie einen Überblick über die Google-Cloud-Search-Benutzeroberfläche:

1. **Suchleiste:** Hier können Sie Ihre Suchanfrage eingeben. Sie können auch erweiterte Suchoperatoren verwenden, um Ihre Suchergebnisse zu verfeinern.

2. **Suchfilter:** Auf der linken Seite des Bildschirms sehen Sie eine Liste von Filtern, die Sie verwenden können, um Ihre Suchergebnisse einzugrenzen. Diese Filter können Dateityp, Eigentümer, Datumsbereich usw. umfassen.

3. **Suchergebnisse:** Der Hauptteil des Bildschirms zeigt die Suchergebnisse Ihrer Anfrage an. Sie können die Ergebnisse nach Datum oder Relevanz sortieren, und Sie können auch das Dropdown-Menü "Mehr" verwenden, um zusätzliche Optionen für die Organisation und Interaktion mit den Ergebnissen anzuzeigen.

4. **Schnellaktionen:** Über den Suchergebnissen sehen Sie eine Reihe von Schnellaktionsschaltflächen, mit denen Sie Aktionen für die Ergebnisse ausführen können, z. B. eine Datei teilen oder zu einer Liste hinzufügen.

ARCHITEKTONISCHER ÜBERBLICK

Google Cloud Search basiert auf einer hoch skalierbaren und zuverlässigen Infrastruktur, die darauf ausgelegt ist, große Datenmengen zu verarbeiten und den Nutzern schnelle Suchergebnisse zu liefern.

Auf einer hohen Ebene besteht die Google-Cloud-Search-Architektur aus mehreren Komponenten:

- **Datenquellen:** Google Cloud Search lässt sich mit einer Vielzahl von Datenquellen integrieren, darunter Google-Workspace-Anwendungen (wie Drive, Docs und Sheets) sowie externe Systeme und Repositorien (wie SharePoint, Salesforce und Box).

- **Indizierungspipeline:** Die Indizierungspipeline ist für die Extraktion von Daten aus verschiedenen Datenquellen und deren Indizierung in einem durchsuchbaren Format zuständig. Dies umfasst die Verarbeitung und Extraktion von Text, Metadaten und anderen Informationen aus den Datenquellen sowie die Anwendung von Sicherheits- und Compliance-Regeln.

- **Suchindex:** Der Suchindex ist eine Datenbank mit allen indizierten Daten, die zum Speichern und Abrufen von Suchergebnissen verwendet werden. Der Index ist für eine schnelle Suchleistung optimiert und wird in Echtzeit aktualisiert, wenn neue Daten hinzugefügt oder aktualisiert werden.

- **Abfrageverarbeitung:** Wenn ein Benutzer eine Suchanfrage stellt, wird sie von der Komponente zur Verarbeitung von Suchanfragen verarbeitet, die den Suchindex verwendet, um die relevanten Ergebnisse zu finden und sie an den Benutzer zurückzugeben. Die Komponente zur Verarbeitung von Suchanfragen umfasst auch die Verarbeitung natürlicher Sprache, die Rechtschreibkorrektur und die Facettensuche.

- **Benutzeroberfläche:** Die Benutzeroberfläche ist die Front-End-Schnittstelle, mit der die Benutzer Suchanfragen eingeben und Suchergebnisse anzeigen. Sie enthält verschiedene Funktionen und Werkzeuge, die den Nutzern bei der Suche nach Informationen helfen, z. B. erweiterte Suchoperatoren und Filter.

Insgesamt ist die Google-Cloud-Search-Architektur so konzipiert, dass sie skalierbar, zuverlässig und schnell ist und den Nutzern schnelle und präzise Suchergebnisse aus einer Vielzahl von Datenquellen liefert.

REPOSITORY

Im Kontext von Google Cloud Search bezieht sich ein Repository auf ein System oder eine Datenbank, die Daten speichert, die von der Suchplattform indiziert und durchsucht werden können. Google Cloud Search lässt sich mit vielen Repositorien integrieren, darunter Google-Workspace-Anwendungen (wie Drive, Docs und Sheets) und externe Systeme und Datenbanken (wie SharePoint, Salesforce und Box).

Durch die Integration mit mehreren Repositorien ermöglicht Google Cloud Search den Nutzern die Suche in einer Vielzahl von Datenquellen über eine einzige Schnittstelle. Dies erleichtert es den Nutzern, die benötigten Informationen zu finden, unabhängig davon, ob sie in Google Workspace oder in einem externen System gespeichert sind.

Google Cloud Search kann sowohl strukturierte als auch unstrukturierte Daten aus den verschiedenen Repositorien indizieren und durchsuchen und ist damit ein leistungsstarkes Tool für das Auffinden und den Zugriff auf die von den

Nutzern benötigten Informationen. Sie umfasst auch Sicherheits- und Compliance-Funktionen wie Data Loss Prevention und Verschlüsselung, um Unternehmen beim Schutz sensibler Daten in den Repositorien zu unterstützen.

DATENQUELLE

Im Kontext von Google Cloud Search bezieht sich eine Datenquelle auf ein System oder eine Datenbank, die Daten speichert, die von der Suchplattform indiziert und durchsucht werden können. Google Cloud Search lässt sich mit vielen Datenquellen integrieren, darunter Google-Workspace-Anwendungen (wie Drive, Docs und Sheets) und externe Systeme und Datenbanken (wie SharePoint, Salesforce und Box).

Durch die Integration mit mehreren Datenquellen ermöglicht Google Cloud Search den Nutzern die Suche in einer Vielzahl von Systemen und Repositorien über eine einzige Schnittstelle. Dies erleichtert es den Nutzern, die benötigten Informationen zu finden, unabhängig davon, ob sie in Google Workspace oder in einem externen System gespeichert sind.

Google Cloud Search kann sowohl strukturierte als auch unstrukturierte Daten aus verschiedenen Datenquellen indizieren und durchsuchen und ist damit ein leistungsstarkes Tool für das Auffinden und den Zugriff auf die von den Nutzern benötigten Informationen. Es umfasst auch Sicherheits- und Compliance-Funktionen, wie z. B. Schutz vor Datenverlust und Verschlüsselung, um Unternehmen beim Schutz sensibler Daten zu unterstützen, die in den Datenquellen gespeichert sind.

SUCHOBERFLÄCHE UND SUCHANWENDUNGEN

Die Suchschnittstelle ist die Front-End-Schnittstelle, mit der die Nutzer interagieren, um Suchanfragen einzugeben und Suchergebnisse anzuzeigen. Im Fall von Google Cloud Search ist die Suchschnittstelle eine webbasierte Schnittstelle, auf die über einen Webbrowser zugegriffen wird.

Die Suchoberfläche umfasst eine Reihe von Funktionen und Tools, die den Nutzern helfen, die gewünschten Informationen zu finden, z. B. eine Suchleiste am oberen Bildschirmrand, in die die Nutzer ihre Suchanfragen eingeben können, sowie Filter und Facetten auf der linken Seite des Bildschirms, mit denen sich die Suchergebnisse eingrenzen lassen.

Unter der Suchleiste wird eine Liste der Suchergebnisse angezeigt, die den Titel, einen Ausschnitt des Inhalts und die Quelle jedes Ergebnisses enthält. Die Nutzer können auf ein Ergebnis klicken, um das vollständige Dokument oder die Webseite anzuzeigen.

Neben der Hauptsuchoberfläche bietet Google Cloud Search eine Reihe weiterer Funktionen und Tools, die den Nutzern helfen, die gewünschten Informationen zu finden, wie z. B. die Funktion "Meinten Sie?", um Rechtschreibfehler zu korrigieren oder ähnliche Wörter zu finden, und die Funktion "Mehr wie dieses", um ähnliche Dokumente zu finden.

Google Cloud Search enthält auch eine Reihe von erweiterten Suchoperatoren, mit denen die Nutzer ihre Suche verfeinern und relevantere Ergebnisse erhalten können. So können Nutzer beispielsweise den Operator "site:" verwenden, um nach Ergebnissen innerhalb einer bestimmten Website zu suchen, oder den Operator "filetype:", um nach bestimmten Dokumenten zu suchen.

Suchanwendungen sind Software-Tools, die die Google-Cloud-Search-API verwenden, um benutzerdefinierte Sucherlebnisse für Nutzer zu erstellen. Diese Anwendungen können in Websites, Anwendungen oder andere Plattformen integriert werden, um den Nutzern Suchfunktionen zur Verfügung zu stellen. Entwickler können die Google-Cloud-Search-API verwenden, um benutzerdefinierte Suchanwendungen zu erstellen, die die spezifischen Anforderungen ihrer Nutzer erfüllen, wie z. B. benutzerdefinierte Suchfacetten oder Filter oder Algorithmen für das Ranking von Suchergebnissen.

SCHEMA

Im Zusammenhang mit Google Cloud Search ist ein Schema ein Satz von Regeln, der die Struktur und das Format der Daten definiert, die von der Suchplattform indiziert und durchsucht werden. Das Schema legt die Felder fest, die in die indizierten Daten aufgenommen werden können, sowie die Arten von Daten, die in jedem Feld gespeichert werden.

Das Schema wird verwendet, um die Daten im Suchindex zu organisieren und zu strukturieren, sodass die Benutzer die benötigten Informationen leichter finden und abrufen können. Es trägt auch dazu bei, dass die Daten konsistent und leicht zu durchsuchen sind, da es die Regeln für die Formatierung und Speicherung der Daten festlegt.

In Google Cloud Search können Nutzer ihr eigenes Schema definieren, um die Struktur und das Format der indizierten Daten anzupassen. Dies kann für Organisationen nützlich sein, die spezifische Anforderungen an die Organisation und Suche ihrer Daten haben.

Ein Unternehmen könnte z. B. ein Schema definieren, das Felder für den Autor, den Titel und das Datum eines Dokuments sowie ein Feld für den Inhalt des Dokuments enthält. Dieses Schema würde es den Benutzern ermöglichen, Dokumente nach jedem dieser Felder zu suchen, was die Suche nach den benötigten Informationen erleichtert.

INHALTS-KONNEKTOR UND IDENTITÄTS-KONNEKTOR

Im Kontext von Google Cloud Search ist ein Inhalts-Konnektor ein Tool, das verwendet wird, um Daten aus einer bestimmten Datenquelle zu extrahieren und sie in der Suchplattform zu indizieren. Inhalts-Konnektoren integrieren Google Cloud Search mit verschiedenen Datenquellen wie Google-Workspace-Anwendungen (wie Drive, Docs und Sheets), externen Systemen und Repositorien (wie SharePoint, Salesforce und Box).

Inhalts-Konnektoren sind für die Extraktion der Daten aus der Datenquelle, die Verarbeitung und Extraktion der relevanten Informationen (wie Text, Metadaten und andere Daten) und deren Indizierung in der Suchplattform zuständig. Sie wenden auch Sicherheits- und Compliance-Regeln auf die Daten an, während sie indiziert werden.

Ein Identitäts-Konnektor ist ein Tool, das verwendet wird, um Google Cloud Search mit dem Identitätsmanagementsystem eines Unternehmens (wie Google Workspace oder Active Directory) zu verbinden, um Nutzer zu authentifizieren und den Zugriff auf die Suchplattform zu kontrollieren. Der Identitäts-Konnektor ist für die Überprüfung der Identität von Nutzern verantwortlich, die versuchen, auf die Suchplattform zuzugreifen, und erzwingt alle Zugriffskontrollen, die das Unternehmen eingerichtet hat.

Zusammen bilden die Inhalts- und Identitäts-Konnektoren einen wichtigen Teil der Google-Cloud-Search-Architektur, da sie die Integration der Suchplattform mit einer Vielzahl von Datenquellen und Identitätssystemen ermöglichen und es den Nutzern erleichtern, die benötigten Informationen zu finden und abzurufen.

KAPITEL 2

ANWENDUNG VON GOOGLE CLOUD SEARCH

ANWENDUNGSFÄLLE DER GOOGLE CLOUD SEARCH

Google Cloud Search kann in verschiedenen Szenarien eingesetzt werden, um Unternehmen dabei zu helfen, die Produktivität und die Zusammenarbeit zu verbessern, indem es den Nutzern das Auffinden und den Zugriff auf die benötigten Informationen erleichtert.

Hier finden Sie einige Beispiele für die Verwendung von Google Cloud Search:

- **Unternehmenssuche:** Google Cloud Search kann als Suchplattform für Unternehmen verwendet werden, um Nutzern die Suche in einer Vielzahl von Datenquellen zu ermöglichen, darunter Dokumente, E-Mails und andere

Inhalte, die in verschiedenen Systemen und Repositorien gespeichert sind. Dies kann Unternehmen dabei helfen, die Informationsfindung zu verbessern und es den Nutzern zu erleichtern, die benötigten Informationen zu finden.

- **Intranet-Suche:** Google Cloud Search kann die Suchfunktion im Intranet eines Unternehmens unterstützen, sodass die Nutzer nach Informationen und Dokumenten suchen können, die im Intranet gespeichert sind. Dies kann dazu beitragen, die Produktivität zu verbessern, da es für die Nutzer einfacher wird, die benötigten Informationen zu finden.

- **Kundenbetreuung:** Google Cloud Search kann die Suchfunktion auf einer Kundensupport-Website unterstützen, sodass die Kunden Antworten auf allgemeine Fragen finden oder Probleme beheben können. Dies kann dazu beitragen, die Arbeitsbelastung der Mitarbeiter des Kundensupports zu verringern und das Kundenerlebnis zu verbessern.

- **Juristische Recherche:** Juristen können Google Cloud Search nutzen, um nach relevanter Rechtsprechung und anderen juristischen Informationen zu suchen, die in verschiedenen Systemen und Repositorien gespeichert sind. Dies kann dazu beitragen, die Effizienz der Rechtsrecherche zu verbessern und ermöglicht es Juristen, die benötigten Informationen schneller zu finden.

Insgesamt ist Google Cloud Search ein flexibles und leistungsfähiges Tool, das in verschiedenen Szenarien eingesetzt werden kann, um Unternehmen das Auffinden und den Zugriff auf die benötigten Informationen zu erleichtern.

IMPLEMENTIERUNG VON GOOGLE CLOUD SEARCH

Die Implementierung von Google Cloud Search für ein Unternehmen erfolgt in mehreren Schritten:

- **Einrichten eines Google-Cloud-Search-Kontos:** Um Google Cloud Search zu verwenden, müssen Sie ein Google-Cloud-Search-Konto einrichten. Sie können dies tun, indem Sie die Google-Cloud-Search-Website besuchen und den Anweisungen zur Einrichtung eines Kontos folgen.

- **Verbinden von Datenquellen:** Der nächste Schritt besteht darin, die Datenquellen, die Sie durchsuchen möchten, mit Google Cloud Search zu verbinden. Dies kann Google-Workspace-Anwendungen (wie Drive, Docs und Sheets) und externe Systeme und Repositorien (wie SharePoint, Salesforce und Box) umfassen. Google Cloud Search bietet eine Reihe von Inhalts-Konnektoren, die verwendet werden können, um Daten aus diesen Datenquellen zu extrahieren und sie in der Suchplattform zu indizieren.

- **Identitätsmanagement einrichten:** Wenn Sie den Zugriff auf Google Cloud Search kontrollieren und Nutzer authentifizieren möchten, müssen Sie ein Identitätsmanagementsystem einrichten (z. B. Google Workspace oder Active Directory) und es über einen Identitäts-Konnektor mit Google Cloud Search verbinden.

- **Anpassen des Schemas:** Wenn Sie die Struktur und das Format der indizierten Daten anpassen möchten, können Sie Ihr eigenes Schema für Google Cloud Search definieren. Dies kann für Organisationen nützlich sein, die spezifische Anforderungen an die Organisation und Suche ihrer Daten haben.

- **Einrichten der Suchoberfläche:** Die Front-End-Oberfläche, über die Benutzer Suchanfragen eingeben und Suchergebnisse anzeigen. Sie können die Suchoberfläche an die spezifischen Anforderungen Ihrer Organisation anpassen, z. B. durch Hinzufügen von Suchfacetten oder Filtern oder durch Anpassen des Layouts und der Darstellung der Suchergebnisse.

Die Implementierung von Google Cloud Search umfasst die Einrichtung der Suchplattform, die Verbindung mit Ihren Datenquellen und Ihrem Identitätsmanagementsystem sowie die Anpassung der Suchoberfläche an die Anforderungen Ihres Unternehmens.

BUCH 14

—

JAMBOARD

EINFÜHRUNG

Jamboard ist ein von Google entwickeltes digitales Whiteboard, mit dem Nutzer in Echtzeit zusammenarbeiten und brainstormen können. Es ist für Besprechungen, Workshops und andere gemeinschaftliche Situationen gedacht und kann von jedem Gerät mit einem Webbrowser aus genutzt werden.

Mit Jamboard können Benutzer Dokumente erstellen und bearbeiten, zeichnen und skizzieren, Bilder und Videos hinzufügen und Notizen auf einem virtuellen Whiteboard schreiben. Sie können auch mit anderen Nutzern in Echtzeit zusammenarbeiten, unabhängig vom Standort, indem sie einen eindeutigen Link zum Jamboard teilen.

Jamboard verfügt über verschiedene Werkzeuge und Funktionen, die die Verwendung und Anpassung erleichtern. Die Benutzer können aus verschiedenen Stiftfarben und -stärken wählen, Text und Formen hinzufügen und den Radiergummi verwenden, um Fehler zu entfernen. Sie können auch Bilder und Videos aus ihren eigenen Dateien oder dem Internet einfügen und dem Jamboard Haftnotizen hinzufügen, um Kommentare und Feedback zu hinterlassen.

Insgesamt ist Jamboard ein nützliches Tool für Teams und Organisationen, die auf dynamische, interaktive Weise zusammenarbeiten und Ideen austauschen möchten.

KAPITEL 1
ÜBERBLICK ÜBER DIE JAMBOARD-BENUTZEROBERFLÄCHE

Die Oberfläche von Jamboard ist benutzerfreundlich und intuitiv gestaltet. Wenn Sie ein neues Jamboard öffnen, sehen Sie die folgenden Elemente:

1. **Hauptleinwand:** Hier können Sie zeichnen, schreiben und dem Jamboard Inhalte hinzufügen. Mit den Plus-/Minus-Schaltflächen in der unteren rechten Ecke des Handsymbols können Sie die Leinwand vergrößern/verkleinern und verschieben.

2. **Symbolleiste:** Sie befindet sich am oberen Rand des Jamboards und enthält eine Reihe von Werkzeugen und Funktionen, mit denen Sie Ihre Inhalte anpassen können. Von links nach rechts enthält die Symbolleiste die folgenden Optionen:

   - **Schaltflächen "Rückgängig machen" und "Wiederholen":** Mit diesen Schaltflächen können Sie Ihre letzte Aktion rückgängig machen oder wiederherstellen.

   - **Stift- und Marker-Werkzeuge:** Mit diesen Werkzeugen können Sie auf dem Jamboard zeichnen oder schreiben. In den Dropdown-Menüs können Sie aus verschiedenen Farben und Stärken wählen.

   - **Text-Werkzeug:** Mit diesem Werkzeug können Sie dem Jamboard Text hinzufügen. Über die Dropdown-Menüs können Sie aus verschiedenen Schriftgrößen und -farben wählen.

   - **Form-Werkzeug:** Mit diesem Werkzeug können Sie dem Jamboard Formen hinzufügen. Sie können aus verschiedenen Formen und Farben wählen, indem Sie die Dropdown-Menüs verwenden.

- **Bild-Werkzeug:** Mit diesem Werkzeug können Sie dem Jamboard Bilder hinzufügen. Sie können Bilder aus Ihren eigenen Dateien oder aus dem Internet einfügen.
- **Video-Werkzeug:** Mit diesem Tool können Sie dem Jamboard Videos hinzufügen. Sie können Videos aus Ihren eigenen Dateien oder von YouTube einfügen.
- **Haftnotiz-Werkzeug:** Mit diesem Werkzeug können Sie dem Jamboard Haftnotizen hinzufügen. Sie können über die Dropdown-Menüs aus verschiedenen Farben und Größen wählen.
- **Radiergummi-Werkzeug:** Verwenden Sie dieses Werkzeug, um Inhalte vom Jamboard zu löschen.

3. **Menü:** Dieses befindet sich auf der linken Seite des Jamboards und enthält eine Reihe von Optionen zur Verwaltung und gemeinsamen Nutzung Ihres Jamboards. Von oben nach unten enthält das Menü die folgenden Optionen:
   - **Home:** Damit kehren Sie zum Hauptbildschirm zurück.
   - **Seiten:** Damit können Sie mehrere Seiten in Ihrem Jamboard erstellen und zwischen ihnen wechseln.
   - **Mitwirkende:** Hier sehen Sie, wer am Jamboard mitarbeitet und können neue Mitwirkende einladen.
   - **Einstellungen:** Hier können Sie die Einstellungen für Ihr Jamboard anpassen, z. B. die Hintergrundfarbe und die Gittergröße.
   - **Teilen:** Damit können Sie Ihr Jamboard mit anderen teilen, indem Sie einen eindeutigen Link oder eine E-Mail-Einladung erstellen.

FREIGEBEN UND ZUSAMMENARBEITEN AUF GOOGLE MEET

Sie können Google Meet mit Jamboard teilen und zusammenarbeiten, indem Sie die folgenden Schritte ausführen:

1. Starten Sie ein neues Google Meet, indem Sie meet.google.com in Ihrem Webbrowser aufrufen.
2. Klicken Sie auf die Schaltfläche "An einem Meeting teilnehmen oder ein Meeting starten".
3. Geben Sie einen Namen für Ihr Meeting ein und klicken Sie auf "Weiter".
4. Sobald Sie sich auf der Google-Meet-Oberfläche befinden, klicken Sie auf das Symbol "Apps" in der Mitte des unteren Bildschirms.
5. Klicken Sie im Menü "Apps" auf das Symbol "Jamboard", um die Jamboard-App zu öffnen.
6. Ein neues Jamboard wird in einem separaten Fenster geöffnet. Sie können die Jamboard-Werkzeuge und -Funktionen verwenden, um den Inhalt auf dem virtuellen Whiteboard zu erstellen und zu bearbeiten, und Ihre Änderungen werden für alle Teilnehmer in Google Meet sichtbar sein.
7. Wenn Sie Jamboard nicht mehr verwenden möchten, schließen Sie das Jamboard-Fenster, klicken Sie auf das Symbol "Apps" in der Google-Meet-Oberfläche und wählen Sie eine andere App aus.

JAMBOARD-WERKZEUGE

In Jamboard gibt es eine Reihe von Werkzeugen, die Sie zum Erstellen und Anpassen Ihrer Inhalte verwenden können. Zu diesen Tools gehören:

- **Stift- und Marker-Werkzeuge:** Mit diesen Werkzeugen können Sie auf dem Jamboard zeichnen oder schreiben. In den Dropdown-Menüs können Sie aus verschiedenen Farben und Stärken wählen.
- **Text-Werkzeug:** Mit diesem Werkzeug können Sie dem Jamboard Text hinzufügen. Über die Dropdown-Menüs können Sie aus verschiedenen Schriftgrößen und -farben wählen.
- **Form-Werkzeug:** Mit diesem Werkzeug können Sie dem Jamboard Formen hinzufügen. Sie können aus verschiedenen Formen und Farben wählen, indem Sie die Dropdown-Menüs verwenden.
- **Bild-Werkzeug:** Mit diesem Werkzeug können Sie dem Jamboard Bilder hinzufügen. Sie können Bilder aus Ihren eigenen Dateien oder aus dem Internet einfügen.
- **Video-Werkzeug:** Mit diesem Tool können Sie dem Jamboard Videos hinzufügen. Sie können Videos aus Ihren eigenen Dateien oder von YouTube einfügen.
- **Haftnotiz-Werkzeug:** Mit diesem Werkzeug können Sie dem Jamboard Haftnotizen hinzufügen. Sie können über die Dropdown-Menüs aus verschiedenen Farben und Größen wählen.
- **Radiergummi-Werkzeug:** Verwenden Sie dieses Werkzeug, um Inhalte vom Jamboard zu löschen.

Sie können auf diese Werkzeuge zugreifen, indem Sie auf die Symbolleiste am oberen Rand der Jamboard-Oberfläche klicken.

VERSCHIEBEN UND LÖSCHEN VON HAFTNOTIZEN

- Um eine Haftnotiz in Jamboard zu verschieben, klicken Sie einfach darauf, halten Sie sie gedrückt und ziehen Sie sie dann an die gewünschte Stelle auf dem Jamboard.
- Um eine Haftnotiz zu löschen, klicken Sie auf die Haftnotiz, um sie auszuwählen, und klicken Sie dann auf das Mülleimersymbol, das in der rechten oberen Ecke der Haftnotiz erscheint.

Sie können auch das Werkzeug "Anordnen" in der Symbolleiste verwenden, um die Anordnung Ihrer Haftnotizen anzupassen. Um auf das Werkzeug "Anordnen" zuzugreifen, klicken Sie auf die Schaltfläche "Anordnen" in der Symbolleiste und wählen Sie dann die Option "In den Vordergrund bringen" oder "In den Hintergrund bringen", um die Schichtung der ausgewählten Haftnotiz anzupassen.

SUCHEN UND HINZUFÜGEN VON BILDERN ZU GOOGLE DRIVE

Gehen Sie folgendermaßen vor, um mit Jamboard nach Bildern zu suchen und sie zu Google Drive hinzuzufügen:

1. Öffnen Sie Jamboard in Ihrem Webbrowser und melden Sie sich bei Ihrem Google-Konto an.
2. Klicken Sie auf die Symbolleiste "Bild" oben auf der Seite, um ein Bild zum Jamboard hinzuzufügen.
3. Es wird ein Pop-up-Fenster angezeigt, in dem Sie auswählen können, wo das Bild eingefügt werden soll. Um in Google Drive nach einem Bild zu suchen, klicken Sie auf die Registerkarte "Meine Ablage".
4. Es wird eine Liste der Bilder in Ihrem Google Drive angezeigt. Sie können die Suchleiste oben im Fenster verwenden, um nach einem bestimmten Bild zu suchen, oder die Bilder mithilfe der Filter auf der linken Seite des Fensters durchsuchen.
5. Um ein Bild zum Jamboard hinzuzufügen, klicken Sie auf das Bild, um es auszuwählen, und klicken Sie dann auf die Schaltfläche "Einfügen".
6. Das Bild wird nun zum Jamboard hinzugefügt und steht Ihnen zur Verwendung und Bearbeitung zur Verfügung.

ZEICHNEN VON FORMEN UND ÄNDERN VON FARBEN

Gehen Sie folgendermaßen vor, um eine Form in Jamboard zu zeichnen:

1. Öffnen Sie Jamboard in Ihrem Webbrowser und melden Sie sich bei Ihrem Google-Konto an.
2. Klicken Sie auf das Werkzeug "Form" in der Werkzeugleiste oben auf der Seite.
3. Es erscheint ein Pop-up-Fenster, in dem Sie den Typ und die Farbe der zu zeichnenden Form auswählen können. Wählen Sie die gewünschten Optionen und klicken Sie auf "OK".
4. Der Cursor ändert sich in ein Fadenkreuz und zeigt damit an, dass Sie sich im Modus zum Zeichnen von Formen befinden. Klicken und ziehen Sie auf dem Jamboard, um die Form zu zeichnen. Sie können die Größe und Form der Form anpassen, indem Sie die Griffe an den Rändern ziehen.

Um die Farbe einer Form in Jamboard zu ändern, gehen Sie folgendermaßen vor:

1. Klicken Sie auf die Form, um sie auszuwählen.
2. Klicken Sie auf die Schaltfläche "Farbe" in der Symbolleiste oben auf der Seite.
3. Ein Pop-up-Fenster wird angezeigt, in dem Sie eine neue Farbe für die Form auswählen können. Wählen Sie die gewünschte Farbe und klicken Sie auf "OK".
4. Die Farbe der Form wird auf die neue Farbe aktualisiert.

EINRICHTEN EINES HINTERGRUNDS

Um einen Hintergrund in Jamboard einzurichten, gehen Sie folgendermaßen vor:

1. Öffnen Sie Jamboard in Ihrem Webbrowser und melden Sie sich bei Ihrem Google-Konto an.
2. Klicken Sie auf die Schaltfläche "Einstellungen" in der linken Seitenleiste.
3. Im Abschnitt "Hintergrund" können Sie aus verschiedenen voreingestellten Hintergrundfarben wählen oder Ihr eigenes Bild als Hintergrund hochladen. Um eine voreingestellte Farbe zu wählen, klicken Sie auf das Farbfeld und wählen Sie die gewünschte Farbe aus der Farbpalette. Um Ihr eigenes Bild hochzuladen, klicken Sie auf die Schaltfläche "Bild hochladen" und wählen Sie die Bilddatei von Ihrem Computer aus.
4. Sobald Sie den gewünschten Hintergrund ausgewählt haben, klicken Sie auf die Schaltfläche "Speichern", um die Änderungen zu übernehmen.
5. Der Hintergrund des Jamboards wird mit der neuen Farbe oder dem neuen Bild aktualisiert.

UMBENENNUNG UND TEXTWERKZEUGE, DIE AUF IHREM JAMBOARD VERWENDET WERDEN

Um ein Jamboard umzubenennen, gehen Sie folgendermaßen vor:

1. Öffnen Sie Jamboard in Ihrem Webbrowser und melden Sie sich bei Ihrem Google-Konto an.
2. Klicken Sie auf die Schaltfläche "Home" in der linken Seitenleiste, um zur Hauptansicht zurückzukehren.
3. Klicken Sie auf den Abschnitt "Titel" am oberen Rand des Jamboards, um ihn auszuwählen.
4. Geben Sie den neuen Namen für das Jamboard ein und drücken Sie "Enter", um die Änderungen zu speichern.

Um das Textwerkzeug in Jamboard zu verwenden, gehen Sie folgendermaßen vor:

1. Öffnen Sie Jamboard in Ihrem Webbrowser und melden Sie sich bei Ihrem Google-Konto an.
2. Klicken Sie auf das Werkzeug "Text" in der Werkzeugleiste oben auf der Seite.
3. Es erscheint ein Pop-up-Fenster, in dem Sie die Schriftgröße und -farbe für den Text auswählen können. Wählen Sie die gewünschten Optionen und klicken Sie auf "OK".

4. Der Cursor ändert sich in einen Textcursor und zeigt damit an, dass Sie sich im Textbearbeitungsmodus befinden. Klicken Sie auf das Jamboard und beginnen Sie zu tippen, um dem Jamboard Text hinzuzufügen.

5. Um den Text zu bearbeiten, klicken Sie einfach auf den Text, um ihn auszuwählen und Ihre Änderungen vorzunehmen. Sie können auch die Formatierungsoptionen in der Symbolleiste verwenden, um die Schriftart, Größe und Farbe des Textes zu ändern.

SCHLUSSFOLGERUNG

Google Workspace, früher bekannt als G Suite, ist eine robuste Produktivitätssuite, die E-Mail, Kalender, Drive und verschiedene andere Anwendungen umfasst. Sie wurde entwickelt, um Unternehmen und Organisationen zu helfen, zusammenzuarbeiten, zu kommunizieren und effizienter zu arbeiten.

Dieses Buch über Google Workspace bietet einen umfassenden Überblick über die verschiedenen Funktionen und Tools der Plattform und zeigt, wie man sie effektiv für die Zusammenarbeit und Kommunikation nutzen kann. Außerdem werden bewährte Verfahren für die Verwaltung und Organisation Ihrer Arbeit sowie Tipps für die optimale Nutzung der Plattform erörtert.

Insgesamt ist Google Workspace eine wertvolle Ressource für Unternehmen und Organisationen, die ihre Produktivität verbessern und ihre Arbeitsabläufe rationalisieren möchten. Es bietet eine breite Palette von Funktionen und Tools, die Teams helfen, effektiver zusammenzuarbeiten, und seine benutzerfreundliche Oberfläche macht es einfach. Ganz gleich, ob Sie ein Teamleiter, ein Einzelmitarbeiter oder ein Kleinunternehmer sind, Google Workspace hat Ihnen etwas zu bieten.